MONOGRAPHIE

DE L'ÉGLISE

SAINT-MACLOU

DE PONTOISE

PAR

Eugène LEFÈVRE-PONTALIS

ANCIEN ÉLÈVE DE L'ÉCOLE DES CHARTES

BIBLIOTHÉCAIRE DU COMITÉ DES TRAVAUX HISTORIQUES ET SCIENTIFIQUES

MONOGRAPHIE

DE L'ÉGLISE SAINT-MACLOU

DE PONTOISE

MONOGRAPHIE

DE L'ÉGLISE

SAINT-MACLOU

DE PONTOISE

PAR

Eugène LEFÈVRE-PONTALIS

ANCIEN ÉLÈVE DE L'ÉCOLE DES CHARTES

BIBLIOTHÉCAIRE DU COMITÉ DES TRAVAUX HISTORIQUES ET SCIENTIFIQUES

PONTOISE

TYPOGRAPHIE DE AMÉDÉE PARIS

M DCCC LXXXVIII

INTRODUCTION

ES principales cathédrales de la France sont décrites aujourd'hui dans des ouvrages qui font le plus grand honneur à leurs auteurs et auxquels il n'y a plus rien à ajouter, mais bien peu d'églises secondaires ont été l'objet de travaux du même genre. Ainsi, sans sortir de l'Ile-de-France, on peut constater qu'aucune étude approfondie n'a encore été consacrée à des édifices d'un très grand intérêt, tels que la collégiale de Mantes, la cathédrale de Senlis, les églises de Saint-Leu-d'Esserent, de Notre-Dame et de Saint-Martin d'Étampes. En publiant, pour combler l'une de ces lacunes, la monographie de Saint-Maclou de Pontoise, nous espérons que d'autres se mettront également à l'œuvre pour faire connaître dans leurs moindres détails quelques-unes des églises les plus vastes et les plus curieuses de la région parisienne.

L'importance archéologique de l'église Saint-Maclou de Pontoise a donné naissance à toute une série de courtes notices sur ce monument. La plus ancienne remonte au XVIᵉ siècle; elle est l'œuvre du Cordelier Noël Taillepied, qui écrivit, dès l'année 1587, une description succincte de l'église dans un opuscule devenu de la plus grande rareté [1]. Les passages de son livre où il est question de la chapelle de la Passion, des orgues et des cloches, contiennent quelques indications fort précieuses dont nous ne manquerons pas de tirer parti. Louis Duval, qui fit paraître en 1720 l'*Abrégé des Antiquitez de la ville de Pontoise et des personnes illustres de ladite ville*, se contenta de résumer les renseignements fournis par son devancier, en ajoutant que la nef et les bas-côtés de l'église avaient été rebâtis vers 1560. Noël Taillepied n'avait pas jugé à propos de consigner dans son livre un fait aussi important, parce que ses lecteurs avaient été témoins de la reconstruction de l'édifice. Les travaux de Dom Duplessis [2] et de l'abbé d'Expilly [3] ne renferment pas plus de quatre à cinq lignes relatives à l'église Saint-Maclou de Pontoise. On peut facilement reconnaître qu'elles ne présentent aucun caractère original. Il nous paraît inutile de parler longuement des ouvrages généraux de Dulaure [4], de Touchard-Lafosse [5], de Gaulle [6] et de Guilbert [7]. Ces compilations ne contiennent aucun détail nouveau sur Saint-Maclou de Pontoise, et leurs auteurs se sont bornés à profiter des recherches de Taillepied.

La notice sur l'église de Saint-Maclou insérée en 1841 dans l'ouvrage de M. l'abbé Trou [8] est beaucoup plus développée que les descriptions

---

(1) *Recueil des Antiquitez et Singularitez de la ville de Pontoise, ville ancienne du pays de Vequecin François.* (Rouen, 1587, in-8º). MM. François et Henri Le Charpentier ont donné, en 1876, une nouvelle édition de cet ouvrage.

(2) *Description géographique et historique de la Haute-Normandie*, t. II, p. 202.

(3) *Dictionnaire géographique, historique et politique des Gaules et de la France*, t. V, p. 782.

(4) *Histoire physique, civile et morale des environs de Paris*, t. III, p. 124.

(5) *Histoire des environs de Paris*, t. I, p. 287.

(6) *Nouvelle Histoire de Paris et de ses environs*, t. V, p. 139.

(7) *Histoire des villes de France*, t. VI, p. 747.

(8) *Recherches historiques, archéologiques et biographiques sur la ville de Pontoise*, p. 82.

précédentes ; mais, comme l'a fait remarquer avec raison M. Léon Thomas [1], ce livre n'est pas un guide qu'on puisse suivre aveuglément ; il présente bien des lacunes et toutes ses assertions doivent être soigneusement contrôlées. C'est ainsi que M. l'abbé Trou a cru devoir attribuer à l'année 1775 [2] la démolition du clocher central de l'église, qui fut rasé au mois d'avril 1785. Il a commis de même une méprise singulière en disant que la grosse cloche de Saint-Maclou portait l'inscription suivante :

Unda, unda, unda, unda, unda, unda, unda, accurrite, cives [3].

S'il avait pris la peine d'examiner la cloche au lieu de copier Dulaure, il aurait facilement reconnu que son assertion était fausse. L'étude architecturale de l'édifice laisse beaucoup à désirer et n'a aucun caractère scientifique ; l'auteur ne s'est même pas mis en garde contre des erreurs grossières de chronologie, et l'on est étonné de lire dans son ouvrage que le chœur de Saint-Maclou « remonte à la fin du XIe siècle ou au commencement du XIIe, c'est-à-dire aux règnes de Louis VIII et de Philippe Auguste » [4]. L'abbé Trou n'a connu qu'une seule source de documents historiques sur l'église : ce sont les archives de la Fabrique ; mais il a exploré ce dépôt d'une façon très superficielle, et il semble avoir cité de mémoire tous les actes dont il parle. En effet, l'indication qu'il reproduit d'après une charte de Georges d'Amboise [5] se trouve dans un acte signé par Jacques Crespin, maire de Pontoise [6], et il a transcrit la charte de fondation de la chapelle de la Passion d'une manière tout à fait fantaisiste, en changeant les phrases originales du texte pour les remplacer par d'autres expressions plus ou moins heureuses [7]. Les recherches de l'abbé Trou ne peuvent donc faire autorité aujourd'hui dans les passages

---

[1] *Bibliographie de la ville et du canton de Pontoise*, p. 173.

[2] *Recherches historiques, archéologiques et biographiques sur la ville de Pontoise*, p. 83.

[3] *Ibid.*, p 95.

[4] *Ibid.*, p. 83.

[5] *Ibid.*, p. 82.

[6] Cf. pièce justificative n° X.

[7] Cf. le texte de notre pièce justificative n° III avec celui de l'abbé Trou. *Recherches sur Pontoise*, p. 84.

spécialement consacrés à Saint-Maclou de Pontoise, et il serait facile de prouver qu'on doit porter le même jugement sur les autres parties de l'ouvrage.

Un certain nombre de travaux ont été publiés, dans ces dernières années, sur l'église de Saint-Maclou. En 1861, le *Bulletin monumental* insérait une courte description archéologique de l'édifice [1]. Sept ans plus tard, M. Pierre Chabat faisait graver le petit portail du croisillon nord et accompagnait ce dessin de quelques lignes de texte, où il attribuait à tort au xie siècle le chœur de l'église [2]. En 1881, M. J. Depoin établissait le premier, dans un article très intéressant, que les nombreuses mutilations dont le monument porte encore la trace avaient été exécutées à la fin du xviiie siècle par ordre de la Fabrique [3]. Cette même année, M. Léon Palustre déterminait, en s'appuyant sur des observations ingénieuses, la part qui revenait aux deux Lemercier dans la construction de l'église, et décrivait sommairement la nef et les bas-côtés du monument [4]. La seule inexactitude que l'on puisse reprocher à un pareil maître, c'est d'avoir mal indiqué la place des dates gravées sur les murs de l'édifice. Ainsi, la date de 1566 n'est pas mise au-dessus, mais à gauche de la porte du croisillon méridional; celle de 1570 n'est pas placée sur le bas-relief d'un marchand de draps à son comptoir, mais sur la muraille opposée; enfin, celle de 1578 ne se trouve pas sur une clef de voûte, elle occupe le milieu d'un pilastre. Ces légères erreurs sont bien excusables dans un ouvrage aussi important que celui de M. Léon Palustre. Pour compléter ces indications bibliographiques, il convient de mentionner, vers la même époque, un article publié par M. Henri Le Charpentier sur une porte ancienne de Saint-Maclou [5], et le travail inséré par un auteur anonyme dans le *Magasin pittoresque* de 1882. C'est une description très courte,

---

(1) T. XXVII, p. 610.

(2) *Fragments d'architecture*, pl. XLIII.

(3) *L'Église Saint-Maclou de Pontoise et le Vandalisme légal*, article inséré dans les *Mémoires de la Société Historique de Pontoise et du Vexin*, t. III, p. 15. M. Joseph Depoin a placé en tête de ce travail quelques renseignements historiques sur l'église, qu'il avait déjà publiés dans l'*Écho Pontoisien*, numéro du 10 décembre 1874.

(4) *La Renaissance en France*, t. II, p. 10 et suiv.

(5) *Écho Pontoisien*, numéro du 20 juin 1882.

mais généralement exacte, des principales parties de l'édifice [1]. L'auteur, n'ayant pas jugé nécessaire de contrôler les renseignements donnés par l'abbé Trou, a reproduit quelques-unes des erreurs de cet ouvrage, et notamment la fausse inscription de la grosse cloche. Il s'est également trompé en attribuant à la fin du XVIe siècle le côté nord de l'église, qui est certainement antérieur à la partie méridionale, bâtie de 1566 à 1578. On ne saurait adresser le même reproche à M. Léon Thomas, qui a rectifié en 1883 les assertions de l'abbé Trou, en donnant les véritables inscriptions gravées sur les cloches de l'église [2]. Enfin, au mois de juin 1885, un jeune et laborieux archéologue, M. Louis Régnier, de Gisors, a donné lecture à la Société Historique de Pontoise d'une intéressante étude sur les églises de la Renaissance dans le Vexin [3]. Les quelques pages, où il a apprécié le mérite des travaux exécutés par Pierre et Nicolas Lemercier à Saint-Maclou, renferment des observations nouvelles qui confirment les idées déjà émises par M. Léon Palustre sur le même sujet.

Nous nous sommes proposés de faire une œuvre beaucoup plus complète que les différents auteurs dont nous venons de faire mention. C'est dans ce but que nous avons étudié en détail l'histoire et l'architecture de l'église; de là les deux grandes divisions de cette monographie. Les recherches que nous avons dû faire pour composer la première partie de notre travail au moyen de documents originaux, nous ont amené à explorer cinq dépôts principaux. Les archives de la Fabrique de Saint-Maclou, conservées aujourd'hui dans l'étage supérieur de la sacristie, nous ont procuré un grand nombre de renseignements précieux sur la suppression des cimetières qui entouraient l'église en 1544 [4]; sur le contrat passé entre la Fabrique et Pierre Lemercier, le 25 septembre 1552, pour élever le couronnement du clocher [5]; sur un legs fait à l'église, en 1578, pour continuer les travaux en cours d'exécution [6], etc. Le même dépôt renferme

---

[1] Cette notice a été reproduite, avec des notes, par M. Léon Thomas, dans ses *Chroniques rétrospectives sur Pontoite*, p. 91.

[2] *Les Cloches de Saint-Maclou et de Notre-Dame à Pontoise*, article paru dans l'*Écho Pontoisien* du 30 août 1883 et réimprimé dans le recueil précédent, p. 107.

[3] Ce travail doit être prochainement imprimé dans les Mémoires de la Société.

[4] Cf. pièces justificatives nos X et XI.

[5] Cf. pièce justificative no XII.

[6] Cf. pièce justificative no XIV.

également trois registres qui contiennent les délibérations du conseil de Fabrique, de 1776 à 1830. Nous en avons extrait des pièces justificatives destinées à faire comprendre les travaux maladroits exécutés dans l'église à la fin du xviiie siècle [1]. Il nous a été impossible de nous rendre compte de l'étendue des pertes que les archives de Saint-Maclou ont éprouvées vers 1849 [2]; en tout cas, nous sommes certains que les pièces dont l'abbé Trou s'est servi pour composer son ouvrage en 1840, existent encore aujourd'hui, car nous les avons eues toutes entre les mains.

Le dépouillement méthodique des archives municipales de Pontoise nous a permis de retrouver une copie des lettres patentes de Charles V, qui confirment la fondation de la chapelle de la Passion en 1365 [3]. Les papiers de M. Pihan de la Forest [4], conservés dans le même dépôt, nous ont également fourni des indications très utiles. Nous y avons rencontré un inventaire de plusieurs marchés anciennement conservés dans les archives de l'église. Bien que les analyses de ces pièces soient rédigées d'une façon très sommaire, elles font néanmoins connaître l'époque où les voûtes et les fenêtres du déambulatoire furent reconstruites [5]; le nom de Jean Delamarre, maître maçon, qui travailla dans le chœur et le transept de l'église en 1541 [6]; l'année où le bas-côté méridional fut consacré [7], la

---

(1) Parmi les autres documents qui se trouvent contenus dans les archives de l'église Saint-Maclou, nous citerons le registre de la confrérie de Saint-Roch, divers registres du chapitre de Saint-Mellon de Pontoise (xviie s.), plusieurs liasses de pièces concernant les églises de Saint-Mellon (1481-1792) et de Saint-André de Pontoise (1409-1788); deux inventaires des archives de l'église Saint-Pierre de Pontoise, rédigés en 1735 et en 1760; des documents sur le couvent des Ursulines, à Pontoise (1742-1747); le procès-verbal de visite de la terre et seigneurie de Lincourt en 1764 et le terrier de la seigneurie de Vaudencourt (1558-1579).

(2) Cf. Léon Thomas. *Bibliographie de la ville et du canton de Pontoise*, p. 163.

(3) Cf. pièce justificative n° III.

(4) Paul-François Pihan de la Forest, né à Pontoise le 11 décembre 1739, subdélégué de l'intendant de la Généralité de Paris, pour le bailliage de Pontoise, dès l'année 1763, procureur impérial sous Napoléon Ier, mourut à Pontoise le 16 mars 1810. Il avait réuni un grand nombre de pièces manuscrites et de copies d'anciennes chartes pour composer une histoire de Pontoise et du Vexin. Sa famille fit don de ces précieux matériaux à la ville de Pontoise en 1857.

(5) Cf. pièce justificative n° VII.

(6) Cf. pièce justificative n° IX.

(7) Cf. pièce justificative n° XV.

date de la chaire ⁽¹⁾, etc. Enfin, c'est encore à la même source que nous avons puisé des renseignements sur les inscriptions des anciennes cloches et sur le maître-autel établi dans l'église au XVIe siècle.

Nous avions pensé que des recherches approfondies, exécutées dans les anciennes minutes des notaires de la Fabrique de Saint-Maclou au XVIe et au XVIIe siècles ⁽²⁾, pourraient nous fournir quelques marchés conclus pour la construction de la nef et des bas-côtés de l'église ; mais les résultats de ce travail n'ont point répondu à notre attente. C'est en vain que nous avons compulsé, par exemple, toutes les minutes du notaire Gérard Ledru, devant lequel fut passé, le 25 septembre 1552, un marché entre la Fabrique et l'architecte Pierre Lemercier, comme le prouve une analyse du XVIIIe siècle ⁽³⁾; il nous a été impossible d'en découvrir l'original. Nous avons rencontré à profusion des titres de fondations de messes à perpétuité, mais nous n'avons pas pu mettre la main sur un seul contrat relatif au gros œuvre de l'église ; la seule pièce que nous avons transcrite est un devis des réparations faites au grand orgue en 1671. L'inventaire des anciens titres de l'église, dont nous avons parlé plus haut, nous avait donné cependant des indications fort précises, puisqu'il renfermait les noms des notaires et la date des marchés. L'insuccès de nos investigations provient, à notre avis, de deux causes différentes. En premier lieu, beaucoup de liasses des minutes antérieures au XVIIIe siècle sont remplies

---

(1) Cf. pièce justificative n° XVIII.

(2) Ces minutes sont conservées aujourd'hui dans l'étude de Me Trinquand, notaire à Pontoise. Comme nous avons travaillé assez longtemps dans ce dépôt, nous croyons être utile à nos lecteurs en donnant la liste des minutes du XVIe et du XVIIe siècle qui s'y trouvent actuellement renfermées :

Gérard Ledru,	1530-1555	Jacques François,	1602-1638
Jean Moreau,	1539-1547	Lecousturier,	1615-1636
Pierre Moreau,	1540-1570	Pierre Dagneaux,	1623-1659
Jean Moreau l'aîné,	1570-1593	Pierre Crémien,	1625-1666
Jean Levasseur,	1573-1613	Claude Fredin,	1639-1652
André Prévost,	1574-1614	Gabriel Fredin,	1652-1676
Jean Moreau le jeune,	1594-1641	Bernard Fredin,	1661-1691
Nicolas Dupré,	1599-1616	Nicolas Dagneaux,	1662-1690
Hector Boudault,	1600-1627	Charles-François Fredin,	1681-1705
Gilbert,	1601-1614		

(3) Cf. pièce justificative n° XII.

de lacunes. De plus, si l'on en juge par les marchés conclus par la Fabrique au xviiie siècle, il est bien probable que les contrats passés au xvie siècle, pour bâtir la nef et les collatéraux de l'église, furent copiés en même temps sur le registre de la Fabrique et sur une feuille remise à l'entrepreneur. Or, comme les registres antérieurs au xviiie siècle ont disparu, il est facile de s'expliquer également la perte de simples feuilles de papier exposées à toutes les chances de destruction.

Les archives départementales de Seine-et-Oise ont recueilli une partie des anciens titres de l'église de Saint-Maclou. Nous avons pu feuilleter dans ce dépôt deux registres des délibérations du conseil de Fabrique plus anciens que ceux qui se trouvent dans les archives de la paroisse. Le premier de ces recueils commence en 1708 et le second se continue jusqu'en 1776. On y rencontre notamment le marché conclu, en 1735, pour la fonte de la grosse cloche, et l'acte de réunion des deux cures de l'église en une seule. Il convient de mentionner encore, parmi les documents que nous avons dépouillés aux archives de Seine-et-Oise, l'un des registres de la Confrérie de la Passion commencé le 3 mai 1736 et terminé le 27 août 1786. C'est grâce aux renseignements puisés à cette source que nous avons pu faire connaître le nom du sculpteur Suzanne, qui a réparé le sépulcre de la chapelle de la Passion en 1777, les dispositions de l'ancien autel de la même chapelle et le prix d'achat du célèbre tableau de Jouvenet, actuellement placé dans la nef de l'église.

Comme la ville de Pontoise était autrefois comprise dans le diocèse de Rouen, il nous a paru nécessaire d'explorer également les archives départementales de la Seine-Inférieure. Nous y avons consulté un inventaire des anciens titres du grand Vicariat du Vexin français, qui renferme diverses mentions confirmant l'exactitude des renseignements que nous avions recueillis dans les archives municipales de Pontoise. Enfin, les cartons G 1839 et G 1854, du même dépôt, nous ont fourni d'utiles documents pour compléter la liste des curés de l'église au xive et au xve siècle.

En terminant cette introduction, nous manquerions à tous nos devoirs si nous n'adressions pas nos remerciements à ceux qui se sont empressés de faciliter nos recherches. Nous sommes heureux de témoigner particulièrement notre reconnaissance à M. Simil, architecte de la Commission des monuments historiques, qui nous a rendu de précieux services en mettant divers dessins de l'église à notre disposition. C'est avec la même bienveillance que M. Trinquand, notaire à Pontoise, a bien voulu nous autoriser à consulter les anciennes minutes conservées dans son étude. Nous devons également une mention spéciale de notre gratitude à M. Léon Guellier, qui a dessiné la façade, le petit portail et plusieurs chapiteaux de l'église avec une remarquable finesse de crayon. Nous ne pouvons manquer de remercier encore M. l'abbé Vié, curé de Saint-Maclou, qui nous a permis de faire le dépouillement des archives de la Fabrique ; M. Bertrandy-Lacabane, archiviste de Seine-et-Oise, et M. Joseph Depoin, secrétaire de la Société historique de Pontoise, dont nous avons mis plus d'une fois le savoir et l'obligeance à contribution. Enfin, nous avons eu fort à nous louer des soins pris par M. Labelle pour graver les planches qui forment le complément indispensable du texte de cette monographie.

Boissy, 28 juillet 1885.

CHAPITRE PREMIER

HISTOIRE DE L'ÉGLISE

'HISTOIRE de l'édifice religieux qui s'élevait autrefois sur l'emplacement de l'église actuelle de Saint-Maclou est enveloppée d'une grande obscurité. Noël Taillepied rapporte que ce lieu était occupé très anciennement par une petite chapelle consacrée à Saint-Eustache [1], mais si l'on en croit un écrivain anonyme du XVII⁰ siècle qui a laissé quelques notes manuscrites assez exactes sur les églises de Pontoise, cette chapelle n'aurait été bâtie qu'en 1110 et elle était desservie par deux vicaires de la collégiale de Saint-Mellon [2]. D'un autre côté,

---

[1] *Recueil des Antiquitez et Singularitez de la ville de Pontoise*, fol. 14 v°. Réimpression de MM. François et Le Charpentier, p. 82.

[2] Bibliothèque de la ville de Pontoise, n° 2857, fol. 184 v°. Ces renseignements sont insérés à la suite de l'analyse d'un registre capitulaire de Saint-Mellon, commencé en 1578 et terminé en 1598.

Dom Estiennot [1], s'appuyant sur l'autorité d'une charte contenue dans le cartulaire de Saint-Martin de Pontoise [2], constate qu'il y avait à Pontoise, dès l'année 1090, une église dédiée à Saint-Maclou [3]. En conciliant ces deux derniers témoignages, on est conduit à admettre, au début du xiie siècle, l'existence simultanée de deux églises sur le terrain occupé par l'édifice actuel [4]. Il est également permis de supposer que la chapelle de Saint-Eustache était une simple dépendance de la primitive église de Saint-Maclou et se trouvait placée sur l'une des faces latérales du monument.

Si les recherches que nous avons faites ne nous ont pas fourni des renseignements assez précis pour éclaircir ces différentes questions, nous n'hésitons pas du moins à fixer la fondation de l'église actuelle de Saint-Maclou au milieu du xiie siècle. On verra, en lisant la description du déambulatoire de l'église, sur quelles raisons archéologiques nous nous sommes appuyés pour soutenir qu'aucune partie de l'édifice ne peut être antérieure à l'année 1140, époque où fut consacré le chœur de l'église abbatiale de Saint-Denis [5]. Il ne faut donc accorder aucune confiance au témoignage de Taillepied, qui raconte sérieusement que l'église de Saint-Maclou « fut édifiée de grosse estoffe environ l'an six cens après la Nativité de Nostre-Seigneur » [6]. Cette erreur ne mérite pas même une

---

(1) *Antiquitates Velocassium.* Bibl. Nat. Latin, 12741, p. 179. Cf. pièce justificative n° XX.

(2) La Bibliothèque de la ville de Pontoise renferme une copie de ce Cartulaire.

(3) Dans le même passage, Dom Estiennot mentionne l'existence d'un personnage nommé *Ingelbertus de Sancto Macuto*, au commencement du xie siècle, et émet l'opinion qu'il était peut-être le fondateur de la première église de Saint-Maclou. Cette assertion nous semble bien hasardée et nous sommes persuadés que le nom de ce personnage n'a aucun rapport avec celui de l'église de Saint-Maclou. Il indique simplement qu'*Ingelbertus* était originaire d'un village de Normandie placé sous le même vocable, comme Saint-Maclou (Eure), Saint-Maclou la Brière ou Saint-Maclou de Folleville (Seine-Inférieure).

(4) On sait qu'un fait analogue se rencontre dans l'histoire de beaucoup d'édifices religieux. La cathédrale de Paris, par exemple, s'élève sur l'emplacement de deux églises bâties côte à côte, celles de Notre-Dame et de Saint-Etienne.

(5) Cf. Suger. *De consecratione ecclesiæ Sancti Dionysii*, ch. III. Ed. Lecoy de la Marche, p. 224.

(6) *Recueil des Antiquitez et Singularitez de la ville de Pontoise,* fol. 14 v°.

réfutation, et si Louis Duval n'a pas craint de la répéter dans son ouvrage [1] en 1720, Dom Duplessis [2] et l'abbé d'Expilly [3] en ont fait ressortir l'invraisemblance quelques années plus tard. En 1839, l'abbé Trou crut avoir découvert sous le chœur de l'église, près de la sacristie, « une petite chapelle souterraine dont l'architecture remontait au VIIIe et peut-être au VIe siècle » [4], mais son assertion doit être accueillie avec beaucoup de réserves, car les connaissances archéologiques de l'auteur étaient fort limitées, comme il est facile de le reconnaître en parcourant son ouvrage. Nous sommes persuadés que la prétendue galerie souterraine dont parle l'abbé Trou est un simple caveau sépulcral creusé au XVIe ou au XVIIe siècle sous la chapelle voisine de la sacristie.

En adoptant l'année 1150 [5] environ comme date de la fondation de l'église actuelle de Saint-Maclou, nous nous trouvons parfaitement d'accord avec l'abbé Cossart, chanoine de Saint-Mellon de Pontoise au XVIIIe siècle, qui mentionne l'existence d'un curé de Saint-Maclou, nommé Robertus, dès l'année 1165 [6]. Ce qui donne à son témoignage une valeur particulière, c'est que le droit de présentation à la cure de Saint-Maclou appartenait au doyen du chapitre de Saint-Mellon [7] et que les archives de cette collégiale devaient renfermer, avant la Révolution, des documents authentiques sur la nomination des anciens curés de la paroisse. Cette date de 1165 est fort importante à retenir, car on peut la considérer comme la limite extrême de l'espace de temps où l'église fut bâtie. La période de construction du monument doit dès lors se placer entre les années 1140 et 1165.

---

(1) *Abrégé des Antiquitez de la ville de Pontoise et des personnes illustres de ladite ville*, p. 21.

(2) *Description géographique et historique de la Haute-Normandie*, t. II, p. 202.

(3) *Dictionnaire géographique, historique et politique des Gaules et de la France*, t. V, p. 782.

(4) *Recherches historiques, archéologiques et biographiques sur la ville de Pontoise*, p. 82.

(5) Une lettre de Hugues, archevêque de Rouen, adressée à Suger, constate l'existence de plusieurs églises à Pontoise en 1150, sans énumérer leurs vocables. Elle a été imprimée par Dom Martène. *Thesaurus anecdotorum*, t. I, p. 418.

(6) Cf. pièce justificative n° XXI.

(7) Cf. pièces justificatives n°^{s} V et VI.

L'église de Saint-Maclou, telle qu'elle fut élevée au milieu du xiiᵉ siècle, comprenait une nef flanquée de deux collatéraux, un transept surmonté d'un clocher central, et un chœur entouré de chapelles rayonnantes. Comme le transept et le chevet de cet édifice se sont seuls conservés jusqu'à nos jours, quelques auteurs, et notamment l'abbé Trou, ont cru pouvoir affirmer que le plan primitif n'avait jamais été entièrement exécuté. Il est facile de reconnaître que cette opinion est erronée en examinant, du côté nord de la nef, les cinq arcs formerets du xiiᵉ siècle qui sont encore intacts à la partie supérieure du mur. L'existence de semblables débris prouve d'une façon certaine que l'église bâtie au xiiᵉ siècle avait une nef et des bas-côtés ; c'était un édifice complet dont nous avons pu restituer le plan dans ses moindres détails. (1)

Il est fort probable que l'église ne subit aucun remaniement pendant le cours du xiiiᵉ siècle. La solidité de ses murailles lui assurait de longues années d'existence et l'étendue de l'édifice était assez considérable pour rendre des travaux d'agrandissement tout à fait inutiles. En outre, on peut faire observer que, sauf de rares exceptions, les églises de l'Ile-de-France, bâties d'un seul jet au milieu du xiiᵉ siècle, n'éprouvèrent aucune modification importante dans le siècle suivant. Il est intéressant d'en comprendre la raison. L'architecture gothique avait fait dans cette région des progrès très rapides et, dès l'année 1150, elle produisait des œuvres remarquables dont le style n'était pas inférieur à celui qui fut adopté soixante ans plus tard. Les artistes du xiiiᵉ siècle se gardèrent de remanier les édifices religieux de cette époque, mais ils se décidèrent presque toujours à rebâtir complètement, ou du moins en partie, les églises qui appartenaient au xiᵉ ou au commencement du xiiᵉ siècle, parce que leur construction était défectueuse. Ainsi s'explique la rareté des monuments contemporains de ces deux dernières périodes dans le Nord de la France.

L'étude archéologique de l'église de Saint-Maclou fournit une preuve à l'appui de notre assertion, puisqu'on ne peut y découvrir la trace de travaux exécutés au xiiiᵉ siècle. Aussi l'histoire de l'église n'offre-t-elle pas un très grand intérêt à cette époque, comme il est facile de le constater. En 1213 on voit figurer pour la première fois dans un acte authentique un curé de Saint-Maclou, nommé Lucas, qui joue le rôle de témoin dans

---

(1) Cf. Planche III.

la vente de la dîme d'Ennery à l'Hôtel-Dieu de Pontoise [1]. Cette charte est le plus ancien document qui fasse mention de l'église, et c'est à M. J. Depoin que revient l'honneur d'en avoir signalé le premier l'existence dans les archives hospitalières de Pontoise [2]. Quelque temps après, le pouillé du diocèse de Rouen, connu sous le nom de *pouillé de Rigaud* et rédigé vers le milieu du XIIIe siècle, fournit de précieux renseignements sur la cure de Saint-Maclou. Elle était déjà divisée en deux portions [3], valant chacune 40 livres parisis, et le droit de présentation appartenait au trésorier de la collégiale de Saint-Mellon [4]. Pendant la durée de son épiscopat (1248-1275), l'archevêque Eudes Rigaud fut appelé à confirmer le choix des prêtres Jean et Eudes, nommés curés de Saint-Maclou après la mort de leurs prédécesseurs Barthélemy et Pierre. Il pourvut également au remplacement du prêtre Jean, auquel succéda un curé nommé Simon [5]. Le registre des visites pastorales du même archevêque est également très utile à consulter pour cette époque. Ainsi, le 6 juillet 1249, Eudes Rigaud mentionne qu'il a reçu la visite des deux curés de Saint-Maclou de Pontoise [6], et le 24 février 1267 il prescrit une enquête afin de savoir pourquoi ces deux prêtres refusaient d'aller chanter à Saint-Mellon l'oraison du patron de l'église, suivant l'usage établi [7]. Bien que l'arche-

---

(1) Cf. pièce justificative n° I.

(2) Cf. l'article publié dans le journal l'*Écho Pontoisien* du 10 décembre 1874, sous ce titre : *Quelques notes archéologiques sur Saint-Maclou.*

(3) Ces deux portions ne furent réunies en une seule qu'en 1743.

(4) Le trésorier du Chapitre prit dans la suite le titre de doyen.

(5) « Ecclesia Sancti Macuti Pontisarensis duas habet portiones quarum quælibet valet XL l. p. Thesaurarius Sancti Melloni Pontisarensis, patronus. Non debet deportationem aliquam. Archiepiscopus Odo Rigaudi recepit Johannem presbiterum ad portionem quæ fuit magistri Bartholomœi, ad præsentationem dicti thesaurarii. Item idem archiepiscopus recepit magistrum Odonem ad illam quæ fuit magistri Petri, ad præsentationem decani Sancti Melloni. Item magistrum Symonem de Gaiis ad portionem quæ fuit Johannis presbiteri. » Cf. Bibl. Nat. Latin, 11052, fol. 106, v°, et le texte imprimé dans le *Recueil des historiens de la France*, t. XXIII, p. 327.

(6) « Ipsa die visitavimus archidiaconatum Pontisarensem. Comparuerunt duo de Sancto Maclovio. » Bibl. Nat. Latin, 1245, fol. 19. Ed. Bonnin, p. 42.

(7) « Item conquesti fuerunt nobis vicarii et capellani quod Sancti Machuti et Sancti Andree presbiteri non veniebant ad ecclesiam Sancti Melloni facturi more solito orationem dicti sancti, sicut tenebantur, et cantaturi tertium responsorium et tunc precepimus dicto vicario nostro quod disceret quid hoc esset. » Bibl. Nat. Latin, 1245, fol. 326. Ed. Bonnin, p. 570.

vêque ait fait de fréquents séjours à Pontoise [1], où il se transportait régulièrement chaque année, il semble n'avoir officié qu'une seule fois dans l'église de Saint-Maclou, le 13 février 1261. Après avoir célébré la messe paroissiale, il prononça un sermon et donna la confirmation, comme son propre témoignage en fait foi [2]. Si les visites pastorales d'Eudes Rigaud à Saint-Maclou furent aussi rares, c'est qu'au XIIIe siècle l'église abbatiale de Saint-Martin de Pontoise surpassait beaucoup en importance celle de Saint-Maclou et l'archevêque avait coutume de s'y rendre dans chacune de ses tournées.

Au XIVe siècle, les documents historiques relatifs à l'église de Saint-Maclou deviennent plus nombreux et plus précis. Dès les premières années de cette période, l'édifice eut à subir les conséquences d'une véritable catastrophe. Le 30 octobre 1309, un ouragan terrible s'abattit sur Pontoise et la violence de la tempête détermina la chute du clocher bâti sur le transept de l'église [3]. Voici en quels termes les *Grandes Chroniques de France* racontent cet accident : « En ce meisme an, en la tierce kalende de novembre, il vint un vent soudain, le quiel dura par une heure et plus et trébucha moult d'arbres et de édifices et meismement le clochier de Saint Maclou de Pontoise et les grands arches de pierre [4] qui sont environ le chevet de l'églyse Monseigneur Saint Denis, jasoit ce qu'ils ne cheirent pas, si les vit l'en en telle manière chanceler que l'en cuidoit qu'ils deussent cheoir à terre [5]. » La destruction du clocher central de Saint-Maclou entraîna sans doute l'effondrement des voûtes du transept et la ruine des dernières travées de la nef. Si cet écroulement n'avait pas eu lieu, il serait impossible d'expliquer pourquoi les marchands bouchers de Pontoise firent rebâtir à leurs frais un pilier de la nef, vers 1325. En souvenir de leur utile concours, on sculpta sur le chapiteau les instruments

---

(1) Cf. les extraits du Journal de Rigaud relatifs à Pontoise, dont M. Léon Thomas a donné la traduction dans ses *Chroniques rétrospectives sur Pontoise*, p. 5.

(2) « Celebravimus missam parrochialem, predicavimus et confirmavimus, per Dei gratiam, in ecclesia Sancti Machuti et pernoctavimus apud Sanctum Martinum cum expensis nostris. » Bibl. Nat. Latin, 1245, fol. 238. Ed. Bonnin, p. 392.

(3) Ce clocher fut reconstruit plus tard, et il n'a disparu définitivement qu'en 1785.

(4) L'auteur a voulu désigner par cette expression les arcs-boutants du chœur.

(5) *Grandes Chroniques de France*. Règne de Philippe le Bel, chap. LXIV. Ed. Paulin Pâris, t. V, p. 185.

de leur profession et l'image des animaux de boucherie [1]. Ce curieux pilier n'existe plus aujourd'hui, il disparut au xvie siècle, en même temps que la nef primitive de l'église. Le travail que nous venons de mentionner ne semble pas être le seul qui fut exécuté à Saint-Maclou dans le cours du xive siècle. Il convient de signaler aussi l'ouverture d'une fenêtre basse dans le chevet du croisillon nord du transept [2]. Enfin on entreprit probablement à cette époque la construction d'une chapelle dite de Notre-Dame de Pitié, qui devait être adossée au côté septentrional de l'édifice. Cette importante fondation fut l'œuvre de Jean Malet, bourgeois de Pontoise, qui mourut vers 1347, en laissant à l'église une grande partie de ses biens. La date de sa mort coïncida sans doute avec celle de l'établissement de la chapelle, mais elle n'est connue que d'une manière approximative par une charte datée de 1347, où il est question d'une supplique adressée par les exécuteurs testamentaires de Jean Malet aux religieux de Saint-Martin de Pontoise, pour les prier de renoncer à un cens établi sur la maison qui devait être affectée au logement des futurs chapelains [3]. Au mois de juin 1365, Charles V confirma la fondation précédente et autorisa le maire de Pontoise à créer une rente de vingt livres tournois sur les biens de la commune, afin d'assurer le traitement du chapelain. [4]

Deux autres documents authentiques complètent les indications que nous avons pu recueillir sur l'histoire de l'église au xive siècle. Ils concernent les règles auxquelles les curés de Saint-Maclou étaient tenus de se soumettre pour répartir entre eux certains revenus de l'église. Un acte de 1327 constate que ces deux prêtres ont la jouissance collective de diverses rentes établies sur plusieurs maisons de Pontoise [5]. Quarante et un ans plus tard, en 1368, le testament d'une bourgeoise de la paroisse, nommée Agnès de Ruel, renferme des détails intéressants sur le même sujet. « Je esli la sépulture de mon corps, dit-elle, estre enterré en l'église

---

(1) Nous avons extrait ce renseignement d'un ouvrage manuscrit de M. Pihan de la Forest, conservé à la Bibliothèque de la ville de Pontoise sous le n° 2855.

(2) Le meneau qui divise actuellement cette fenêtre a été refait au xvie siècle.

(3) Cf. pièce justificative n° II.

(4) Cf. pièce justificative n° III.

(5) Archives de l'Hôtel-Dieu de Pontoise, B, 74.

monsieur Sainct Maclou de Pontoise devant l'image Sainct Jean Baptiste où fut enterré Guillot Messent [1], pour laquelle sépulture je lesse à la fabrique monsieur Sainct Maclou trois francs d'or pour acheter rente ou pour faire le proufit du sainct, sans ce que les curez de ladite église y puissent aucune chose demander. Item je lesse ausdis curez tant pour l'enterrement comme pour toutes autres choses cinq souls de rente perpétuelle » [2]. Les deux curés de Saint-Maclou formaient donc, au XIV° siècle, une véritable communauté, ils avaient des droits identiques et se partageaient les mêmes revenus.

Bien que les dommages causés à l'église par la chute du clocher central eussent été réparés, on entreprit la reconstruction partielle du monument vers le milieu du XV° siècle. L'importance que la paroisse de Saint-Maclou avait acquise à Pontoise, grâce aux nombreuses confréries fondées successivement dans son enceinte, rendait l'agrandissement de l'édifice tout à fait nécessaire. L'ancienne façade romane fut démolie pour faire place à une autre façade fort imposante qui doit avoir été bâtie entre 1450 et 1470, si l'on en juge par le caractère de son style. Toutefois, il ne faut attribuer à cette période que la partie centrale de la construction et le clocher jusqu'à la base du dôme supérieur, car la petite porte latérale ne fut pas élevée avant la fin du XVI° siècle. On se décidait en même temps à bâtir une nouvelle nef, mais il est probable que le manque de ressources ne permit pas de continuer l'entreprise, car les deux premières travées furent seules terminées. Si l'architecte du XV° siècle avait pu réaliser ses projets, chaque travée de la nef se composerait aujourd'hui d'une arcade en tiers point soutenue par deux colonnes assez courtes et surmontée d'une longue fenêtre à remplage flamboyant.

Tandis que les travaux étaient interrompus de ce côté, l'attention des constructeurs se porta sur les voûtes des chapelles rayonnantes qui menaçaient ruine. La plupart des branches d'ogives furent remplacées et l'on profita de la présence des ouvriers dans cette partie de l'église pour refaire toutes les fenêtres du déambulatoire conformément au style de l'époque. La restauration que nous venons de mentionner fut exécutée en 1477 et coûta 320 livres, comme le prouve l'analyse d'un ancien marché

---

(1) Ce personnage était l'oncle d'Agnès de Ruel.
(2) Cf. pièce justificative n° IV.

conclu par la fabrique [1]. Le même acte nous apprend que l'architecte chargé de diriger l'entreprise était le maître de l'œuvre de l'église Notre-Dame de Pontoise. Cet édifice détruit par les Anglais en 1435, était alors en pleine reconstruction, puisqu'il fut consacré le 1er octobre 1484 par l'évêque d'Hippone, coadjuteur du cardinal d'Estouteville, archevêque de Rouen [2]. En s'appuyant sur une mention aussi intéressante, il est permis de supposer que la façade de Saint-Maclou est l'œuvre du même artiste et on peut lui attribuer également la sacristie de l'église, gracieux bâtiment à deux étages qui doit avoir été terminé vers 1480. Ainsi l'église de Saint-Maclou avait subi des transformations fort importantes pendant le cours du xve siècle et les architectes de la Renaissance n'eurent qu'à continuer l'œuvre de leurs devanciers.

La reconstruction de l'église se poursuivit dès la première moitié du xvie siècle, mais nous ne pouvons pas déterminer d'une manière certaine la date de la reprise des travaux. Toutefois, il est fort probable que l'on se mit à démolir vers l'année 1525 l'ancien bas-côté nord du xiie siècle, pour le remplacer par le double collatéral encore intact aujourd'hui. En effet, on ne saurait attribuer à une époque plus voisine du xve siècle ce gracieux morceau d'architecture, puisque l'ornementation caractéristique de la Renaissance s'y trouve appliquée sans aucun mélange de détails empruntés au gothique flamboyant. Le gros œuvre de cette partie du monument devait être terminé au plus tard vers 1540, car nous avons retrouvé dans les minutes de Gérard Ledru, notaire à Pontoise au xvie siècle [3], un acte daté du 11 août 1543 qui mentionne l'existence d'une maison « où *naguères* auroit esté un appentilz servant de loge aux massons besongnans en ladicte église de Sainct-Maclou » [4]. Du reste, la date de 1545, inscrite sur un des vitraux de la chapelle de la Passion, indique bien que les ouvriers avaient terminé leur tâche de ce côté avant la mort de François Ier.

(1) Cf. pièce justificative n° VII. Ce marché est daté du 4 novembre 1477.

(2) Cf. A. François. *Lettre sur l'église Notre-Dame*, p. 14.

(3) Ces minutes sont conservées chez Me Trinquand, notaire à Pontoise, dans une caisse marquée P. G, 72.

(4) Cet acte est une convention passée entre la fabrique de Saint-Maclou et Gabriel Bocquet, vicaire de l'église, au sujet d'une maison de la rue du Martroy.

Les travaux exécutés dans l'église de Saint-Maclou, entre les années 1525 et 1540, comprirent la construction du bas-côté nord et du petit portail adossé au croisillon septentrional, l'établissement des chapelles latérales et la reprise en sous-œuvre de toute la partie nord de la nef. L'architecte chargé de cette dernière opération eut soin de ne pas détruire complètement le mur de clôture du vaisseau central et c'est ainsi qu'il fut amené à conserver les contreforts et les formerets du xii° siècle, enclavés actuellement dans les assises supérieures. Parmi les chapelles latérales ajoutées à l'église à cette époque, il convient de signaler d'une façon toute spéciale la chapelle dite de la Passion, qui se trouve placée à côté de la façade. Elle était destinée à remplacer l'ancienne chapelle de Notre-Dame de Pitié, fondée par Jean Malet vers 1347, comme on l'a vu plus haut. La nouvelle construction fut reliée très adroitement aux deux travées du bas-côté nord, bâties pendant le xv° siècle, et le grand nombre de revenus légués successivement à la confrérie de la Passion permit sans doute à cette association de prendre à sa charge presque tous les frais de l'entreprise. Toute la partie septentrionale de l'église de Saint-Maclou est donc contemporaine de la période la plus originale de la Renaissance. Tandis que les maçons et les sculpteurs y mettaient la dernière main, Robert et Jean Grappin achevaient la façade de l'église Saint-Gervais de Gisors [1], Martin Chambiges terminait le croisillon méridional de la cathédrale de Beauvais et l'église de Saint-Eustache de Paris commençait à s'élever au-dessus du sol.

Quel fut l'architecte chargé de mener à bonne fin les grands travaux que nous venons de mentionner? M. Léon Palustre, s'appuyant sur un marché conclu par la fabrique de Saint-Maclou, le 25 septembre 1552 [2], où l'on voit figurer le nom de Pierre Lemercier, maître maçon, a cru devoir hardiment attribuer à cet artiste tout le bas-côté nord de l'édifice, en faisant observer qu'il devait être depuis longtemps l'entrepreneur de l'église [3]. Nous avons le regret de ne pouvoir partager son opinion. En effet, si l'acte auquel nous avons fait allusion prouve que Pierre Lemercier était l'architecte de la fabrique en 1552, un autre document nous apprend

---

[1] Cf. De Laborde. *Documents inédits extraits du trésor de l'église de Gisors*, p. 19.
[2] Cf. pièce justificative n° XII.
[3] *La Renaissance en France*, t. II, p. 10.

que cette fonction était remplie, dans le cours de l'année 1541, par un maître maçon nommé Jean Delamarre [1]. Il serait donc permis de supposer que Jean Delamarre a travaillé dans l'église de Saint-Maclou entre 1525 et 1540, car on rencontre son nom dès l'année 1541, tandis qu'il faut aller jusqu'en 1552 pour trouver celui de Pierre Lemercier. Néanmoins, nous nous contenterons d'avoir indiqué l'objection très sérieuse qui peut être opposée à la théorie de M. Léon Palustre, en nous abstenant de résoudre une question aussi délicate. L'histoire de l'art ne doit pas reposer sur des hypothèses ; elle doit s'appuyer sur des faits précis. Or, tant qu'un heureux hasard n'aura pas mis entre les mains d'un archéologue le texte ou l'analyse de quelque marché relatif au bas-côté nord de l'église, il sera toujours imprudent de désigner sans aucune preuve l'auteur de cette élégante construction.

Dès que la face septentrionale du monument eut été rebâtie sur un nouveau plan, il devint urgent de consolider la partie supérieure de l'abside et de restaurer le clocher central démoli par l'ouragan de 1309. Ces travaux furent entrepris par Jean Delamarre, maître maçon, moyennant la somme de 500 livres tournois, en vertu d'un marché passé le 28 juillet 1541 devant Derin et Levasseur, notaires à Pontoise [2]. Ils se continuèrent jusqu'à l'année 1547, puisque les F et les H appliqués sur la clef de la voûte du transept indiquent d'une manière certaine que les sculpteurs y mirent la dernière main au moment où Henri II venait de succéder à son père François Ier. Pendant cette période, Jean Delamarre refit complètement les fenêtres supérieures du chœur et les six branches d'ogives du sanctuaire ; il établit de nouvelles voûtes dans les croisillons et il éleva sur le carré du transept un clocher en pierre qui se dressait à 30 pieds au-dessus des combles [3]. L'analyse du contrat dont nous avons parlé nous apprend en outre qu'il fut chargé de faire diverses réparations aux fenêtres et aux doubleaux de la nef, dont les claveaux avaient sans doute éprouvé des tassements dangereux après la reconstruction des travées septentrionales. Il est probable que la dernière œuvre de Jean Delamarre fut la voûte bâtie sur le carré du transept, car on ne pouvait pas songer

---

[1] Cf. pièce justificative n° IX.
[2] Cf. pièce justificative n° IX.
[3] Cf. pièce justificative n° XLVII.

à l'appareiller avant d'avoir achevé le clocher, afin de faciliter le montage des matériaux.

Les nombreux remaniements exécutés à l'intérieur de l'église, pendant plus de vingt ans, avaient absorbé presque tous les revenus de la fabrique. Elle chercha à se créer de nouvelles ressources pour continuer les travaux en priant le maire de Pontoise et l'archevêque de Rouen de vouloir bien l'autoriser à vendre le terrain des cimetières qui étaient placés au nord et à l'ouest de l'église. Jacques Crespin, maire de Pontoise, s'empressa d'accueillir cette demande. Le 3 juillet 1543, après avoir prescrit une enquête à ce sujet, il permit aux trois marguilliers Alexandre Chasteau, Antoine Lanquier et Jean Dorvalle de faire transporter les tombes des personnes ensevelies autour de l'église dans un nouveau cimetière établi près des fossés de la ville [1] et de « bailler lesdites places à faire maisons au plus offrant et dernier enchérisseur, pour le prouffit et augmentation de ladite fabrique, entretenement de ladite église et du service divin » [2]. Georges II d'Amboise [3], archevêque de Rouen, se montra également favorable à la supplique qui lui fut adressée et le 30 septembre 1544, il décréta l'aliénation des anciens cimetières au profit de la fabrique [4]. C'est dans le premier de ces deux actes et non pas dans le second, comme l'a cru M. l'abbé Trou [5], que se trouve la phrase suivante : « la fondation et institution d'icelle église fut trois cens ans et plus ». Cette mention, reproduite par un certain nombre d'auteurs modernes, n'a pas l'importance qu'on a voulu lui attribuer. Elle fixe la fondation de l'édifice au XIIIe siècle, tandis qu'il faut la faire remonter au XIIe siècle, comme nous l'avons précédemment démontré. On ne saurait donc en tirer aucune indication utile pour éclaircir la question des origines de l'église.

La charte de Georges d'Amboise, rédigée en latin, contient des renseignements intéressants sur les trois cimetières qui devaient être supprimés.

---

(1) Ce cimetière, établi au lieu dit « Clamard », a été lui-même supprimé en 1809 quand on a créé le cimetière actuel.

(2) Cf. pièce justificative n° X.

(3) Il ne faut pas confondre cet archevêque, qui occupa le siège de Rouen de 1511 à 1550, avec Georges Ier d'Amboise, archevêque de Rouen entre les années 1494 et 1510.

(4) Cf. pièce justificative n° XI.

(5) *Recherches historiques, archéologiques et biographiques sur Pontoise*, p. 82.

Le premier, établi le long du bas-côté nord de l'église, était bordé d'un côté par le marché et par un groupe de maisons appelées *Les Hariquetes,* de l'autre par les rues conduisant à la porte d'Ennery et à la maison de justice. Il avait une superficie de six perches. Le second cimetière s'étendait devant la façade de l'église, jusqu'à l'entrée de la rue de la Coutellerie et ne contenait pas plus de deux perches. Le troisième, qui se trouvait placé autour de la chapelle de la Passion, n'occupait qu'une demi-perche de terrain et renfermait des galeries formées d'une série d'arcades, [1] comme l'ancien cimetière des Innocents à Paris. [2] La saison d'hiver de l'année 1544 fut sans doute employée à faire des fouilles pour extraire les ossements et la vente du sol dut avoir lieu dans le cours de l'année 1545. La fabrique de Saint-Maclou offrit généreusement à la ville de Pontoise le terrain nécessaire pour agrandir le marché, le parvis et la rue de l'Hôtel-de-Ville. [3]

Quelques années après avoir effectué l'aliénation que nous venons de signaler, la fabrique de l'église était en mesure de continuer les travaux et de les mener à bonne fin. Le 25 septembre 1552, elle conclut devant Gérard Ledru, notaire à Pontoise, et par l'entremise des marguilliers Jean Hébart, Christophe Souvoye et Jean Du Saulx, un marché avec Pierre Lemercier, maître maçon, demeurant à Pontoise, pour ajouter au clocher de la façade le couronnement en forme de dôme qui est encore intact aujourd'hui. [4] Ce travail fut entièrement exécuté en pierre de Saint-Leu-d'Esserent et coûta la somme de 525 livres tournois qui devait être payée à l'entrepreneur « au fur et à mesure qu'il besoignerait ledit ouvrage. » De même que pour le marché où il est fait mention de Jean Delamarre, nous connaissons l'existence du contrat qui renferme le nom de Pierre Lemercier par une courte analyse rédigée au xviiie siècle et conservée actuellement dans les archives de l'église. [5] Malgré les recherches que nous avons faites

---

(1) « Parvam portionem alterius cimiterii dictæ ecclesiæ contigui jam in archis erectam et constructam ». Cf. pièce justificative n° XI.

(2) On peut encore voir des exemples de cette disposition dans l'aître Saint-Maclou à Rouen et dans le cimetière de Montfort-l'Amaury (Seine-et-Oise).

(3) Cf. pièce justificative n° X.

(4) Cf. pièce justificative n° XII.

(5) L'abbé Trou a connu cette pièce importante, mais il a eu le tort de ne pas en indiquer la provenance. Cf. *Recherches historiques, archéologiques et biographiques sur la ville de Pontoise*, p. 94.

dans les minutes de Gérard Ledru, nous ne sommes pas parvenus à découvrir l'acte original.

Les autres œuvres architecturales de Pierre Lemercier sont complètement inconnues et aucun document ne nous autorise à lui attribuer une part dans la construction de quelques édifices religieux bâtis près de Pontoise au milieu du xvie siècle. Mais si la vie de cet artiste est enveloppée d'une regrettable obscurité, on sait du moins la date précise de sa mort qui eut lieu le 31 mai 1570 et non pas avant 1560, comme l'a cru M. Léon Palustre [1]. En effet, la pierre tombale autrefois placée sur sa sépulture existe encore actuellement. Elle se trouve engagée au milieu de la seconde marche du grand escalier qu'il faut descendre pour entrer dans l'église de Notre-Dame à Pontoise. La partie supérieure de la dalle a disparu ; on y avait sans doute représenté Pierre Lemercier et sa femme, car on peut facilement apercevoir les pieds de deux personnages distincts. L'extrémité inférieure, qui s'est heureusement conservée, mesure 0^m 94^c de largeur sur 0^m 43^c de hauteur et renferme l'inscription suivante écrite en caractères gothiques à moitié effacés :

> Cy gist le corps de honeste personne Pierre Mercier [2] en son
> vivant m^{re} masson de l'église de céans, et trespassa le
> dimanche de la trinité xxi iour de may mil v^c lxx,
> et Jehanne Fourmont [3], sa femme, laquele deceda le
> ..... iour de..... mil v^c..... PRIES DIEV POVR LEVRS AMES.

On voit d'après cette inscription que Pierre Lemercier était à la fois l'entrepreneur de la fabrique de Saint-Maclou et de celle de Notre-Dame

---

(1) *La Renaissance en France*, t. II, p 10.

(2) Le nom de la famille Lemercier s'écrivait indifféremment au xvie siècle : Mercier, Le Mercier ou Lemercier.

(3) M. Henri Le Charpentier, en publiant cette épitaphe dans son ouvrage intitulé *la Ligue à Pontoise et dans le Vexin Normand*, p. 131, note 1, a cru devoir lire : *Jehanne Fourment,* mais une transcription attentive nous a permis de reconnaître que la pierre porte le nom de *Jehanne Fourmont.*

de Pontoise. La même coïncidence s'était déjà présentée en 1477 puisque les voûtes du déambulatoire de Saint-Maclou avaient été reconstruites à cette époque par le maître de l'œuvre de Notre-Dame [1]. Il est beaucoup plus logique d'admettre le fait dont nous venons de citer un précédent au lieu de prétendre que la sépulture de Pierre Lemercier était autrefois placée dans l'église de Saint-Maclou, à laquelle s'appliquerait dès lors les mots « maître maçon de l'église de céans ». Cette opinion ne s'appuie sur aucune base sérieuse et l'observation présentée plus haut nous permet d'en faire ressortir toute l'invraisemblance.

Pierre Lemercier était sans aucun doute un des ancêtres et peut-être l'aïeul du célèbre architecte Jacques Lemercier qui eut l'honneur de contribuer à l'embellissement de Paris, dans la première moitié du XVIIe siècle, en travaillant au Palais du Louvre, à la Sorbonne, au Palais-Royal, à l'église de Saint-Roch et à l'Oratoire [2]. En effet, tous les biographes sont d'accord pour faire naître ce dernier artiste à Pontoise vers 1585. Or, si l'on observe qu'au XVIe siècle les membres d'une famille se succédaient presque toujours dans l'exercice de la même profession, il est bien permis de conclure en faveur de la parenté des deux constructeurs. Leur filiation paraît devoir être établie à l'aide du père de Jacques Lemercier, Nicolas Lemercier, né à Pontoise en 1541 et mort en 1637, âgé de 96 ans [3]. Celui-ci exerçait également le métier de maître maçon puisque M. d'Alincourt, gouverneur de Pontoise, le chargea de bâtir la citadelle de la ville, après avoir conclu avec lui un marché à ce sujet, le 29 décembre 1594 [4]. Ainsi dans l'espace d'un siècle la même famille avait donné naissance à trois architectes [5].

---

[1] Cf. pièce justificative n° VII.

[2] M. Seré-Depoin, président de la Société historique et archéologique de Pontoise et du Vexin, a entrepris depuis longtemps des recherches sur la famille des Lemercier qui doivent être publiées sous ce titre : *Une famille de maçons pontoisiens au XVIe et au XVIIe siècle*. Il a bien voulu nous communiquer quelques-unes de ses découvertes. Nous sommes heureux de lui en témoigner toute notre reconnaissance.

[3] Communications de M. Seré-Depoin.

[4] Ce marché a été publié par M. Henri Le Charpentier dans son ouvrage intitulé : *La Ligue à Pontoise et dans le Vexin français*, p. 225, note 1.

[5] On pourrait même dire à quatre, car un marché daté de 1621 nous fait connaître l'existence d'un maître maçon nommé Denis Lemercier, qui entreprit à cette époque des travaux importants dans l'église d'Épiais, près de Pontoise. (Communication de M. Seré-Depoin).

Les travaux d'agrandissement de l'église de Saint-Maclou furent repris quelque temps avant la mort de Pierre Lemercier, mais ils ne furent pas poussés avec une très grande activité, car la reconstruction du bas-côté méridional, commencée en 1566 et terminée en 1583 [1], dura dix-huit ans. On résolut d'établir tout d'abord une porte à côté du croisillon sud du transept, mais comme la différence de niveau entre le sol intérieur de l'église et le terrain naturel était très accentuée, on fut obligé de bâtir un escalier pour en faciliter l'accès. Ce portail fut exécuté en 1566, comme le prouve la date gravée au milieu d'un cartouche, sur le côté gauche. Destiné à faire le pendant de la porte élevée vers 1530 à l'angle du croisillon septentrional, il servit de point de départ à l'architecte chargé de renouveler le style du bas-côté sud de l'église. Celui-ci s'inspira du plan adopté par l'un de ses devanciers pour transformer le bas-côté nord, mais il dut renoncer à établir un double collatéral, parce que le terrain dont il pouvait disposer était limité, dans le sens de la largeur, par une rue voisine.

La période comprise entre les années 1566 et 1570 fut employée à construire la porte dont nous venons de faire mention, le passage voûté qui la précède, la grande chapelle adjacente, consacrée à la Vierge, et la petite chapelle voisine de cette dernière, où la date de 1570 se trouve inscrite sur un pilastre [2]. Ce précieux renseignement vient heureusement suppléer aux marchés de maçonnerie qui nous font défaut pour déterminer l'âge exact de cette partie de l'église. Les deux chapelles latérales suivantes ne furent achevées que huit ans plus tard. La date de 1578, gravée sur deux pilastres placés l'un à l'extérieur, l'autre à l'intérieur de la seconde d'entre elles, nous en fournit la preuve. Si le constructeur n'avait pas pris le soin de faire inscrire sur la pierre l'année où cette chapelle fut bâtie, on pourrait cependant être certain que les ouvriers travaillaient encore au monument en 1578. En effet, on voit figurer dans une fondation datée du 21 septembre 1578, un prêtre nommé Martin Boulnois, sans doute originaire de Pontoise, qui lègue à la fabrique de Saint-Maclou

---

(1) Cf. pièce justificative n° XV.

(2) Nous avons écrit ci-dessus, page 4, que cette date était placée en face du bas-relief d'un marchand à son comptoir, mais, pour être plus exact, nous aurions dû dire qu'elle se trouvait sur la face postérieure de la muraille opposée.

dix livres tournois et vingt écus d'or pour « subvenir au payement et parachèvement de la maçonnerie de ladite église » [1]. Le même acte nous apprend que Martin Boulnois était alors vicaire de l'église Saint-Jacques-la-Boucherie, à Paris, et qu'il avait fondé de nombreux services funèbres à Saint-Maclou pour le repos de son âme. Il avait pris soin d'en régler lui-même les moindres détails, et grâce à cette précision, on peut se faire une idée fort exacte du cérémonial usité dans les messes solennelles de *Requiem* célébrées à Saint-Maclou au xvi° siècle.

En même temps que les chapelles latérales s'élevaient sur le flanc méridional de l'église, le bas-côté sud était reconstruit et l'on faisait subir à la nef des modifications fort importantes. Nous avons dit plus haut que les travées septentrionales du vaisseau central avaient été reprises en sous-œuvre vers 1530, et que les arcs formerets, appareillés au xii° siècle, avaient été conservés dans cette partie de l'église. L'architecte était parvenu à éviter ainsi les dépenses que l'établissement de nouvelles voûtes au-dessus de la nef aurait pu entraîner. La nef de Saint-Maclou était donc encore recouverte, vers 1570, de voûtes sur croisée d'ogives contemporaines du xii° siècle, et les travées méridionales conservèrent jusqu'à cette époque leur caractère primitif. Mais, tandis qu'on s'était décidé à garder une partie des anciens murs, en remaniant la nef du côté nord, on résolut de raser complètement, du côté sud, les travées bâties pendant le xii° siècle, afin de faire une œuvre nouvelle. Les piliers du xii° siècle, qui devaient être garnis de colonnettes comme ceux de l'église de Chars [2], furent remplacés par de grosses colonnes flanquées d'un pilastre ; les arcades des travées et les fenêtres supérieures furent reconstruites conformément au style de l'époque, et toutes les voûtes de la nef, entièrement renouvelées, furent soutenues par des nervures plus délicates que les anciennes.

L'année 1578 ne marqua pas, comme on serait tenté de le croire, la fin des grands travaux accomplis au xvi° siècle dans l'église de Saint-Maclou. Les quatre années suivantes furent employées à la construction du portail latéral qui fait partie de la façade et qui donne accès à l'intérieur du bas-côté sud. On termina, pendant la même période, les voûtes de la nef et les nouvelles toitures. Enfin, le 15 août 1583, Monseigneur

---

(1) Cf. pièce justificative n° XIV.

(2) Seine-et-Oise, arr. de Pontoise, cant. de Marines.

Henri Le Mignon, évêque de Digne [1], fut délégué par le cardinal Charles de Bourbon, archevêque de Rouen [2], pour procéder solennellement à la bénédiction des quatre chapelles du bas-côté méridional, consacrées à la Vierge, à saint Eustache, à saint Crépin et à sainte Marguerite [3]. Pour perpétuer le souvenir de cette cérémonie, célébrée en présence de Jacques de Monthiers, gouverneur de Pontoise, l'archevêque de Rouen consentit à accorder une indulgence perpétuelle à tous les fidèles qui viennent visiter, le jour de l'Assomption, les chapelles dont nous avons indiqué l'emplacement.

L'histoire de la reconstruction du bas-côté méridional de Saint-Maclou nous conduit à rechercher le nom de l'architecte qui fut chargé de la direction des travaux. M. Léon Palustre n'a pas hésité à en faire honneur à un membre de la famille des Lemercier, mais il n'a pas cru devoir indiquer dans quels documents il avait puisé cette information [4]. Toutes nos recherches à ce sujet ayant été infructueuses, nous avons lieu de croire qu'il s'est borné à exprimer une opinion personnelle. Aucun texte ne nous autorise à prétendre que Nicolas Lemercier fût l'architecte de la fabrique de Saint-Maclou pendant la période comprise entre les années 1566 et 1583. Le seul marché contemporain dont nous avons pu retrouver l'analyse [5] est daté de 1578, mais il ne renferme malheureusement aucun nom de constructeur. En conséquence, nous sommes obligés de traiter cette question avec la plus grande prudence. Notre réserve paraîtra sans doute préférable au système de M. Léon Palustre qui tend à présenter une hypothèse comme une réalité.

Pour justifier ses assertions, M. Léon Palustre a commencé par admettre que Pierre Lemercier avait bâti le bas-côté septentrional dont le style se retrouve, à son avis, « dans les parties qui lui appartiennent sans contestation. » [6]. Or, comme la seule construction qui est l'œuvre

---

[1] Henri Le Mignon fut évêque de Digne de 1568 à 1587.

[2] Charles Ier, cardinal de Bourbon-Vendôme, fut archevêque de Rouen depuis le 9 octobre 1550 jusqu'au 9 mai 1590.

[3] Cf. pièce justificative n° XV.

[4] *La Renaissance en France*, t. II, p. 10.

[5] Cf. pièce justificative n° XIII.

[6] *La Renaissance en France*, t. II, p. 10.

incontestable de Pierre Lemercier est le dôme du clocher de Saint-Maclou [1], il est assez difficile de comprendre comment le couronnement de la tour peut être conçu dans le même style que les voûtes, les piliers, les fenêtres et le portail du bas-côté nord. On ne peut établir aucune comparaison entre le sommet du clocher et cette nef latérale de l'église. Nous avons déjà montré combien il était imprudent de soutenir, sans aucune espèce de preuve, que telle ou telle partie d'un édifice religieux avait été construite par tel ou tel architecte, puisque la voûte du transept de l'église, attribuée jusqu'ici à Pierre Lemercier, doit être considérée désormais comme l'œuvre de Jean Delamarre [2]. Tels sont les mécomptes auxquels seront toujours exposés les auteurs qui cherchent à découvrir la vérité historique par des inductions ou par des raisons de sentiment.

Quelles sont néanmoins les présomptions qui peuvent être alléguées en faveur de la thèse soutenue par M. Léon Palustre? Nous avons dit plus haut qu'une pièce authentique, datée du 25 septembre 1552 [3], permettait d'attribuer à Pierre Lemercier le dôme qui couronne le clocher de Saint-Maclou. Or il est à peu près certain que le père de Jacques Lemercier, Nicolas Lemercier, dont le nom se rencontre dans un marché de maçonnerie conclu en 1594 par M. d'Alincourt, gouverneur de Pontoise, était proche parent de Pierre Lemercier : il est donc probable que celui-ci devint l'entrepreneur de la fabrique, après la mort de Pierre Lemercier. En outre on remarque une grande ressemblance entre les bas-côtés de Saint-Maclou de Pontoise et ceux de Saint-Eustache de Paris, et comme l'épitaphe de Charles David [4], architecte de cette dernière église, nous apprend qu'il avait épousé une femme nommée Anne Lemercier, on peut supposer que Charles David avait recueilli par ce mariage la succession de Nicolas Lemercier. Le père de Jacques

---

(1) Cf. pièce justificative n° XII.

(2) Cf. pièce justificative n° IX.

(3) Cf. pièce justificative n° XII.

(4) Cette épitaphe était ainsi conçue : *Cy devant gist le corps d'honorable homme Charles David, vivant juré du roy ès œuvres de maçonnerie, doyen des jurés et bourgeois de Paris, architecte et conducteur du bâtiment de l'église de céans, lequel, après avoir vécu avec Anne Lemercier, sa femme, l'espace de cinquante trois ans, est décédé le 4° jour de décembre 1650, agé de quatre-vingt-dix-huit ans.* Cf. Léon Palustre. *La Renaissance en France*, t. II, p. 132.

Lemercier devrait donc être regardé comme l'architecte des deux églises dans la seconde moitié du xvi⁰ siècle. (1)

Nous serons beaucoup moins affirmatifs sur ce sujet que MM. Léon Palustre (2) et Louis Regnier (3), tout en reconnaissant avec eux que les deux bas-côtés de l'église n'ont pas dû être construits par le même architecte, car le style de ces deux nefs latérales est tout à fait différent. Les observations suivantes feront comprendre notre réserve. Les travaux du bas-côté méridional de Saint-Maclou commencèrent en 1566. Or Pierre Lemercier mourut le 31 mai 1570, époque où la chapelle de la Vierge venait d'être achevée. Il n'est donc pas inadmissible que Pierre Lemercier ait élevé le portail latéral, daté de 1566, et la chapelle de la Vierge, datée de 1570. On nous objectera sans doute que cet artiste devait être trop âgé pour s'occuper de construction dans les dernières années de sa vie, mais comme la date de la naissance de Pierre Lemercier est inconnue, il est difficile de prouver la vérité d'une pareille assertion. Quant à Nicolas Lemercier, qui venait d'avoir 25 ans dans le cours de l'année 1566 (4), il était bien jeune alors pour que la fabrique ait pu lui confier à cette époque la direction des travaux. Enfin l'analogie des bas-côtés de Saint-Eustache avec ceux de Saint-Maclou ne prouve pas que Nicolas Lemercier ait été le constructeur du collatéral sud de l'église. Anne Lemercier n'était certainement pas la fille de Nicolas Lemercier, elle était tout au plus une de ces parentes (5). Du reste, comme l'architecte Charles David naquit en 1552 et Nicolas Lemercier en 1541, il serait fort étonnant que l'un de ces deux artistes ait pu être le gendre de l'autre.

Ainsi, malgré tout notre désir d'arriver à déterminer sûrement les œuvres qui doivent être attribuées aux ancêtres du grand architecte Jacques Lemercier, il nous est impossible, dans l'état actuel de la question, d'affirmer que Pierre et Nicolas Lemercier furent chargés de

---

(1) M. Léon Palustre n'a développé aucun de ces arguments dans son ouvrage, parce qu'il n'a pas cherché à justifier complètement son opinion.

(2) *La Renaissance en France*, t. II, p. 10.

(3) *Les églises de la Renaissance dans le Vexin*. (Sous presse).

(4) Nous avons dit plus haut qu'il était né en 1541.

(5) Communication de M. Seré-Depoin.

reconstruire la nef et les bas-côtés de Saint-Maclou. Nous en sommes réduits à de simples conjectures, mais nous espérons que la découverte d'un document inédit permettra d'éclaircir un jour les points qui restent encore obscurs aujourd'hui.

L'importance des grands travaux entrepris au xvie siècle pour transformer l'église de Saint-Maclou ne doit pas nous faire passer sous silence certains remaniements exécutés dans l'édifice à la même époque. En 1515, la fabrique fit construire par un charpentier nommé Guillaume Letourneur [1] un passage couvert pour réunir l'église au presbytère. Cette galerie traversait le cimetière dit des Bouchers, attenant au côté sud de l'édifice, et franchissait la rue de la Bretonnerie qui s'appelait alors la rue du Pis de Vache [2]. L'ancien presbytère, installé dans une maison voisine, communiquait donc avec l'église par un véritable pont en charpente qui subsista jusqu'à nos jours, car il ne fut démoli qu'en 1867 [3]. Nous croyons devoir insister davantage sur les réparations qui furent exécutées en 1578 dans l'intérieur du monument. Le 11 juillet de cette même année, la fabrique conclut avec un entrepreneur malheureusement inconnu un marché pour faire réparer les voûtes et les couvertures des chapelles comprises entre la chapelle de Saint-Nicolas et celle de Saint-Éloi, moyennant la somme de 566 écus, 2 tiers [4]. Au premier abord, on pourrait croire que ce marché se rapporte aux chapelles du bas-côté méridional dont la construction était déjà très avancée en 1578. Mais il suffit de savoir que les chapelles du collatéral sud étaient consacrées à la Vierge, à saint Eustache, à saint Crépin et à sainte Marguerite [5] pour comprendre qu'il faut renoncer à soutenir une semblable opinion. Malgré les recherches les plus minutieuses, nous n'avons pas réussi à découvrir quelle était la place exacte occupée à cette époque

---

(1) Bibliothèque de Pontoise, registre manuscrit de M. Pihan de la Forest, n° 2855, fol. 50.

(2) Bibliothèque de Pontoise, registre manuscrit de M. Pihan de la Forest, n° 901, p. 48.

(3) Cf. Léon Thomas. *Chroniques rétrospectives sur Pontoise*, p. 99.

(4) Cf. pièce justificative n° XIII.

(5) Cf. pièce justificative n° XV.

dans l'église par les chapelles de Saint-Nicolas et de Saint-Eloi [1], parce que tous les registres de la fabrique antérieurs au xviiie siècle n'existent plus aujourd'hui. Néanmoins, on doit nécessairement admettre que les réparations dont il s'agit furent entreprises, soit dans les chapelles latérales du bas-côté nord, soit dans les chapelles rayonnantes du chœur déjà remaniées en 1477 [2]. Nous n'avons pas à redouter la même incertitude en signalant le travail exécuté dans l'église deux ans après la bénédiction solennelle du bas-côté sud. Les deux piliers qui se trouvent à l'entrée du transept ayant subi un tassement inquiétant, il devint nécessaire de les remanier. Cette reprise en sous-œuvre fut terminée en 1585, comme nous l'apprend la date inscrite au sommet de la pile qui occupe l'angle sud-ouest du carré du transept. Les anciens piliers du xiie siècle, garnis de nombreuses colonnettes, disparurent pour faire place à de lourds pilastres couronnés par des chapiteaux ioniques et corinthiens d'assez mauvais goût. L'établissement de ces nouveaux supports préserva le clocher central de la ruine dont il était menacé.

En même temps que l'église de Saint-Maclou était agrandie et réparée, elle s'enrichissait d'œuvres artistiques d'une valeur considérable. C'est ainsi que, le 23 novembre 1520, un marché fut passé devant deux notaires de Pontoise nommés Alix et Tricot, pour la sculpture d'un retable en pierre de Vernon et la construction d'un ciborium ou tabernacle haut de 18 à 20 pieds [3]. L'ensemble de ce travail devait être exécuté à forfait moyennant le prix de 350 livres tournois, mais on ignore le nom de l'artiste qui fut chargé de l'entreprendre. Le contrat stipulait que l'accès du ciborium serait facilité au moyen de quelques marches et que la custode renfermant les saintes espèces serait suspendue sous un dais en pierre, afin qu'elle pût être facilement abaissée ou relevée, suivant la disposition usitée au moyen âge. Ce ciborium, qui n'existe plus actuellement, devait être une œuvre très importante car il ne mesurait pas moins de cinq mètres de hauteur. Sa destruction est d'autant plus regrettable que les édicules de ce genre, dont le plus beau spécimen se trouve conservé

---

(1) En souvenir de l'existence de ces deux chapelles, les deux confréries de Saint-Nicolas et de Saint-Eloi se réunissaient encore dans l'église de Saint-Maclou il y a quelques années.
(2) Cf. pièce justificative n° VII.
(3) Cf. pièce justificative n° VIII.

dans l'église Notre-Dame de Grenoble, sont très rares en France aujourd'hui. Parmi les autres objets d'art qui furent placés dans l'église au xvie siècle, nous mentionnerons encore les vitraux de la chapelle de la Passion, posés en 1545, le banc d'œuvre, un orgue [1], une descente de croix en cuivre repoussé détruite en 1739 [2] et surtout la mise au tombeau du Christ qui occupe l'un des côtés de la chapelle de la Passion. Cette belle œuvre de sculpture où l'on voit figurer le Christ, la Vierge, saint Jean, Joseph d'Arimathie et les trois saintes femmes est encadrée par un riche entablement qui repose sur quatre colonnes. Bien que la date précise de son exécution soit inconnue, on peut être certain qu'elle se trouvait déjà dans la chapelle de la Passion en 1587, car l'ouvrage de Noël Taillepied en renferme une description sommaire. [3]

L'histoire de l'église de Saint-Maclou au xviie siècle est loin d'offrir le même intérêt que pendant la période précédente. Il est facile d'en comprendre la raison. L'édifice venait d'être complètement remanié et quelques travaux d'entretien suffisaient dorénavant à le maintenir en bon état. La fabrique se contenta dès lors de renouveler en partie l'ancien mobilier de l'église. Désirant placer sur le maître-autel un nouveau retable orné suivant le goût de l'époque, elle résolut de se défaire, à des conditions avantageuses, du retable en pierre, sculpté au xvie siècle [4], dont nous avons déjà parlé. Elle conclut à cet effet une convention avec les maîtres ciriers de la ville de Pontoise, le 20 avril 1641 [5]. Ceux-ci consentirent à placer dans la chapelle de Saint-Eustache [6] qui avait été attribuée à leur confrérie le retable du maître-autel et un triptyque « en bosse dorée » représentant diverses scènes de la vie du Christ et de saint Eustache. Ils s'engagèrent en échange à donner deux fois par an à la

---

(1) Cf. Noël Taillepied, *Recueil des antiquitez et singularitez de la ville de Pontoise*, fol. 14 v°.

(2) Cf. pièce justificative n° XXVII.

(3) *Recueil des antiquitez et singularitez de la ville de Pontoise*, fol. 15. Réimpression de MM. François et Le Charpentier, p. 83.

(4) Cf. pièce justificative n° VIII.

(5) Cf. pièce justificative n° XVI.

(6) Cette chapelle se trouvait placée dans le bas-côté méridional, à droite de la chapelle de la Vierge.

fabrique six cierges de cire blanche pesant chacun une livre. Ces cierges, fixés dans des chandeliers contre les piliers qui environnent le maître-autel, devaient être allumés à Pâques, à la Pentecôte, à la Toussaint, à Noël, aux deux fêtes de saint Maclou [1], à la fête de la Dédicace et à la Fête-Dieu. Les maîtres ciriers étaient tenus de les renouveler le 21 mai, jour de la fête de saint Eustache et le 15 novembre, jour de la fête de saint Maclou [2]. La fabrique paraît avoir attendu quelques années avant de se décider à faire sculpter sur bois un autre retable, car c'est seulement le 30 juin 1649 que l'on rencontre un marché supplémentaire pour la dorure des deux côtés du maître-autel. [3]

Si toutes les œuvres artistiques qui font l'objet des deux conventions précédentes sont détruites aujourd'hui, il n'en est heureusement pas de même de celle dont il nous reste à parler. Le 7 mars 1653, un marché fut passé devant Crémien, notaire à Pontoise, pour installer dans la nef la chaire à prêcher [4]. Ce travail fut évalué à la somme de 800 livres tournois, mais on ne possède aucun renseignement sur le nom de l'artiste qui fut chargé de l'entreprendre. Du reste, comme pour la plupart des marchés précédents, c'est par une courte analyse insérée dans un ancien inventaire des titres de l'église que nous connaissons l'existence de ce contrat et il serait inutile de chercher à en découvrir l'original, car les actes rédigés en 1653 font défaut dans les minutes de Crémien conservées chez M. Trinquand, notaire à Pontoise.

Après avoir fait placer une nouvelle chaire dans l'église, la fabrique s'occupa de faire restaurer les orgues dont Noël Taillepied vantait les qualités dès l'année 1580 [5]. Elle conclut dans ce but, le 13 juillet 1671, un marché avec Jean de Joyeuse, facteur à Paris, qui s'engagea à réparer le grand et le petit orgue, moyennant le prix de 700 livres tournois. Nous avons été assez heureux pour retrouver dans les minutes de Gabriel

---

(1) La première fête de saint-Maclou se célèbre le 11 juillet, jour de la translation de ses reliques et la seconde le 15 novembre.

(2) Cf. pièce justificative n° XVI.

(3) Cf. pièce justificative n° XVII.

(4) Cf. pièce justificative n° XVIII.

(5) *Recueil des antiquitez et singularitez de la ville de Pontoise*, fol. 14 v°.

Fredin, notaire à Pontoise au xviie siècle, le devis de ces réparations [1]. On constate, en l'examinant, que l'ancien orgue devait être en bien mauvais état puisqu'il fallut le démonter entièrement et changer une partie des jeux, des sommiers, des pédales et des soufflets. D'ailleurs, la somme de 700 livres, demandée par Jean de Joyeuse, suffit à prouver l'importance de ce travail.

Le marché dont nous venons de faire mention nous apprend également que le petit orgue était placé « sur l'un des jubez » du chœur [2]. En s'appuyant sur un renseignement aussi précis, on peut soutenir avec raison que toutes les boiseries du chœur étaient déjà posées en 1671, puisque les deux jubés se relient intimement à la clôture en bois sculpté qui environne le sanctuaire. C'est donc au milieu du xviie siècle qu'il faut attribuer l'ensemble de la décoration du chœur. M. Henri Le Charpentier a cru pouvoir prétendre que les boiseries qui ornent cette partie de l'église avaient été acquises par la fabrique de Saint-Maclou dans la vente des biens appartenant aux Jésuites de Pontoise [3]. Mais comme cette vente n'eut lieu qu'en 1763, c'est-à-dire plus d'un siècle après qu'un document authentique constate l'existence des jubés et des boiseries dans le chœur, l'assertion de M. Le Charpentier est évidemment inexacte. Du reste, le chiffre I H S ne pouvait pas prouver que ces boiseries provenaient de la chapelle des Jésuites, comme l'avait pensé M. Le Charpentier, car si ces trois lettres sont sculptées à plusieurs reprises, le chiffre S. M., monogramme de Saint-Maclou, se rencontre beaucoup plus souvent encore sur les panneaux. Il faut donc admettre que les jubés et les clôtures en bois qui ferment les côtés du chœur, ont été spécialement fabriqués pour l'église. Cette œuvre artistique doit avoir été commandée vers 1653, au moment où la chaire venait d'être terminée. On peut également attribuer au xviie siècle les stalles et le maître-autel actuel de l'église. En effet, bien que tous les registres des délibérations et des contrats de la fabrique au xviiie siècle existent encore aujourd'hui, on ne peut y trouver la trace d'aucun marché relatif à ces meubles. Nous

---

[1] Cf. pièce justificative n° XIX.

[2] Cf. pièce justificative n° XIX.

[3] *Les Jésuites à Pontoise.* Cf. *Mémoires de la Société Historique de Pontoise et du Vexin*, t. II, p. 121.

avons donc le droit de supposer qu'ils furent installés à une époque antérieure.

Ainsi, pendant tout un siècle, la fabrique s'abstint de faire modifier l'édifice que les architectes de la Renaissance avaient si habilement transformé. Elle se borna à l'embellir en le décorant d'une chaire, de deux jubés, d'un maître-autel et de riches boiseries. En même temps ses revenus s'accroissaient rapidement et les fidèles s'empressaient d'enrichir l'église par des dons particuliers. En 1601, Jean Heurtault, prieur de Saint-Victor de Paris, avait offert aux paroissiens de Saint-Maclou un reliquaire contenant des reliques de leur patron [1]. Un demi-siècle plus tard, en 1655, Gilles Cossart, religieux de l'abbaye de Chaillot, près de Paris, fit hommage à l'église d'un autre reliquaire qui renfermait les reliques de saint Nicolas, de saint Vincent et de saint Sylvestre. Vers 1664, Louis Fontaine, organiste de la paroisse, mourut en instituant la fabrique héritière d'un petit orgue qu'il possédait et de toute sa musique manuscrite. Le 30 septembre 1667, Marc-Antoine de Belin, seigneur de Presles, et Madeleine de Belin, sa femme, léguèrent par leur testament six livres tournois à l'église [2]. Au mois de septembre 1675, Nicolas Dupré, Guillaume du Boyer et Jean Soret, bourgeois de Pontoise, donnèrent à la fabrique des sommes assez importantes pour faire célébrer une messe de *Requiem* à perpétuité le jour de leur décès [3] Denis Petit et Marie Dubois en 1676 [4], Marguerite Boudault en 1681, André Soret [5] en 1683, Jacques et Marie Mazière en 1684 chargèrent leurs exécuteurs testamentaires de faire des fondations analogues [6]. Pendant toute cette dernière période du xviie siècle, les deux portions de la cure de Saint-Maclou furent occupées par deux prêtres qui restèrent chacun

---

(1) Archives municipales de Pontoise. Fonds Pihan de la Forest. Carton D3, pièce n° 83.

(2) Minutes de Gabriel Fredin, liasse de 1667.

(3) Minutes de Gabriel Fredin, liasse de 1675.

(4) Minutes de Gabriel Fredin, liasse de 1676.

(5) André Soret légua dans son testament à la confrérie de la Passion un tableau représentant le martyre de Saint-André.

(6) Minutes de Charles-François Fredin, liasses de 1681, 1683 et 1684. Toutes ces minutes, ainsi que les précédentes, sont conservées dans l'étude de Me Trinquand, notaire à Pontoise.

quarante ans en fonctions. Le premier, Mellon Soret, nommé le 18 août 1664, mourut le 2 octobre 1717; le second, Charles Bornat, prit possession de sa charge le 7 janvier 1670 et fut enterré dans l'église le 8 janvier 1710 [1]. Ils donnèrent en mourant une partie de leurs biens à la fabrique.

Au moment où le XVIIIe siècle venait de s'ouvrir, les nombreux fidèles qui fréquentaient l'église de Saint-Maclou voulurent l'enrichir de nouveaux objets d'art en faisant ciseler deux reliquaires destinés à être placés dans le chœur. Le 10 juillet 1702, Charles Bornat, curé de Saint-Maclou, transporta solennellement dans ces deux châsses les reliques contenues dans les anciens reliquaires, comme le prouve le procès-verbal rédigé en présence de Claude Langlois, Simon Lair et Thévenel, marguilliers, de Mellon Soret, second curé de la paroisse, et de Claude Desgroux, vicaire de l'église [2]. Cette offrande complétait la riche décoration du sanctuaire, mais la fabrique trouva sans doute que l'ornementation de l'autel laissait encore à désirer, car le 24 septembre 1713 elle fit dorer, moyennant 160 livres, un tableau qui se trouvait placé au-dessus du maître-autel et commanda au sieur Le Clair, orfèvre à Paris, six grands chandeliers dorés ainsi qu'une croix d'argent pour le prix de 550 livres tournois. [3]

Bien que la fabrique de Saint-Maclou pût disposer, au début de cette période, de revenus assez importants provenant de la location des maisons situées autour de l'église et des deux fermes d'Ennery [4] et du Perchay [5] qui lui appartenaient, l'entretien de l'édifice lui imposait des charges si nombreuses qu'elle résolut d'augmenter ses ressources amoindries par de coûteuses réparations faites sur le toit de la nef et du chœur, au mois de janvier 1712 [6]. Elle y parvint en décidant, le 8 avril 1714, que les paroissiens paieraient dorénavant 12 livres au lieu de 6 pour avoir le droit de se faire enterrer dans l'église [7]. Cette somme fut encore

---

(1) Cf. pièce justificative n° XXI.

(2) Archives municipales de Pontoise. Fonds Pihan de la Forest. Carton D³, pièce n° 83.

(3) Archives de Seine-et-Oise, registre G 9 a (1708-1750), fol. 16 v°.

(4) Seine-et-Oise, arr. et cant. de Pontoise.

(5) Seine-et-Oise, arr. de Pontoise, cant. de Marines.

(6) Archives de Seine-et-Oise, registre G 9 a (1708-1750), fol. 11 v°.

(7) *Ibid.* fol. 17 v°.

augmentée par une délibération du 24 juillet 1726 et portée à 30 livres pour ceux qui voulaient se faire ensevelir dans la nef et à 70 livres pour ceux qui désiraient avoir leur tombe dans le chœur [1]. La plus grande partie de cette somme revenait directement à la fabrique, car elle n'avait que 4 livres à payer au maçon chargé de remettre en place le dallage de l'église au-dessus de la sépulture. [2]

Vers la même époque, l'orgue de Saint-Maclou, qui n'avait pas été réparé depuis 1671 [3] se trouva complètement détérioré. Un organiste nommé Buterue, chargé de l'examiner au commencement de l'année 1715, estima à 3000 livres la somme nécessaire pour le remettre en bon état [4]. La fabrique résolut alors de remplacer cet ancien instrument par un orgue neuf qu'elle commanda au sieur Tribur, facteur à Paris, pour le prix de 6000 livres, le 2 mars 1715 [5]. En même temps, on se mit à construire une nouvelle tribune et un nouveau buffet d'orgues. Ce travail, terminé le 9 octobre 1716, fut exécuté par un maître menuisier de Paris nommé Michel Pellet [6] et les armatures de fer destinées à en assurer la solidité furent forgées par le sieur Bontemps, serrurier à Pontoise, pour la somme de 190 livres [7]. Pour installer les soufflets destinés à faire fonctionner l'instrument, on établit dans la première travée du bas-côté méridional une tribune qui existe encore actuellement. Tous ces renseignements, que nous avons extraits des registres où les délibérations de la fabrique se trouvent consignées, sont intéressants à connaître, car ils permettent de fixer très exactement la date de la tribune et du buffet d'orgues qui se sont conservés dans l'église jusqu'à nos jours.

Les marguilliers de Saint-Maclou, pour faire face à des dépenses aussi importantes, vendirent moyennant le prix de 300 livres l'ancien

---

(1) Archives de Seine-et-Oise, registre G 9 a (1708-1750), fol. 102 v°.

(2) *Ibid.* fol. 17 v°.

(3) Cf. pièce justificative n° XIX.

(4) Archives de Seine-et-Oise, registre G 9 a (1708-1750) fol. 21 v°.

(5) *Ibid.* fol. 66 v°.

(6) *Ibid.* fol. 33.

(7) *Ibid.* fol. 33 v°.

buffet d'orgues du xvie siècle au curé de Saint-Pierre de Pontoise [1], le 12 octobre 1716 [2] et firent enlever, au mois d'août 1720, la couverture en plomb de la nef de l'église pour la remplacer par des tuiles [3]. Ce remaniement de la toiture mit à la disposition de la fabrique 2000 livres de plomb qui furent immédiatement vendues à raison de 10 sols la livre. Grâce à ces ressources, la fabrique, en remettant chaque année 1000 livres au sieur Tribur, parvint à solder dans un délai assez court la somme qui lui était due. Le 20 juillet 1721, le nouvel orgue, dont la construction avait duré six ans, fut essayé par l'abbé Curin, curé de Saint-Pierre de Pontoïse, qui était un très habile organiste [4]. Cet artiste déclara que le jeu de l'instrument ne laissait rien à désirer et pour qu'il en fut de même à l'avenir, les marguilliers s'empressèrent de conclure avec le sieur Tribur un marché d'entretien moyennant la somme annuelle de 75 livres [5], mais comme celui-ci ne se montra pas fidèle à ses engagements, ils se virent obligés de résilier le contrat par une délibération datée du 9 juillet 1728. [6]

En même temps, dans le cours des années 1725 [7], 1732 [8], 1733 [9] et 1737 [10], d'importantes réparations étaient faites aux couvertures de la nef et du chœur, à la charpente des chapelles du déambulatoire et au beffroi du clocher qui se dressait au-dessus du transept. Ces travaux, exécutés par un couvreur nommé Champagne et par un charpentier qui s'appelait Jean de Saint-Martin [11], ne furent pas entrepris à forfait, contrairement à l'usage établi, et les ouvriers furent payés à la journée. Il convient de signaler pendant la même période deux grandes cérémonies

(1) L'église de Saint-Pierre de Pontoise, aujourd'hui détruite, se trouvait située sous les murs du château.

(2) Archives de Seine-et-Oise, registre G 9 a (1708-1750), fol. 33 v°.

(3) *Ibid.* fol. 51 v°.

(4) *Ibid.* fol. 66 v°.

(5) *Ibid.* fol. 66 v°.

(6) *Ibid.* fol. 122.

(7) *Ibid.* fol. 96 v°.

(8) *Ibid.* fol. 159.

(9) *Ibid.* fol. 167 v°.

(10) *Ibid.* fol. 190.

(11) *Ibid.* fol. 96 v°.

qui furent célébrées dans l'église de Saint-Maclou. Le 10 octobre 1723, une messe funèbre fut chantée en grande pompe pour le repos de l'âme du prince de Turenne [1], fils aîné du duc de Bouillon et neveu du cardinal de Bourbon, abbé de Saint-Martin de Pontoise [2]. Trois ans plus tard, le 29 juillet 1726, Monseigneur Jean de Caulet, évêque de Grenoble, délégué par l'archevêque de Rouen pour bénir le nouveau cimetière de la paroisse, fut reçu solennellement dans l'église de Saint-Maclou par le clergé de la ville de Pontoise [3]. Pour compléter ces renseignements historiques, il faut mentionner également le privilège que la fabrique accorda en 1727 aux arquebusiers de Pontoise en s'engageant à faire célébrer, après le décès de chacun d'eux, un service solennel à Saint-Maclou, moyennant la faible somme de vingt-cinq livres. [4]

L'année suivante, la fabrique entreprit de faire refondre trois anciennes cloches qui remontaient sans doute au XVIe siècle, comme nous l'expliquerons dans le chapitre spécialement consacré aux cloches de l'église. Un fondeur de Paris nommé Cuvillier s'engagea par un marché conclu le 2 juillet 1728 [5] à refondre deux cloches et le 12 septembre de la même année, la fabrique se décida à lui confier la troisième pour lui faire subir une semblable opération. Au lieu de préparer les moules à Paris, le sieur Cuvillier préféra fondre les trois cloches sur place, suivant le système qui avait été pratiqué pendant tout le moyen âge. Le journal du prêtre Jean de Saint-Denis nous apprend en effet que, le 25 septembre 1728, on fondit « trois cloches de Saint-Maclou dans le cimetière fermé [6], proche la chapelle de la Passion. » [7] La réussite de la fonte ne laissa rien à désirer, mais comme on fut obligé de réparer le beffroi du clocher, la bénédiction des cloches se trouva retardée jusqu'au

---

(1) Ce jeune prince était mort à Strasbourg, le 1er octobre 1723, quelques jours après son mariage avec Marie-Charlotte Sobieski.

(2) Archives de Seine-et-Oise, registre G 9 a (1708-1750), fol. 88.

(3) *Ibid.* fol. 103.

(4) *Ibid.* fol. 112 à 115.

(5) *Ibid.* fol. 126.

(6) Ce cimetière était formé d'une très petite partie des grands cimetières supprimés en 1544. Cf. pièce justificative n° XI.

(7) Journal de Jean de Saint-Denis publié par M. L. de Backer. Cf. *Mémoires de la Société historique et archéologique de Pontoise et du Vexin*, t. IV, p. 76.

22 décembre 1728 [1]. Cette cérémonie fut présidée par l'abbé de Roye de la Rochefoucauld, abbé de Beaufort, vicaire général de Pontoise et du Vexin français. La première cloche, nommée *Marie-Charlotte*, eut pour parrain Emmanuel-Théodose de la Tour d'Auvergne, duc de Bouillon, qui fit tenir sa place par Jacques de Monthiers, procureur du roi à Pontoise, et pour marraine Marie-Charlotte Sobieski, princesse de Pologne et de Bouillon, qui fut représentée par Madame Favée, femme du maire de Pontoise. La deuxième reçut le nom de *Marguerite-Elisabeth* et eut pour parrain l'abbé de Roye et Marguerite-Elisabeth de la Rochefoucauld, veuve de François de la Rochefoucauld, comte de Roye, qui se fit remplacer par Madame Madeleine Seigneur, femme du prévôt de la ville. La troisième, baptisée sous le nom de *Jeanne-Angélique*, eut pour parrain Martin-Bonaventure Seigneur, prévôt de Pontoise, et pour marraine Madame Jeanne de Monthiers, femme du procureur royal, Jacques de Monthiers. [2]

Quelques années après cette cérémonie, la grosse cloche de l'église qui portait le nom de Maclou, se trouva fêlée. Comme elle ne pouvait plus rendre aucun service, la fabrique résolut de la faire refondre par un maître fondeur nommé Claude Renauld, qui demeurait à Paris, rue Saint-Victor, près de l'église Saint-Étienne-du-Mont. Le 19 juin 1735, les marguilliers de Saint-Maclou conclurent avec lui un marché par lequel il s'engageait à se charger de l'opération moyennant la somme de 1600 livres [3]. Claude Renauld consentit en outre à refondre, par la même occasion et sans augmentation de prix, l'une des petites cloches dont le son était trop faible. Le métal ajouté par le fondeur devait lui être payé à raison de 25 sous la livre et les frais de la pose devaient rester à sa charge. Il fut également convenu que la cloche porterait une inscription détaillée et qu'elle serait prête à être mise en place le 15 septembre 1735. Avant de la faire remonter dans le clocher, la fabrique chargea un charpentier de Pontoise, nommé Boucault, de consolider le beffroi. Le marché passé avec cet entrepreneur, le 18 septembre 1735, fixait à 150 livres la somme qu'il devait recevoir pour le prix de son travail. [4]

---

(1) Archives de Seine-et-Oise, registre G 9 a (1708-1750), fol. 132.
(2) Cf. pièce justificative n° XXII.
(3) Cf. pièce justificative n° XXIII.
(4) Archives de Seine-et-Oise, registre G 9 a (1708-1750), fol. 177 v°.

La grosse cloche fut baptisée en grande pompe dans l'église, le dimanche 2 octobre 1735, par Jean-Baptiste Marie, curé de Saint-Maclou, assisté de son confrère, Pierre Lefébure [1]. Elle reçut le nom de *Louise-Adélaïde* et eut pour parrain Louis-François de Bourbon, prince de Conti, gouverneur du Poitou, qui se fit représenter par son capitaine des gardes, Corneil de Ricard, seigneur de la Chevalleraye. Sa marraine fut la tante du prince de Conti qui se nommait Louise-Adélaïde de la Roche-sur-Yon, princesse de Bourbon-Conti et baronne de Vauréal. Cette cloche, qui mesure 1^m 70 de diamètre et 1^m 45 de hauteur, se trouve encore aujourd'hui dans le clocher.

L'année 1736 occupe une place importante dans l'histoire de l'église parce qu'elle vit s'effectuer la réunion des deux portions de la cure de Saint-Maclou. Cette singulière division, que le Pouillé de Rigaud mentionne dès le XIIIe siècle [2], remontait sans doute à la fondation de la paroisse. L'abbé Trou a essayé d'en expliquer l'origine en supposant que l'église de Saint-Maclou, détruite pendant l'un des sièges dont la ville de Pontoise eut à souffrir et rebâtie par « quelque prince anglo-normand, » fut dédiée deux fois [3]. Cette double consécration aurait eu pour résultat l'établissement de deux titres dans la cure. Or, comme la nouvelle dédicace d'une église n'a jamais eu de semblables conséquences, l'hypothèse de l'abbé Trou, qui ne s'appuie d'ailleurs sur aucun texte, n'a pas la moindre valeur et ne mérite même pas d'être discutée. M. Joseph Depoin a donné une explication plus vraisemblable de cette anomalie en faisant observer que le droit de nommer le curé de l'église avait pu appartenir anciennement à un seigneur et devenir l'objet d'un partage entre deux de ses héritiers [4], mais puisque les documents historiques qui pourraient éclaircir la question font complètement défaut, il est plus prudent de ne pas chercher à la résoudre à l'aide de conjectures. Du reste, le fait que nous venons de signaler n'est pas un exemple isolé et un certain nombre d'églises avaient

---

[1] Cf. pièce justificative n° XXIV.

[2] *Recueil des historiens de la France*, t. XXIII, p. 327.

[3] *Recherches historiques, archéologiques et biographiques sur la ville de Pontoise*, p. 93.

[4] *L'église Saint-Maclou de Pontoise et le vandalisme légal*, article inséré dans les *Mémoires de la Société historique de Pontoise et du Vexin*, t. III, p. 16.

deux curés au moyen âge. La paroisse d'Amblainville [1], située à une faible distance de Pontoise, eut notamment deux titres de cure jusqu'au xvᵉ siècle. Le 6 janvier 1467, Jean Chéron, abbé de Saint-Martin de Pontoise, se décida à les réunir pour mettre fin aux querelles des deux curés. [2]

La division de la cure de Saint-Maclou en deux portions ne présentait aucun avantage, car le service de la paroisse pouvait être assuré d'une manière tout aussi satisfaisante en remplaçant le second curé par un vicaire. Comme elle était devenue, dès le xviiᵉ siècle, la source de nombreuses contestations entre les deux titulaires, dont les droits respectifs n'avaient jamais été nettement définis, les marguilliers avaient déjà émis plusieurs vœux en faveur de la réunion des deux cures. Le 18 septembre 1735, ils se décidèrent à soumettre ce projet à l'assemblée des paroissiens. Les fidèles, après l'avoir approuvé d'un commun accord, autorisèrent la fabrique à faire les démarches nécessaires pour obtenir la suppression de l'un des deux titres [3]. En conséquence, les marguilliers adressèrent au cardinal de Saulx-Tavannes, archevêque de Rouen, une lettre en date du 22 avril 1736 pour exposer les motifs de leur demande. Ils s'engageaient à payer deux vicaires pour remplacer l'un des curés ; le premier vicaire devait toucher 340 livres, à savoir 240 livres données par la fabrique et 100 livres prises sur le produit des dîmes. Le traitement proposé pour le second vicaire se montait à 230 livres ; à savoir 180 fournies par la fabrique et 50 prélevées sur les dîmes. En outre, ces deux prêtres devaient « faire bourse commune pour le casuel. » [4] L'autorisation de l'archevêque ne se fit point attendre, car le décret qui réunit les deux portions de la cure de Saint-Maclou est daté du 15 mai 1736. [5] Cette décision fut confirmée par des lettres patentes de Louis XV données à Compiègne au mois d'août 1736. Enfin le 21 janvier 1738, un arrêt préparatoire du Parlement de Paris reconnut que la suppression du second titre de la cure était justifiée. [6]

(1) Dép. de l'Oise, arr. de Beauvais, cant. de Méru.
(2) Bibliothèque de la ville de Pontoise. *Histoire manuscrite de l'abbaye de Saint-Martin*, p. 66.
(3) Archives de Seine-et-Oise, registre G 9 a (1708-1750), fol. 177 v⁰.
(4) *Ibid.*, fol. 183.
(5) *Ibid.*, fol. 191.
(6) *Ibid.*, fol. 191 v⁰.

Le 2 mars de la même année, les marguilliers convoquèrent dans l'église tous les anciens membres du conseil de fabrique afin de leur faire connaître l'heureuse issue des négociations qu'ils avaient entreprises. Ils demandèrent à l'assemblée de les autoriser à poursuivre l'enregistrement définitif des lettres patentes du roi et tous les assistants s'empressèrent d'y consentir en ajoutant que « rien n'était plus utile pour le bien général et particulier de la paroisse. » [1] Le décret d'union des deux portions de la cure en une seule ne devait produire tous ses effets qu'au moment du décès de l'un des deux curés en fonctions à cette époque. Le premier d'entre eux, nommé Pierre Lefébure, étant mort le 25 septembre 1743, son collègue Jean-Baptiste Marie réunit les deux titres de cure et la paroisse se trouva désormais dirigée par un seul pasteur.

Dès que cette affaire fut terminée, la fabrique résolut d'agrandir la sacristie aux dépens de la chapelle qui la précède [2]. Elle prit une délibération à ce sujet le 16 juillet 1738, mais comme ses ressources étaient très amoindries, elle se vit contrainte d'ajourner indéfiniment le projet qu'elle avait conçu [3]. Trois ans plus tard, le 9 avril 1741, les marguilliers se décidèrent à faire exécuter de nouveaux fonts baptismaux [4] ainsi qu'une balustrade en fer pour les entourer. Ce dernier travail fut confié, pour le prix de 300 livres, à un serrurier de Pontoise qui s'appelait Sulpice [5]. Un orfèvre de Paris, nommé Malvaux, s'engagea à ciseler le couvercle en cuivre de la cuve moyennant la somme de 350 livres [6]. La cérémonie de la bénédiction des nouveaux fonts eut lieu le 10 juin 1741 et l'ancienne cuve fut vendue quelque temps après pour la faible somme de 30 livres [7]. Ces fonts baptismaux furent d'abord posés dans la nef, au milieu de la première travée méridionale. Le 4 septembre 1783, ils furent transportés dans la chapelle du Saint-Sacrement, mais comme cette chapelle était trop voisine de l'une des portes qui s'ouvrent sur le parvis, on se décida à les déplacer une seconde fois en 1785 pour les installer dans la chapelle

---

(1) Cf. pièce justificative n° XXV.
(2) Archives de Seine-et-Oise, registre G 9 a (1708-1750), fol. 194.
(3) *Ibid.*, fol. 237 v°.
(4) *Ibid.*, fol. 208.
(5) *Ibid.*, fol. 210.
(6) *Ibid.*, fol. 226.
(7) *Ibid.*, fol. 241 v°.

de Sainte-Barbe, près de la grande chapelle de la Passion. Ils occupent encore aujourd'hui le même emplacement.

Depuis la fin des grands travaux exécutés dans l'église au XVIe siècle, la fabrique de Saint-Maclou s'était bornée à renouveler l'ameublement de l'édifice, mais elle n'avait pas modifié le caractère de sa décoration. Malheureusement, dès la première moitié du XVIIIe siècle on commençait à ne plus comprendre la beauté de l'art de la Renaissance et l'église de Saint-Maclou ne devait pas tarder à subir les tristes conséquences de ce changement de goût. C'est ainsi que le 9 août 1739 les marguilliers prirent la funeste résolution de faire disparaître les anciennes verrières de l'église, comme nous l'apprend l'étrange délibération suivante :

« Attendu qu'il est important de répandre le plus de jour qu'il sera
» possible dans l'église, laquelle n'est déjà que trop sombre par les
» différents bâtiments qui l'environnent, l'assemblée a réglé que l'on
» ôtera toutes les vitres peintes qui se trouvent dans l'étendue de la dite
» église pour substituer des panneaux de verre blanc. » [1]

En n'hésitant pas à commettre un pareil acte de vandalisme, la fabrique de Saint-Maclou ne faisait que suivre le triste exemple donné par les chapitres qui entreprirent, au XVIIIe siècle, la destruction méthodique des anciens vitraux des cathédrales. Vers la même époque, en 1741, le chapitre de Notre-Dame de Paris donnait l'ordre à Pierre Levieil de démonter toutes les verrières de la nef et du chœur de la cathédrale pour les remplacer par du verre blanc [2], et il serait facile de signaler d'autres décisions du même genre dans l'histoire des plus belles églises du moyen âge au XVIIIe siècle. En vertu de ce funeste arrêté, un vitrier de Pontoise, nommé Boivin, fut chargé par la fabrique de Saint-Maclou d'enlever tous les anciens vitraux qui garnissaient les fenêtres hautes de l'église, mais quand il se mit en mesure d'entreprendre le même travail dans les chapelles de la nef, il fut obligé de reculer devant les protestations des confréries auxquelles elles appartenaient. La confrérie de la Vierge refusa pendant trois ans de laisser déposer les verrières qui faisaient le plus bel ornement de la grande chapelle du bas-côté méridional. Pour

---

(1) Archives de Seine-et-Oise, registre G 9 a (1708-1750), fol. 200.
(2) *Description de Notre-Dame, cathédrale de Paris*, par MM. de Guilhermy et Viollet-le-Duc, p. 119.

vaincre une semblable résistance, les marguilliers résolurent d'avoir recours à un procédé énergique. Le 7 janvier 1742, ils donnèrent l'ordre au sieur Boivin de démonter immédiatement les anciens vitraux de la chapelle de la Vierge et firent comparaître devant eux les demoiselles Jeufosse et Asseline, qui étaient chargées de s'occuper des intérêts de la confrérie [1]. Après leur avoir représenté, sans parvenir à les convaincre, que le règlement du 9 août 1739 était très « avantageux pour la chapelle dont on leur accordait la souffrance » [2], ils leur annoncèrent que la confrérie supporterait les frais de la pose des nouveaux vitrages. Les demoiselles de la Vierge, fort intimidées, demandèrent à en référer à leur confrérie et, le 21 janvier 1742, elles vinrent offrir à la fabrique 100 livres pour les travaux accomplis contre leur gré, en affirmant qu'elles ne pouvaient disposer d'une somme plus considérable [3]. Les marguilliers, satisfaits du résultat qu'ils avaient obtenu, ajoutèrent à cette offrande les fonds nécessaires pour solder le mémoire du vitrier. Mais s'ils avaient pu triompher aisément d'une confrérie de jeunes filles, en ne tenant aucun compte de ses réclamations, ils n'osèrent pas s'attaquer à des confréries plus puissantes telles que celle de la Passion. C'est grâce à cette circonstance que l'on peut admirer encore aujourd'hui dans la chapelle de la Passion et dans les chapelles voisines quelques belles verrières du XVIe siècle. Si la fabrique de Saint-Maclou avait eu la libre disposition de ces chapelles, il n'est pas douteux qu'elle ne leur eût fait subir la déplorable transformation dont elle avait pris l'initiative.

Vers la même époque, la confrérie de la Passion entreprit de renouveler tout le mobilier de sa chapelle. Après avoir fait forger en 1738, par le sieur Lanonier, dit Poitevin, serrurier à Pontoise, une grille pour fermer l'entrée de la chapelle, moyennant la somme de 580 livres [4], elle se décida à supprimer une grande descente de croix qui était placée au-dessus de l'autel. Ce calvaire avait été posé sans aucun doute au XVIe siècle, car Noël Taillepied se plaît à décrire en 1587 la chapelle de la Passion

---

(1) Archives de Seine-et-Oise, registre G 9 a (1708-1750), fol. 213.
(2) *Ibid.* fol. 213, v°.
(3) *Ibid.* fol. 214, v°.
(4) **Archives de Seine-et-Oise, registre de la confrérie de la Passion (1736-1786), p. 92 et 94.

« où sont comprins deux mystères au premier desquels est la représentation de la descente de croix » [1]. Le 6 septembre 1739, elle se réunit dans la chapelle qui lui appartenait et l'un de ses membres exposa à la confrérie que la descente de croix menaçait ruine et qu'il était urgent de la faire enlever. Il prétendit que la restauration et la dorure des personnages dont elle se composait entraîneraient des dépenses considérables et s'efforça de prouver à l'assemblée que l'ancien calvaire de la chapelle n'était pas conforme aux règles de l'art et du goût [2]. La confrérie « ayant reconnu, malgré le respect de la sainteté du sujet, qu'il se rencontre dans les attitudes des différents personnages beaucoup d'imperfection, même dans aucuns de l'indécence » [3], donna son entière approbation au projet de destruction qui lui était soumis. En faisant disparaître l'œuvre d'un artiste de la Renaissance, elle se contentait du reste d'imiter le triste exemple de vandalisme que la fabrique de Saint-Maclou venait de lui donner.

Pour se procurer les fonds nécessaires à l'installation d'un nouvel ameublement dans la chapelle de la Passion, la confrérie vendit la balustrade de l'ancien autel à un chaudronnier de Paris, nommé Thomas d'Auberminy, qui s'en rendit acquéreur au prix de 1398 livres [4]. Elle mit également aux enchères les tapisseries suspendues aux murs de la chapelle et grâce au produit de ces deux ventes, elle remplaça la descente de croix du XVIe siècle par une toile qui représentait le même sujet. Ce tableau fut payé 600 livres à un peintre de Paris nommé Jacques-François Martin, qui avait été chargé de l'exécuter [5]. Transporté à Pontoise le 17 mai 1759, il fut placé au milieu d'un grand retable en bois sculpté que la confrérie avait commandé aux sieurs Langrené et Leveau, menuisiers à Pontoise, le 31 juillet 1740, moyennant la somme de 950 livres [6]. Ce retable mesurait 12 pieds de largeur et 26 pieds de hauteur, il était formé d'un fronton soutenu par deux colonnes et ses panneaux étaient

---

(1) *Recueil des Antiquitez et Singularitez de la ville de Pontoise*, fol. 15. Réimpression, p. 83.

(2) Cf. pièce justificative n° XXVII.

(3) Arch. de Seine-et-Oise, registre de la confrérie de la Passion (1736-1786), p. 99.

(4) *Ibid.* (1736-1786), p. 99.

(5) *Ibid.* p. 126.

(6) *Ibid.* p. 99.

ornés des attributs de la Passion [1]. Enfin la décoration de la chapelle fut complétée par des boiseries en chêne appliquées le long des murs jusqu'à l'appui des fenêtres. [2]

Pendant la période qui correspond au milieu du xviiie siècle, la fabrique se contenta d'entretenir avec soin l'église de Saint-Maclou. C'est ainsi qu'en 1743 [3], en 1747 [4], en 1761 [5] et en 1770 [6], elle fit entreprendre des remaniements importants dans les combles de la nef et du chœur, sous la direction de deux architectes nommés Fontaine et Picton. En 1753 elle dépensa la somme de 3196 livres pour faire renouveler la toiture et la charpente des chapelles de l'abside par le couvreur Thomas Bellet [7]. Parmi les autres travaux exécutés à la même époque on peut signaler le dallage d'une partie du parvis en 1748 [8], la réparation de l'orgue faite en 1749 par le sieur Renaud, facteur à Paris [9], et la pose des abat-sons qui déparent encore aujourd'hui les baies du clocher de la façade, au mois de juin 1761 [10]. En 1756, les marguilliers engagèrent contre les marchands ciriers de Pontoise un procès pour leur réclamer les douze cierges qu'ils avaient l'habitude de livrer chaque année à l'église [11]. La fabrique finit par avoir gain de cause dans cette affaire, car ses droits étaient suffisamment établis par un acte daté du 20 avril 1641 dont nous avons eu l'occasion de parler plus haut. [12]

Quelque temps après, la confrérie de la Passion se décida à faire continuer les travaux d'ornementation de sa chapelle. Le 14 mai 1763,

---

(1) Archives de Seine-et-Oise, registre de la confrérie de la Passion (1736-1786), p. 99.

(2) Cf. pièce justificative n° XXVII.

(3) Archives de Seine-et-Oise, registre G 9 a (1708-1750), fol. 226, v°.

(4) *Ibid.* fol. 256, v°.

(5) *Ibid.* (1750-1776), fol. 40, v°.

(6) *Ibid.* fol. 75 v° et 81.

(7) *Ibid.* fol. 14.

(8) *Ibid.* (1708-1750), fol. 264, v°.

(9) *Ibid.* fol. 265, v°.

(10) *Ibid.* (1750-1776), fol. 40.

(11) Bibliothèque de la ville de Pontoise. Fonds Pihan de la Forest, registre manuscrit n° 2855, fol. 42.

(12) Cf. pièce justificative n° XVI.

elle commanda à Charles Lautour, serrurier à Pontoise, une grille pour entourer le sépulcre qui s'y trouvait placé [1]. Cette grille fut exécutée pour le prix de 440 livres; elle était décorée des instruments de la Passion qui se détachaient en relief au milieu des rinceaux dont elle était formée [2]. Elle fut posée au mois de novembre 1763 et un peintre de Pontoise nommé Jean Lecompte, la recouvrit de dorure pour la somme de 78 livres [3]. Le marché conclu avec l'entrepreneur de peinture fait mention d'un tronc pour l'entretien du sépulcre. Ce tronc, soutenu par des barres de fer, devait être « mis en beau bleu céleste » pour attirer l'attention des fidèles. Jean Lecompte fut également chargé de peindre les boiseries de chêne de la chapelle moyennant le prix de 32 sous la toise. Pendant le cours de la même année, la confrérie de la Passion résolut de faire carreler toute la chapelle avec des pierres de liais entourées d'une bordure de marbre noir. Le 19 mai 1763, elle conclut à cet effet un marché avec Jean-Baptiste-Antoine Lefranc, marbrier à Paris, qui consentit à fournir le dallage au prix de 32 livres la toise [4]. La dépense totale se monta à 330 livres, mais ce travail entraîna malheureusement la destruction d'un grand nombre de pierres tombales engagées dans le pavage de la chapelle. [5]

Au mois de février 1765, la chapelle de la Passion s'enrichit d'une véritable œuvre d'art dans les circonstances suivantes [6]. Un arrêt du Parlement, en date du 6 août 1762, ayant prononcé la dissolution de leur ordre, les Jésuites furent obligés d'abandonner la résidence qu'ils possédaient à Pontoise. Le mobilier de l'établissement fut mis aux enchères ainsi qu'un certain nombre de tableaux provenant de l'église. Parmi ces tableaux se trouvait une Descente de croix peinte par Jean Jouvenet en 1708, qui avait été donnée aux Jésuites de Pontoise par le cardinal de Bouillon [7]. La confrérie de la Passion s'empressa d'en faire

---

[1] Archives de Seine-et-Oise, registre de la confrérie de la Passion (1736-1786), p. 133.

[2] *Ibid.* p. 139.

[3] *Ibid.* p. 139.

[4] *Ibid.* p. 134.

[5] *Ibid.* p. 135.

[6] Cf. pièce justificative n° XXVIII.

[7] *Les Jésuites à Pontoise*, par Henri Le Charpentier, article inséré dans les *Mémoires de la Société Historique de Pontoise et du Vexin*, t. II, p. 119.

l'acquisition au prix de 576 livres [1]. Elle en avait du reste apprécié depuis longtemps toute la valeur, car en commandant, quelques années auparavant, une toile analogue pour orner le retable de sa chapelle, elle avait eu soin de stipuler que ce tableau serait « dans le goûst de celuy qui est au dessus du maître-autel de l'église des religieux Jésuittes de la ville » [2]. Pour payer le prix d'achat de la Descente de croix de Jouvenet [3], la confrérie mit en vente le tableau du peintre Jacques-François Martin, qui avait été placé au milieu du nouveau retable de la chapelle de la Passion, en 1759 [4], mais comme cette toile était l'œuvre d'un artiste très médiocre, elle fut obligée de la céder pour une somme bien inférieure à celle qu'elle avait déboursée.

Si la confrérie de la Passion était forcée de vendre l'ancien mobilier de sa chapelle pour se procurer l'argent nécessaire à de nouvelles acquisitions, il n'en était pas de même de la fabrique, qui pouvait consacrer chaque année une somme assez importante à l'embellissement de l'église. Le 14 juin 1772, les marguilliers demandèrent à l'assemblée des paroissiens de les autoriser à faire paver le chœur en marbre, à commander un lutrin en fer et à faire placer une grille devant l'entrée du sanctuaire [5]. En conséquence, ils firent venir de Paris, le 30 juin 1772, un marbrier nommé Lefranc qui avait déjà posé, en 1763 [6], le carrelage de la chapelle de la Passion. Cet entrepreneur s'engagea à daller tout le chœur en pierre dure de Bagneux et en marbre noir pour le prix de 32 livres la toise, y compris la pose et le transport [7]. Il consentit, en outre, à livrer trois marches en pierre dure pour remplacer celles de l'autel qui étaient usées et deux autres marches destinées à élever le niveau du sanctuaire, moyennant la somme de 300 livres [8]. La fabrique de Saint-Maclou

[1] Archives de Seine-et-Oise, registre de la confrérie de la Passion (1736-1786), p. 142.

[2] Cf. pièce justificative n° XXVII.

[3] Ce tableau se trouve actuellement dans la nef de l'église de Saint-Maclou, au-dessus du banc d'œuvre.

[4] Archives de Seine-et-Oise, registre de la confrérie de la Passion (1736-1786), p. 126.

[5] Archives de Seine-et-Oise, registre G 9 a (1750-1776), fol. 95, v°.

[6] Archives de Seine-et-Oise, registre de la confrérie de la Passion (1736-1786), p. 134.

[7] Cf. pièce justificative n° XXIX.

[8] *Ibid.*

conclut le même jour un marché avec le sieur Guyart, ciseleur, demeurant à Paris, pour faire exécuter un aigle en bronze destiné à servir de lutrin [1]. Ce lutrin devait être pourvu de deux pupitres pour les livres liturgiques. Il était convenu que sa base serait garnie d'ornements en cuivre repoussé et qu'elle reposerait sur un piédestal triangulaire en marbre préparé par l'entrepreneur du carrelage du chœur [2]. Le nouveau lutrin devait être une véritable œuvre d'art, car le sieur Guyart ne reçut pas moins de mille livres pour l'avoir ciselé. [3]

La fabrique compléta la décoration du sanctuaire en commandant à Charles Lautour, serrurier à Pontoise, la grande grille qui se trouve entre les deux jubés et deux pupitres en fer à l'usage des chantres, moyennant le prix de 990 livres [4]. Elle avait dépensé, dans le cours de l'année 1772, une somme qui peut être évaluée à 3,000 livres pour les travaux d'embellissement du chœur. Les marguilliers résolurent alors de procurer de nouvelles ressources à la fabrique, en augmentant le tarif des sépultures dans l'église. Un règlement du 24 juillet 1726 avait fixé à 30 livres la somme due pour l'ouverture de chaque fosse [5]; le 30 août 1772, ce prix fut porté à 72 livres [6] et il fut décidé que les bas-côtés seraient réservés aux inhumations, à l'exclusion de toute autre partie de l'église [7]. Quelque temps après, le 22 juin 1774, la fabrique fit célébrer un service funèbre pour le repos de l'âme de Louis XV, qui coûta la somme de 196 livres [8]. L'année suivante, au mois de juillet 1775, elle donna l'ordre de relever le dallage des collatéraux et du déambulatoire, qui présentait de nombreuses inégalités par suite du tassement des terres [9]. Ce remaniement entraîna la mutilation et la destruction d'un grand nombre de pierres tombales dont les débris sont dispersés au milieu du carrelage.

(1) Cf. pièce justificative n° XXX.
(2) Cf. pièce justificative n° XXIX.
(3) Cf. pièce justificative n° XXX.
(4) Archives de Seine-et-Oise, registre G 9 a (1750-1776), fol. 100. Ce serrurier avait déjà exécuté, en 1763, une grille pour entourer le sépulcre de la chapelle de la Passion.
(5) *Ibid.* (1708-1750), fol. 102, v°.
(6) *Ibid.* (1750-1776), fol. 101, v°.
(7) En 1714, on ne payait que 12 l. pour avoir le droit d'être enseveli dans l'église.
(8) Archives de Seine-et-Oise, registre G 9 a (1750-1776), fol. 112.
(9) *Ibid.* fol. 121.

Dans le cours de l'année 1775, on installa dans le dôme du clocher de la façade la grosse cloche du beffroi de la ville, fondue en 1554, qui s'y trouve encore aujourd'hui [1]. Un an plus tard, d'importants travaux furent entrepris à l'intérieur de la tour. En effet, le 19 février 1776, la fabrique conclut un marché de 300 livres avec un charpentier de Paris, nommé Boucault, pour la pose d'un système de pédales destiné à mettre les cloches en branle [2]. Le 28 avril de la même année, Jean-Baptiste Lacroix, charpentier à Pontoise, fut chargé de faire un nouveau beffroi pour suspendre les quatre petites cloches au-dessus des grandes [3] et les ferrures destinées à le consolider furent forgées par un serrurier de Pontoise qui s'appelait Picton, moyennant la somme de 152 livres [4]. Mais ce travail fut sans doute exécuté d'une manière très défectueuse, car la fabrique fut obligée de faire réparer le beffroi, au mois de mars 1781, par l'entrepreneur Boucault, qu'elle avait déjà employé en 1776 [5]. Dans l'intervalle, elle résolut d'envoyer à la refonte deux cloches de l'église [6]. La première, nommée *Marie*, avait été fondue en 1653 [7]; la seconde, qui portait le nom de *Gabriel*, était beaucoup plus ancienne puisque son baptême avait eu lieu en 1514 [8]. Ce fut un fondeur de Paris, nommé Michel Desprez, qui vint offrir ses services pour mener à bonne fin cette opération. Le marché qu'il conclut avec la fabrique est daté du 9 février 1777 [9] et le 24 mai suivant les nouvelles cloches étaient prêtes à être posées. Leur poids fut soigneusement vérifié, et comme le fondeur avait dû ajouter une certaine quantité de métal pour leur donner un meilleur son, le prix de son travail fut estimé à la somme de 2,133 livres, qui lui fut payée en trois annuités [10]. Ces deux cloches, qui

---

[1] Bibliothèque de Pontoise, manuscrit de M. Pihan de la Forest, coté 2855, fol. 42, v°.

[2] Archives de Seine-et-Oise, registre G 9 a (1750-1776), fol. 122, v°.

[3] Arch. de l'église, registre des délibérations de la fabrique (1775-1786), fol. 4, v°.

[4] *Ibid.* fol. 5.

[5] *Ibid.* fol. 31, v°.

[6] Arch. de l'église, registre des délibérations de la fabrique (1775-1786), fol. 10, v°.

[7] Bibliothèque de Pontoise, manuscrit de M. Pihan de la Forest, coté 2855, fol. 49.

[8] *Ibid.*

[9] Cf. pièce justificative n° XXXII.

[10] Cf. pièce justificative n° XXXV.

n'existent plus aujourd'hui, reçurent les noms de *Marie-Dominique* et d'*Antoinette*. Leur baptême fut célébré en grande pompe le 26 mai 1777 [1]. Elles devaient avoir pour parrains l'abbé de Lastie, archidiacre du Vexin, et le prince de Conti, mais comme ce dernier crut devoir décliner l'honneur qui lui était fait, il fut remplacé par l'abbé Le Vallois, curé de Saint-Maclou [2].

Vers la même époque, la confrérie de la Passion se mit en devoir de réaliser un projet dont elle avait été obligée d'ajourner l'exécution, à cause de l'insuffisance de ses ressources. Il s'agissait de faire restaurer les figures du sépulcre de sa chapelle, qui s'étaient peu à peu détériorées. Dès le 13 mars 1774, les membres de la confrérie avaient reconnu la nécessité d'entreprendre ce travail [3]. La statue qui avait éprouvé le plus regrettable dommage était celle de Joseph d'Arimathie, dont le bras était cassé et qui était fendue en plusieurs endroits. L'un des autres personnages placés autour du tombeau se trouvait dans le même état et ces diverses mutilations produisaient un effet très fâcheux [4]. La confrérie s'adressa tout d'abord, pour les faire disparaître, à un artiste nommé Hébert qui lui soumit un devis de 277 livres [5], mais, sur la recommandation d'un de ses membres, elle résolut de confier cette œuvre à un sculpteur de Paris du nom de Suzanne [6]. Celui-ci se rendit à Pontoise au mois d'avril 1777 et consentit à se charger de la restauration du sépulcre moyennant la somme de 300 livres [7] qui lui fut payée le 25 mai de la même année [8]. Pour compléter l'énumération des travaux entrepris à cette époque dans la chapelle de la Passion par la confrérie, il faut mentionner la commande de grillages faite en 1780 à un serrurier de Pontoise nommé Barrois, en vue de protéger les vitraux, et la pose de rideaux

---

(1) Cf. pièce justificative n° XXXVI.

(2) *Ibid.*

(3) Cf. pièce justificative n° XXXI.

(4) *Ibid.*

(5) Archives de Seine-et-Oise, registre de la confrérie de la Passion (1736-1786), p. 162.

(6) Cf. pièce justificative n° XXXIII.

(7) Cf. pièce justificative n° XXXIV.

(8) Arch. de Seine-et-Oise, registre de la confrérie de la Passion (1736-1786), p. 169.

rouges destinés à protéger le tableau de Jouvenet contre les rayons du soleil. (1)

En 1778, la fabrique fit remplacer par des ardoises les tuiles du toit de la nef (2). Deux ans plus tard elle entreprit une série de négociations avec l'autorité diocésaine pour supprimer un petit cimetière situé au pied de la sacristie. Ce cimetière était bordé d'un côté par l'ancienne rue du Pis-de-Vache, qui s'appelle aujourd'hui rue de la Bretonnerie, de l'autre par la rue de la Pierre-aux-Poissons. Il occupait l'emplacement de la maison adossée au chevet de l'église et il était connu sous le nom de cimetière des Bouchers. On peut supposer avec raison qu'il avait été destiné anciennement à la sépulture des bouchers de la ville de Pontoise, mais il est certain que cet enclos ne servait plus depuis longtemps à un pareil usage au moment où il fut désaffecté. En effet, par un acte daté du 24 décembre 1780, les cinq marchands bouchers établis dans l'enceinte de la paroisse déclarèrent qu'aucun boucher n'y avait été enterré de leur vivant (3). En outre, ils reconnurent que leur corporation ne possédait aucun titre de propriété sur le terrain et consentirent à ne jamais revendiquer leurs droits si l'on venait à découvrir l'acte qui leur en avait donné la jouissance. Après avoir obtenu de l'assemblée de la paroisse, le 31 décembre 1780, la permission de mener cette affaire à bonne fin (4), la fabrique de Saint-Maclou adressa une requête à l'abbé Charles d'Agoult, vicaire général de l'archevêque de Rouen, pour obtenir la suppression du cimetière des Bouchers. Celui-ci confia l'enquête aux soins du curé de Saint-Pierre de Pontoise, qui lui envoya, le 31 janvier 1781, un rapport favorable à la demande des marguilliers (5). En conséquence, une sentence du 12 février de la même année autorisa la profanation de ce petit cimetière (6), qui devint le jardin du presbytère (7). La fabrique n'aurait pu du reste en faire aucun usage, par suite de la déclaration royale du

---

(1) Arch. de Seine-et-Oise, registre de la confrérie de la Passion (1736-1786), p. 174.
(2) Archives de l'église, registre des délibérations de la fabrique (1775-1786), fol. 15.
(3) Cf. pièce justificative n° XXXVII.
(4) Archives de l'église, registre des délibérations de la fabrique (1775-1786), fol. 27.
(5) Cf. pièce justificative n° XXXVIII.
(6) *Ibid.*
(7) Arch. de l'église, registre des délibérations de la fabrique (1775-1786), fol. 31, v°.

10 mars 1776, qui prononçait l'interdiction des cimetières placés dans l'intérieur des villes.

L'année suivante, l'orgue de l'église, qui se trouvait dans un fâcheux état de délabrement, fut remis complètement à neuf. Cet instrument, construit par un facteur nommé Tribur, en 1715 [1], n'avait pas été l'objet d'un entretien suffisant. Le 11 août 1782, la fabrique signa avec le sieur Cliquot, facteur d'orgues à Paris, un marché pour le faire restaurer [2], mais comme il fallut démonter tous les claviers et remanier tous les jeux, ce travail ne dura pas moins de deux ans. Les sieurs Balbâtre et Charpentier, organistes de Notre-Dame de Paris, vinrent l'essayer le 13 octobre 1784 et l'orgue ne fut définitivement accepté qu'après la visite de ces deux experts [3]. La dépense totale, qui avait été estimée à 6,000 livres dans le devis dressé en 1782 [4], se trouva portée à 7,200 livres par suite de l'augmentation du nombre des jeux d'écho [5]. C'était une somme importante dont la fabrique ne put effectuer le paiement qu'en cinq annuités. [6]

On peut dire que la réparation de l'orgue fut le dernier travail utile et intelligent exécuté à Saint-Maclou avant la Révolution, car la période qui s'étend entre les années 1783 et 1786 fut particulièrement funeste à l'édifice. La fabrique entreprit alors, au nom de l'art et du bon goût, une série de mutilations désastreuses pour le style de certaines parties du monument. Elle conclut tout d'abord, le 21 juillet 1783, avec un italien nommé Pierre Borrani, un marché par lequel celui-ci se chargeait de badigeonner l'intérieur de l'église moyennant la somme de 900 livres [7] Si l'on songe que ce peintre s'était engagé, par les termes mêmes de son contrat, à blanchir « suivant les règles de l'art » toute l'église depuis le sol jusqu'aux voûtes, sans en excepter les chapelles, les piliers, les chapiteaux, les fenêtres, les boiseries du sanctuaire et même le grand

---

(1) Archives de Seine-et-Oise, registre G 9 a, fol. 66, v°.
(2) Cf. pièce justificative n° XXXIX.
(3) Arch. de l'église, registre des délibérations de la fabrique (1775-1786), fol. 82, v°.
(4) Cf. pièce justificative n° XXXIX.
(5) Archives de l'église, registre des délibérations de la fabrique (1775-1786), fol. 83.
(6) Cf. pièce justificative n° XXXIX.
(7) Cf. pièce justificative n° XL.

portail, on peut se figurer aisément quel effet déplorable dut produire l'uniformité d'une pareille couleur, puisque ses traces sont encore visibles aujourd'hui. La confrérie de la Passion, dont la chapelle ne fut pas épargnée par le badigeon, contribua à la dépense pour une somme de 40 livres [1]. Pierre Borrani recouvrit les murs de l'église d'une véritable peinture et non pas d'un simple badigeon à la chaux ou à la colle, car il était convenu que cet enduit ne devait pas pouvoir s'enlever par un simple frottement [2]. Sa conservation était garantie pour une durée de vingt ans : néanmoins, la fabrique jugea nécessaire de veiller à son entretien. Elle s'empressa de signer à ce sujet un nouveau marché avec Pierre Borrani, le 15 août 1784 [3]. Celui-ci promit d'envoyer chaque année ses ouvriers dans l'église, au milieu du Carême, pour appliquer une couche de peinture sur les parties détériorées par l'humidité ou par toute autre cause. Il devait recevoir pour ce travail une subvention annuelle de 36 livres. [4]

Le marché auquel nous venons de faire allusion nous apprend que Pierre Borrani avait été également chargé de badigeonner l'église de Saint-Eustache, à Paris. Il était membre de l'Académie de Saint-Luc [5] et demeurait à Paris, rue Saint-André-des-Arcs, à l'ancien collège d'Autun. C'était un grand entrepreneur de badigeonnage d'églises, profession singulière, mais qui devait être fort lucrative au xviiie siècle. En effet, les recherches que nous avons été amené à faire sur ce personnage nous ont appris qu'il avait blanchi tout l'intérieur de la cathédrale de Chartres, en 1772 [6], et qu'il avait conclu, le 6 juin 1777, un marché pour faire la même opération dans la cathédrale de Senlis [7]. Enfin, c'est à lui qu'on doit le badigeon qui a longtemps déshonoré l'église abbatiale

---

(1) Archives de Seine-et-Oise, registre de la confrérie de la Passion (1736-1786), p. 182.

(2) Cf. pièce justificative n° XL.

(3) Cf. pièce justificative n° XLIII.

(4) *Ibid.*

(5) L'Académie de Saint-Luc, fondée à Rome par le pape Sixte-Quint, en 1593, se composait de deux classes, l'une était réservée aux artistes de talent, l'autre aux ouvriers dont la profession relève des beaux-arts.

(6) *Description de la cathédrale de Chartres*, par l'abbé Bulteau, p. 124.

(7) Archives de l'Oise, registre du chapitre de la cathédrale de Senlis, coté G, 2337, fol. 6.

de Saint-Denis [1]. Le travail qu'il entreprit à Saint-Maclou était donc pour lui une besogne bien ordinaire, puisqu'il avait comme clients les chapitres des plus belles cathédrales de la France.

La fabrique de Saint-Maclou ne devait pas malheureusement s'arrêter dans la voie où elle venait de s'engager. Son président, M. de Monthiers, ne cessait du reste de l'encourager à y persévérer et c'est à son instigation que furent prises la plupart des mesures qui devaient dénaturer le style de l'édifice. Le 10 août 1783, il exposa à l'assemblée des paroissiens que depuis le moment où l'on avait commencé à blanchir l'église « la difformité des piliers de la nef, leur peu de ressemblance entre eux et surtout leur mauvaise architecture devenaient beaucoup plus frappants et insupportables » [2]. Il en conclut qu'il était urgent de faire disparaître des défauts qui choquaient tous les gens de goût. Les paroissiens donnèrent, comme toujours, leur approbation pleine et entière aux projets des marguilliers. Le sieur Denis Belargent, qui avait été nommé maître maçon de la fabrique, le 16 juillet 1783, en remplacement du sieur Fleurbé [3], demanda 300 livres pour entreprendre la mutilation des piliers de la nef [4]. Si l'on veut se rendre compte de la nature du travail malencontreux exécuté à cette époque, il faut savoir que les colonnes de la nef étaient couronnées par des chapiteaux analogues à ceux qui excitent à juste titre l'admiration des artistes dans le bas-côté nord. Ces chapiteaux, surmontés de tailloirs très saillants, se trouvaient au niveau de la retombée des doubleaux de chaque galerie latérale. Le témoignage de M. Pihan de la Forest ne peut pas laisser le moindre doute à cet égard [5] et fournit ainsi une indication précieuse pour la restauration des supports du vaisseau central de l'église. « Cela rendait, dit-il, la perspective de la nef maussade, désagréable à la vue et donnait à tout le corps de l'édifice un air de pesanteur et de

---

(1) Archives de l'église de Saint-Maclou, registre des délibérations de la fabrique (1775-1786), fol. 54, v°.

(2) Cf. pièce justificative n° XLI.

(3) Arch. de l'église, registre des délibérations de la fabrique (1775-1786), fol. 54, v°.

(4) Cf. pièce justificative n° XLI.

(5) *L'église Saint-Maclou de Pontoise et le vandalisme légal*, article inséré dans le t. III des *Mémoires de la Société historique et archéologique de Pontoise et du Vexin*, p. 18.

barbarie » [1]. C'est ainsi que l'on appréciait alors les chefs-d'œuvre des sculpteurs de la Renaissance. Les ouvriers de l'entrepreneur Denis Belargent commencèrent par abattre les tailloirs des chapiteaux après avoir gratté tous les ornements de leur corbeille. Ils se mirent ensuite à retailler les assises inférieures de chaque colonne pour prolonger les pilastres jusqu'à la base des piliers et enlevèrent toutes les épitaphes appliquées sur les colonnes de la nef. Ce déplorable travail, terminé à la fin du mois d'août 1783, était le prélude de nouveaux actes de vandalisme que l'on ne saurait trop sévèrement condamner.

Dans le courant du même mois, M. de Monthiers, qui voulait donner « un air de majesté » à toute l'église, proposa de supprimer les bancs de la nef pour les remplacer par des chaises. Comme les paroissiens n'étaient guère partisans de cette mesure, les marguilliers les réunirent en assemblée générale, le 24 août 1783, et prétendirent qu'il y avait sous les bancs « de la terre molle à y enfoncer, des trous profonds donnant dans des fosses anciennes et exhalant des vapeurs fétides dont l'odeur était insupportable, enfin tout ce qui pouvait contribuer à empoisonner l'air de l'église » [2]. Ces affirmations, évidemment très exagérées, ne furent pas suffisantes pour convaincre l'assemblée, qui ajourna sa décision à une autre séance. Le conseil de fabrique était également très divisé sur cette question. Trois de ses membres, soutenus par l'abbé Chouquet, curé de la paroisse, étaient d'avis qu'il ne fallait rien changer à l'état de choses existant [3], mais M. de Monthiers résolut de ne tenir aucun compte de leurs observations. Dans la nuit du 24 au 25 août 1783, il fit enlever par des ouvriers rassemblés à la hâte tous les bancs qui se trouvaient à l'intérieur de l'église et fit installer le banc d'œuvre à la place qu'il occupe encore aujourd'hui [4]. Non content d'un pareil exploit, il profita de la nuit du 29 au 30 août suivant pour faire détruire toutes les grilles de clôture des chapelles [5]. En outre, il fit rouvrir la porte de la chapelle du Saint-Sacrement, qui donnait sur le parvis de l'église et qui était obstruée

---

(1) Citation empruntée à l'article déjà cité.
(2) Archives de l'église, registre des délibérations de la fabrique (1775-1786), fol. 58.
(3) *Ibid.* fol. 59.
(4) *Ibid.* fol. 60, v°.
(5) *Ibid.* fol. 60, v°.

par une énorme croix destinée à rappeler le souvenir d'une mission prêchée par les Jésuites à Saint-Maclou, vers 1744 [1]. Cette croix fut transportée derrière la chapelle du cimetière dit de Clamart [2]. La vente de tous les débris des bancs et des grilles rapporta 449 livres à la fabrique [3]. Les paroissiens furent quelque peu étonnés des moyens employés par M. de Monthiers pour assurer la réussite de ses projets, mais ils n'osèrent pas blâmer ouvertement sa conduite. D'ailleurs, ses procédés n'avaient pas le mérite de la nouveauté, car c'est également pendant la nuit que le chapitre de la cathédrale de Chartres avait fait disparaître, vingt ans auparavant [4], l'admirable jubé de la cathédrale, en donnant l'ordre de le briser en morceaux. [5]

La suppression des bancs n'était pas une mesure bien regrettable, mais elle eut malheureusement pour conséquence la destruction des pierres tombales de la nef, parce qu'elle donna l'idée de refaire le carrelage. La fabrique conclut un marché à ce sujet avec un marbrier de Paris nommé Louis-François Leprince, le 4 septembre 1783 [6]. L'entrepreneur s'engagea à terminer le travail à la fin du mois d'octobre suivant et il n'était tenu de fournir que les carreaux de marbre noir. En effet, les carreaux blancs devaient être découpés dans les pierres de liais qui formaient le pavé de la nef. Comme le dallage est encore intact aujourd'hui, ce renseignement nous permet d'affirmer qu'en retournant les carreaux blancs de la nef on retrouverait de nombreux fragments des anciennes pierres tombales de l'église. Louis-François Leprince reçut deux mille livres pour la fourniture des carreaux de marbre noir et la façon des carreaux de liais lui fut payée à raison de vingt livres la toise carrée [7]. M. de Monthiers crut devoir faire graver sur un des carreaux que le

---

[1] *L'église Saint-Maclou de Pontoise et le vandalisme légal*, par M. J. Depoin, article inséré dans les *Mémoires de la Société historique de Pontoise et du Vexin*, t. III, p. 19.

[2] Arch. de l'église, registre des délibérations de la fabrique (1775-1786), fol. 60, v°.

[3] *Ibid.* fol. 61.

[4] Cet acte de vandalisme fut commis dans la nuit du 24 au 25 avril 1763.

[5] *Description de la cathédrale de Chartres*, par l'abbé Bulteau, p. 135.

[6] Cf. pièce justificative n° XLII.

[7] *Ibid.*

dallage de la nef avait été posé sous son administration [1]. Un an après l'achèvement de ce travail, on déplaça les fonts baptismaux qui avaient été posés, le 10 juin 1741, entre le premier et le second pilier de la nef, du côté méridional. Ils furent transportés, le 4 septembre 1784, dans la chapelle du Saint-Sacrement, mais comme cette chapelle était devenue l'une des entrées de l'église, depuis que sa porte avait été rouverte, on les installa, en 1785, à l'endroit où ils se trouvent encore aujourd'hui. [2]

Le mois suivant, la fabrique poursuivit l'exécution du plan qu'elle avait conçu pour transformer le style de l'église. C'est ainsi qu'elle fut amenée à demander à l'assemblée des paroissiens, le 10 octobre 1784, l'autorisation de supprimer le trumeau du grand portail de la façade [3]. M. de Monthiers fit valoir à ce sujet que le trumeau ne servait à rien, qu'il nuisait à la perspective de la nef et qu'il avait l'inconvénient de couper en deux les processions au moment où elles entraient dans l'église [4]. Cette dernière raison était suffisante pour convaincre l'auditoire, puisqu'elle avait également déterminé le chapitre de la cathédrale de Paris à faire détruire, en 1771, le trumeau qui divisait en deux parties le portail central de la façade de Notre-Dame [5]. En conséquence, M. de Monthiers donna l'ordre à l'entrepreneur Denis Belargent de démolir le trumeau de la porte principale. On fit disparaître en même temps le tympan auquel il servait de point d'appui et dont l'ornementation se composait d'une petite rosace gravée en creux [6]. Pour combler le vide ainsi formé, M. de Monthiers fit agrandir les deux battants de la porte et le tympan devint un simple panneau de bois. En 1785, la fabrique se décida à faire appliquer des moulures sur la porte et à faire poser un chiffre de Saint-Maclou en cuivre doré [7] dans le panneau supérieur [8].

(1) Ce carreau se trouve placé au milieu de la seconde travée de la nef, du côté nord.
(2) *L'église Saint-Maclou de Pontoise et le vandalisme légal*, par M. J. Depoin, article inséré dans les *Mémoires de la Société historique de Pontoise et du Vexin*, t. III, p. 20.
(3) Cf. pièce justificative n° XLIV.
(4) *Ibid.*
(5) *Description de Notre-Dame, cathédrale de Paris*, par MM. de Guilhermy et Viollet le Duc, p. 11.
(6) Cf. pièce justificative n° XLIV.
(7) Ce chiffre coûta 174 livres, comme le prouve une note transcrite dans le registre des délibérations de la fabrique (1786-1793), fol. 9, v°.
(8) Arch. de l'église, registre des délibérations de la fabrique (1775-1786), fol. 97, v°.

Dans un de ses mémoires manuscrits, M. Pihan de la Forest, qui considérait comme « absolument inutile » la petite rosace du tympan, car on ne la voyait pas de l'intérieur, n'hésite pas à déclarer que l'élégance de la nouvelle porte permit de constater que l'ancienne « était désagréable et faisait un mauvais effet » [1]. C'est également pendant le cours de l'année 1785 que l'on construisit les tambours des quatre portes latérales de l'église. [2]

Il nous reste encore à mentionner une autre résolution non moins déplorable prise par la fabrique. Dans la nuit du 19 novembre 1784, elle fit disparaître, « pour se conformer au vœu de tous les gens de goût », deux panneaux en bois sculpté représentant saint Eustache à genoux devant un cerf qui portait un crucifix entre ses bois [3]. Ces sculptures avaient été données à l'église, en 1630, par les marchands merciers de Pontoise [4]. Vers la même époque, la fabrique fit entreprendre d'importants travaux de terrassement sur le parvis. Cet emplacement était occupé en partie par un petit cimetière qui s'étendait autour de la chapelle de la Passion. C'était le dernier débris du vaste cimetière situé au nord de l'église et supprimé en 1544 [5]. Nous ne savons pour quel motif on avait cru devoir conserver un enclos destiné à enterrer les morts en cet endroit, mais nous sommes certain qu'il se prolongeait tout le long du bas-côté nord de l'église. En effet, ce fut seulement le 12 avril 1733 que René du Guesclin, vicaire général de Rouen, rendit une sentence pour autoriser la profanation de la partie du cimetière adossée au croisillon septentrional et aux deux chapelles latérales dont il est flanqué [6]. Il faut donc admettre que l'étroite bande de terrain qui sépare l'église de la rue des Balais ne fut occupée par aucune construction avant le second quart du XVIIIe siècle. Dès le 22 avril 1781, les paroissiens avaient émis le vœu

---

(1) *L'église Saint-Maclou de Pontoise et le vandalisme légal*, par M. J. Depoin, article inséré dans les *Mémoires de la Société historique de Pontoise et du Vexin*, t. III, p. 20.

(2) *Ibid.*

(3) Cf. pièce justificative n° XLV.

(4) *Ibid.*

(5) Cf. pièce justificative n° XI.

(6) Archives de l'église, pièce jointe à l'acte de vente d'une parcelle de terrain située au coin de la rue des Balais et de la rue de la Pierre-aux-Poissons.

de voir désaffecter le petit cimetière du parvis [1], mais la fabrique ne jugea pas à propos de donner suite à cette affaire. Elle se décida seulement, en 1784, à présenter une requête à ce sujet au grand vicaire, qui fit droit à leur demande le 21 octobre de la même année [2]. En conséquence, on commença à exhumer les corps au mois de février 1785, mais comme des gelées persistantes obligèrent les ouvriers à suspendre cette opération, qui ne put être reprise au moment du dégel, on se contenta de niveler le sol du parvis dont la plus grande partie fut rendue à la voie publique [3]. M. de Monthiers fit paver avec des grandes dalles de liais le terrain qui s'étend au pied des trois portails et une grille à hauteur d'appui fut posée devant la façade de l'église [4]. L'aspect du parvis n'a pas été modifié depuis cette époque. [5]

Le remaniement général du parvis entraîna la disparition de la chapelle du Saint-Sacrement. C'est grâce à M. Pihan de la Forest que nous en connaissons l'existence, car les registres de la fabrique ne nous ont transmis aucun détail sur ses dispositions. « Lorsque, dit-il, la chapelle de la confrairie du Saint-Sacrement eut été totalement détruite, les confrères se sont retirés vers les marguilliers et leur ont demandé de vouloir bien leur assigner une autre chapelle. On leur a concédé, par acte de délibération du 22 mai 1785 [6], la chapelle de Sainte-Geneviève, à côté du chœur, du côté du jubé de l'Évangile » [7]. Il est très difficile de déterminer avec exactitude l'emplacement de la chapelle du Saint-Sacrement. Elle avait une entrée particulière sur le parvis [8] et commu-

---

(1) Archives de l'église, registre des délibérations de la fabrique (1775-1786), fol. 35.

(2) *Ibid.* fol. 83, v°.

(3) *L'église de Saint-Maclou de Pontoise et le vandalisme légal*, par M. J. Depoin, article inséré dans les *Mémoires de la Société historique de Pontoise et du Vexin*, t. III, p. 21.

(4) *Ibid.*

(5) La confrérie de la Passion contribua à la dépense occasionnée par la suppression du cimetière qui entourait sa chapelle pour une somme de 72 livres. (Archives de Seine-et-Oise, registre de la confrérie de la Passion, p. 183.)

(6) Cette délibération eut lieu le 17 mai et non pas le 22 mai, comme le prouve une note transcrite dans le registre des délibérations de la fabrique (1775-1786), fol. 95.

(7) *L'église de Saint-Maclou de Pontoise et le vandalisme légal*, par M. J. Depoin, article déjà cité, p. 21.

(8) *Ibid.* p. 19.

niquait avec l'église par une autre porte. Nous croyons qu'elle était peut-être adossée à l'extrémité du bas-côté méridional, mais comme nous ne possédons aucun renseignement précis à ce sujet, notre opinion n'est qu'une simple hypothèse. Sa construction ne devait pas être antérieure au XVIe siècle.

L'année 1785 ne devait pas s'écouler sans que la démolition du clocher central vînt modifier profondément l'aspect extérieur de l'édifice. Dès le 23 mai 1782, une contestation s'était élevée sur le point de savoir si les réparations du chœur incombaient au curé ou à la fabrique [1]. D'après l'usage constamment suivi pendant tout le moyen âge, il n'était pas douteux que l'entretien du sanctuaire était à la charge du gros décimateur, c'est-à-dire du curé [2], mais l'abbé Eustache Chouquet, nommé curé de Saint-Maclou depuis le 24 juin 1779 [3], prétendait avec raison que les frais des réparations devaient être supportés par les héritiers de son prédécesseur, l'abbé Le Vallois, décédé le 15 juin de la même année [4], qui aurait dû faire exécuter divers travaux urgents dans le chœur, avant sa mort. Les deux parties ne parvenant pas à s'entendre, un procès s'engagea devant le lieutenant général du bailliage de Pontoise, Augustin Le Tavernier de la Mairie. Celui-ci, après avoir nommé comme experts, le 20 mai 1783, les sieurs Canot et Fontaine [5], leur adjoignit, le 15 août 1784, le sieur Mouchette, pour les départager, parce qu'ils étaient d'un avis différent [6]. Les conclusions du rapport des trois experts furent favorables à l'abbé Chouquet et le lieutenant général rendit, le 28 janvier 1785, une sentence qui condamnait le sieur Le Vallois, seigneur de Bouillon, principal héritier de l'abbé Le Vallois, « à faire faire à ses frais, dans le délai d'un an, toutes les réparations du chœur de l'église Saint-Maclou [7]. Quelques jours auparavant, le 23 janvier, la fabrique

---

(1) Archives de l'église, registre des délibérations de la fabrique (1775-1786), fol. 90.

(2) On peut consulter à ce sujet un article de M. l'abbé Cochet, inséré dans le *Bulletin monumental*, t. VII, 1841, p. 283.

(3) Arch. de l'église, registre des délibérations de la fabrique (1775-1786), fol. 10, v°.

(4) *Ibid.*

(5) Arch. de l'église, registre des délibérations de la fabrique (1775-1786), fol. 52, v°.

(6) *Ibid.* fol. 80.

(7) *Ibid.* fol. 90.

avait soumis à l'assemblée des paroissiens une question très importante au sujet de cette affaire [1]. En effet, les experts avaient constaté dans leur rapport que le clocher central de l'église menaçait ruine et ils avaient évalué sa restauration à une somme double de celle que pouvait coûter sa suppression [2]. Il n'était pas douteux que l'héritier de l'abbé Le Vallois n'eût beaucoup d'intérêt à adopter le second projet, mais il n'avait pas le droit de détruire la tour sans l'autorisation des paroissiens. M. de Monthiers n'eut pas de peine à obtenir leur consentement en leur faisant observer que ce clocher était absolument inutile, que son poids était un danger permanent pour l'église et que l'édifice gagnerait beaucoup à la disparition de « cette masse informe ». [3]

En conséquence, le sieur Belargent, entrepreneur de la fabrique, se mit à l'œuvre, le 5 avril 1785, pour démolir le clocher central [4]. Cette tour, qui s'élevait au-dessus du carré du transept, avait été reconstruite au XVIe siècle pour remplacer le clocher primitif, bâti sur la croisée de l'église et renversé par l'ouragan du 30 octobre 1309, comme nous l'avons dit plus haut [5]. Ses murs avaient 30 pieds de hauteur au-dessus de la voûte du transept et sa flèche en charpente était haute de 25 pieds. Elle présentait un plan légèrement rectangulaire, puisqu'elle mesurait 20 pieds de longueur dans œuvre et 19 pieds de largeur [6]. L'épaisseur de ses murs était évaluée à trois pieds et demi environ, mais nous ne possédons aucun renseignement sur la forme de ses baies et sur ses autres dispositions. Dès que ce clocher eut été rasé, il fallut refaire complètement le comble du transept suivant la forme qu'il affecte encore actuellement. En outre, on posa sur la toiture, au milieu de la croisée de l'église, une grosse boule dorée surmontée d'une croix. Pour conserver le souvenir de la tour bâtie au même endroit, la fabrique fit déposer dans la boule une inscription destinée à rappeler l'époque où elle avait été supprimée [7]. On en trouvera le texte dans le chapitre spécial

---

(1) Cf. pièce justificative n° XLVI.
(2) *Ibid.*
(3) *Ibid.*
(4) Cf. pièce justificative n° XLVII.
(5) Voir ci-dessus, p. 16 et 21.
(6) Cf. pièce justificative n° XLVII.
(7) Cf. pièce justificative n° XLVI.

consacré aux inscriptions de l'église. M. l'abbé Trou a donc commis une grave erreur dans son ouvrage en disant que le clocher central avait été détruit vers 1775 [1]. Tous ces travaux furent exécutés par Denis Belargent aux frais du sieur Le Vallois, moyennant la somme de 6850 livres. [2]

En 1787, les marguilliers conçurent le projet d'agrandir la sacristie. La chapelle qui la précède ayant été désaffectée par une sentence du vicaire général, datée du 5 octobre 1731 [3], il était facile de la réunir à la sacristie en reportant le mur de clôture au bord du déambulatoire. Ce remaniement ne devait entraîner qu'une dépense de 690 livres [4], mais la fabrique fut obligée d'y renoncer à cause des faibles ressources dont elle disposait. A la fin de l'année 1786 [5] ses dettes étaient évaluées à la somme de 12627 livres [6] et ses revenus suffisaient à peine à l'entretien de l'église. On voit que les actes de vandalisme dont la fabrique s'était rendue coupable, à l'instigation de M. de Monthiers, avaient eu pour résultat de rompre l'équilibre de son budget. Sa situation financière allait devenir encore plus embarrassée à la suite des dégâts causés par une grêle effroyable qui fit éprouver de sérieux dommages à l'édifice, le 13 juillet 1788 [7]. Cette tempête fut aussi funeste à l'église que celle du 12 août 1875. La grande rosace fut complètement défoncée, les vitraux de plusieurs fenêtres furent brisés et la force du vent dispersa presque toutes les ardoises des toitures. Il est même fort probable que la violence de l'ouragan amena la chute de la partie supérieure du gâble du grand portail, car ce n'est pas en vertu d'une décision prise par les marguilliers ou pendant la Révolution que l'on fit disparaître son couronnement. Pour

---

[1] *Recherches historiques, archéologiques et biographiques sur la ville de Pontoise*, p. 83.

[2] Cf. pièce justificative n° XLVII.

[3] Archives de Seine-et-Oise, L, 74.

[4] Arch. de l'église, registre des délibérations de la fabrique (1786-1793), fol. 12, v°.

[5] Le 8 novembre de la même année, la fabrique conclut avec François-Henri Cliquot, facteur d'orgues à Paris, un marché pour l'entretien de l'orgue de l'église, moyennant le paiement annuel d'une somme de 80 livres. (Archives de l'église, registre des délibérations de la fabrique (1786-1793), fol. 11.)

[6] Archives de l'église, registre des délibérations de la fabrique (1786-1793), fol. 20.

[7] Cf. pièce justificative n° XLVIII.

effacer les traces de ce désastre, la fabrique commença par adjuger, le 28 septembre suivant, les réparations des verrières à un vitrier de Pontoise nommé Charles-François Lecompte, moyennant la somme de 780 livres [1]. L'entrepreneur dut remplacer presque tous les panneaux des fenêtres qui éclairaient les chapelles méridionales [2], mais il n'y avait plus de ce côté aucune verrière ancienne depuis qu'elles avaient été déposées en 1739, comme nous l'avons déjà raconté. L'année suivante, au mois de mars 1789, la fabrique fut obligée de faire réparer les couvertures de l'église. L'entrepreneur Denis Belargent ne demanda pas moins de 7055 livres pour se charger du travail [3]. L'importance de cette somme permet d'apprécier toute l'étendue des dégâts causés par la grêle du 13 juillet 1788. Tel était l'état dans lequel se trouvait l'église de Saint-Maclou, au moment où la Révolution allait éclater.

Après l'achèvement de ces travaux, la fabrique se décida à prendre une mesure très grave pour s'acquitter d'une partie de ses dettes qui s'élevaient à plus de 21,000 livres [4]. Le 1er novembre 1789, elle demanda aux paroissiens la permission d'envoyer à la fonte divers objets en argent du trésor de l'église qui n'étaient pas indispensables au service du culte. Comme cette autorisation lui fut accordée, elle s'empressa de faire dresser l'inventaire des objets destinés à être fondus. Le 27 novembre, elle adressa au directeur de la Monnaie de Paris une caisse renfermant quatre chandeliers, une lampe d'autel, trois bassins, des statuettes de saint Maclou, de saint Sébastien, de saint Roch, de saint Antoine et de la Sainte Vierge, un ciboire et une croix processionnelle [5]. Toutes ces pièces étaient en argent et leur poids total fut évalué à 101 marcs [6], ce qui représentait une somme de 4000 livres environ. Pendant l'année 1790, l'exercice du culte n'eut à subir aucune interruption, mais l'année 1791 ne devait pas s'écouler sans que la fabrique eût le droit de s'inquiéter de la marche des événements. Le 17 avril, deux prêtres de l'église refusèrent de prêter

---

(1) Arch. de l'église, registre des délibérations de la fabrique (1786-1793), fol. 35, v°.
(2) Cf. pièce justificative n° XLVIII.
(3) Cf. pièce justificative n° XLVIX.
(4) Arch. de l'église, registre des délibérations de la fabrique (1786-1793), fol. 47.
(5) Cf. pièce justificative n° L.
(6) Archives de l'église, registre des délibérations de la fabrique (1786-1793), fol. 50.

serment à la constitution civile du clergé. Ils furent remplacés par l'abbé Parent, vicaire de l'église Saint-Pierre de Pontoise, et par l'abbé Tingot, curé de Frépillon [1]. Au mois de juillet de l'année suivante, la fabrique crut devoir faire un acte de patriotisme en donnant 4000 livres pour acheter des fusils aux citoyens pauvres de la ville [2]. A partir de ce moment, sa situation devint plus critique. Une loi votée par l'Assemblée législative, le 19 août 1792, avait ordonné la vente de tous les immeubles des fabriques. En conséquence, les biens de la fabrique de Saint-Maclou furent vendus et le maire donna l'ordre au receveur de lui présenter ses comptes [3]. Le 6 janvier 1793, le conseil municipal chargea les citoyens Gruel et Lecomte de veiller à la sûreté et à la propreté de l'édifice [4]. Ces deux commissaires s'acquittèrent convenablement de leur mission, car ils firent même installer à Saint-Maclou un tabernacle provenant de l'église des Carmélites de Pontoise. [5]

Le culte continua à être célébré dans l'église jusqu'au 30 avril 1793, jour où les scellés furent apposés sur toutes les portes du monument [6]. Au mois d'août suivant, le conseil municipal donna l'ordre à un architecte nommé Canot de gratter toutes les armoiries et toutes les épitaphes qui se trouvaient dans les églises de Pontoise [7]. Il est difficile de déterminer ce qu'on fit disparaître à Saint-Maclou en vertu de cet arrêté, mais nous sommes persuadé que le monument n'eut pas beaucoup à en souffrir. En effet, nous avons prouvé que les mutilations faites à l'intérieur de la nef avaient été exécutées par ordre de la fabrique dix ans auparavant [8]. Comme les armoiries peintes sur les murs étaient recouvertes par le badigeon appliqué en 1783 et comme la plupart des pierres tombales avaient été détruites dans le cours de la même année [9], l'édifice

---

(1) Archives de l'église, registre des délibérations de la fabrique (1786-1793), fol. 56.
(2) *Ibid.* fol. 60.
(3) *Ibid.* fol. 61 et 66.
(4) *Ibid.* fol. 61.
(5) *Ibid.*
(6) *Calendrier historique de Pontoise*, par M. Henri Le Charpentier, p. 34.
(7) *Ibid.* p. 71.
(8) Cf. pièce justificative n° XLI.
(9) Cf. pièces justificatives n°s XL et XLII.

n'offrait plus guère aucun souvenir qui pût choquer la vue des membres du conseil de la commune. A notre avis, les deux seuls dommages que l'église éprouva pendant la période révolutionnaire furent la fonte de plusieurs cloches et l'enlèvement des statues du portail principal. En 1789, le clocher de la façade renfermait sept cloches, à savoir les trois cloches fondues en 1728 [1], la grosse cloche fondue en 1735 [2], la cloche du beffroi installée dans le dôme de la tour en 1775 [3] et les deux cloches fondues en 1777 [4]. Comme les cloches actuelles sont au nombre de trois et comme nous avons lieu de croire que la plus petite d'entre elles ne s'y trouvait pas au moment de la Révolution, il est permis de supposer que l'église perdit alors cinq cloches. C'est également à la même époque qu'il faut faire remonter la disparition des statues du portail central et la mutilation des sculptures de la porte méridionale de la façade. Quant au gâble du grand portail, rien ne prouve que sa destruction soit contemporaine de cette époque. On peut faire la même remarque au sujet du porche qui devait précéder autrefois la petite porte du croisillon sud.

Les marguilliers n'avaient pas cessé de se réunir régulièrement depuis que l'exercice du culte avait été interdit dans l'église, mais le 1ᵉʳ octobre 1793, après avoir fait les démarches nécessaires au bureau des hypothèques pour défendre les droits et les intérêts de la fabrique, ils n'osèrent plus se rassembler et les procès-verbaux de leurs délibérations s'arrêtent brusquement à cette date sur le registre où ils avaient l'habitude de les inscrire [5]. Dès le mois de mai 1793, l'église de Saint-Maclou fut utilisée pour les réunions, les banquets et les bals. Le 28 novembre de la même année, elle fut transformée en halle aux grains [6] ; puis elle devint le Temple de la Raison. Le 15 décembre suivant, 150 prisonniers ennemis arrivèrent à Pontoise et furent logés à Saint-Maclou sous la garde de 24 citoyens [7]. Le 8 juin 1794, un grand bal fut donné dans l'église à

---

(1) Cf. pièce justificative nº XXII.
(2) Cf. pièce justificative nº XXIII.
(3) Bibliothèque de la ville de Pontoise, manuscrit de M. Pihan de la Forest coté 2855, fol. 42, vº.
(4) Cf. pièce justificative nº XXXII.
(5) Arch. de l'église, registre des délibérations de la fabrique (1786-1793), fol. 67.
(6) *Calendrier historique de Pontoise*, par M. Henri Le Charpentier, p. 116.
(7) *Ibid.* p. 123.

l'occasion de la fête de l'Être suprême [1]. C'est sans doute vers la même époque que le conseil municipal fit peindre dans le panneau supérieur de la porte centrale de la façade l'inscription destinée à proclamer la croyance du peuple français à l'immortalité de l'âme qui fut appliquée sur tous les édifices religieux, en vertu d'un célèbre décret de la Convention. Au mois de septembre suivant, le citoyen Ternuel engagea le conseil à convertir l'église de Saint-Maclou en théâtre, mais il ne fut donné aucune suite à sa proposition. [2]

Lorsque la Terreur eut cessé d'ensanglanter la France, un prêtre nommé l'abbé Coqueret demanda l'autorisation de célébrer le service divin à Saint-Maclou [3] : sa tentative eut un médiocre succès. L'exercice du culte ne put être rétabli régulièrement dans l'église qu'en 1802, après l'élévation de Mgr Louis Charrier de la Roche au siège épiscopal de Versailles [4]. L'abbé Chouquet, curé de Saint-Maclou depuis le 24 juin 1779, avait survécu aux terribles épreuves de la période révolutionnaire. Il reprit aussitôt ses anciennes fonctions et s'empressa d'effacer la trace des profanations dont l'édifice avait été l'objet pendant la Terreur. Le conseil de fabrique, reconstitué le 4 juillet 1805 [5], fit tout d'abord exécuter quelques réparations indispensables à l'orgue [6]. En 1808, il jugea nécessaire d'acheter chez un marchand de cuivre de Paris une petite cloche pour sonner les messes basses, moyennant la somme de 1220 francs [7]. Nous croyons que cette cloche, nommée Eloy et datée de 1543, est celle qui sert encore aujourd'hui au même usage. Elle ne faisait donc pas partie de la sonnerie de l'église avant la Révolution. On profita de l'installation de la petite cloche dans le clocher pour consolider le beffroi [8], mais ce travail n'empêcha pas la chute de l'une des grosses cloches qui eut lieu le 6 décembre 1808 [9]. Il fallut la faire remonter par

---

(1) *Calendrier historique de Pontoise*, par M. Henri Le Charpentier, p. 45.
(2) *Ibid.* p. 88.
(3) *Ibid.* p. 126.
(4) Cette nomination fut faite le 9 avril 1802.
(5) Arch. de l'église, registre des délibérations de la fabrique (1805-1830), fol. 1.
(6) *Ibid.* fol. 19.
(7) *Ibid.* fol. 29.
(8) *Ibid.* fol. 30.
(9) *Ibid.* fol. 32.

un charpentier et ce ne fut pas sans peine qu'on parvint à la remettre en place. Pour terminer ce qui concerne le clocher, il convient de rappeler que la croix dont il est surmonté fut posée le 16 octobre 1826 [1]. Elle fut bénie par l'abbé Chouquet, curé de l'église, et hissée à l'aide d'un moufle au sommet du petit dôme qui couronne la tour, au milieu d'une nombreuse assistance.

De 1808 à 1837, l'histoire de l'église ne renferme aucun fait bien intéressant à signaler. En 1809, en 1816, en 1821, en 1826 et en 1830 [2], on remit à neuf la plus grande partie des toitures, en 1809, en 1820, en 1824 [3], en 1827 [4], en 1834 et en 1837 [5], on fit des réparations aux vitraux; en 1821, le sépulcre de la chapelle de la Passion fut l'objet de quelques restaurations; en 1830, le grand orgue fut remanié par le facteur Dallery [6]; enfin, en 1830 [7] et en 1835 [8], on restaura la chapelle rayonnante qui se trouve dans l'axe du chœur. Ses fenêtres furent garnies de nouveaux vitraux; le carrelage et l'autel furent remplacés. On crut devoir embellir en même temps les deux chapelles voisines qui furent ornées de peintures et fermées par des clôtures en bois [9]. Le dimanche 29 août 1837, la foudre tomba sur le chœur pendant les vêpres sans causer aucun dégât [10]. Il est heureux que les travaux de maçonnerie entrepris dans l'église pendant cette période n'aient pas été plus importants, car les architectes étaient encore incapables de restaurer convenablement les édifices religieux. L'ignorance de la valeur artistique des œuvres du moyen âge était encore si grande, que les marguilliers de Saint-Maclou ne craignirent pas de discuter sérieusement, le 28 novembre 1831, la proposition d'un brocanteur qui offrait d'acheter, moyennant la somme

---

(1) Arch. de l'église, registre des délibérations de la fabrique (1805-1830), fol. 173.

(2) *Ibid.* fol. 34 v°, 58 v°, 95, 158 v° et 228 v°.

(3) Cette date était inscrite sur l'ancien vitrail de la fenêtre centrale du chœur.

(4) Archives de l'église, registre des délibérations de la fabrique (1805-1830), fol. 33, 92 v°, 98 et 181.

(5) *Ibid.* (1831-1867), fol. 19 v° et 51 v°.

(6) *Ibid.* (1805-1830), fol. 235.

(7) *Ibid.* fol. 238 v°.

(8) *Ibid.* (1831-1867), fol. 48 v° et 50 v°.

(9) *Ibid.* fol. 55 v° et 56 v°.

(10) *Ibid.* fol. 62 v°.

dérisoire de 300 francs, les anciens vitraux des chapelles du bas-côté nord de l'église [1]. Ils ne donnèrent heureusement aucune suite à cette affaire, mais ils furent moins bien inspirés quand ils firent appliquer en 1834 une nouvelle couche de badigeon sur les murs de la chapelle de la Passion. [2]

En 1837, l'église de Saint-Maclou avait besoin d'urgentes réparations. La Commission des monuments historiques, qui venait d'être instituée la même année par un arrêté de M. de Montalivet, ministre de l'intérieur, n'avait pas encore eu le temps d'examiner les nombreuses demandes de classement qui lui étaient soumises. La fabrique s'adressa au gouvernement pour obtenir un secours et la Commission des bâtiments civils se montra favorable à cette requête [3]. En conséquence, le ministère de l'intérieur accorda à l'église une somme de mille francs [4]. Le Conseil municipal de Pontoise vota une subvention de deux mille francs et la fabrique préleva sur ses ressources trois mille francs pour permettre d'entreprendre au grand portail, au clocher et à la sacristie divers travaux dont la nécessité se faisait vivement sentir [5]. M. Rousseau, architecte, dirigea les ouvriers chargés d'exécuter ces réparations. En 1839, le banc d'œuvre dut être restauré [6] et en 1843, le grand orgue fut remis entièrement à neuf par le facteur Collinet, moyennant la somme de 10,000 fr., produit d'un emprunt contracté par la fabrique [7]. Dans l'intervalle, l'église reçut la visite du roi Louis-Philippe, le 29 août 1841 [8]. En 1844, le parvis fut entouré d'une grille en fer [9] et son dallage fut remanié en 1850, à la suite d'un tassement des terres [10]. Au mois de février 1851, les marguilliers dépensèrent 3746 francs pour faire redorer le maître-

---

(1) Archives de l'église, registre des délibérations de la fabrique (1831-1867), fol. 12.

(2) *Ibid.* fol. 19 v°.

(3) *Ibid.* fol. 63.

(4) *Ibid.* fol. 71.

(5) *Ibid.* fol. 66 v° et 72.

(6) *Ibid.* fol. 76 v°.

(7) *Ibid.* fol. 85 v° et 86 v°.

(8) *Ibid.* fol. 82 v°.

(9) *Ibid.* fol. 91.

(10) *Ibid.* fol. 109.

autel par le peintre Bessat [1]. Vers la même époque, ils appelèrent de nouveau l'attention du gouvernement sur la restauration de l'église. Le 17 août 1848, ils avaient adressé à ce sujet une pétition au ministre des cultes auquel ils firent parvenir, en 1850, un devis complet des travaux les plus urgents [2]. Grâce à leurs démarches, l'église de Saint-Maclou fut classée parmi les monuments historiques de la France en 1852. Comme la fabrique pouvait disposer à cette époque d'une somme d'argent assez importante, elle conçut le projet de faire restaurer par Viollet-le-Duc la chapelle de la Passion [3]. Celui-ci se rendit à Pontoise, le 13 janvier 1855, mais il déclina la proposition qui lui était faite, à cause de ses nombreuses occupations [4]. Au mois d'avril de la même année, le célèbre tableau de Jouvenet, qui surmontait le maître-autel, fut transporté à l'endroit où il se trouve aujourd'hui, au-dessus du banc d'œuvre [5]. Peu de temps après, la fabrique voulut faire mettre en branle la grosse cloche du beffroi, fixée dans le petit dôme du clocher. Ce projet fut abandonné, parce que le conseil municipal refusa de l'approuver. [6]

On s'occupa ensuite de la restauration de la chapelle de la Passion. M. Blondel, architecte diocésain, fut chargé d'en dresser le devis en 1859 [7], mais les travaux ne commencèrent qu'au mois d'avril 1860. Ils furent terminés au mois de mai 1861 et coûtèrent la somme de 55,000 fr. [8] L'architecte fit disparaître le badigeon qui déshonorait les murs et rendit à cette élégante chapelle son aspect primitif. Une somme de 5900 francs fut consacrée à sa décoration. On installa le long du mur occidental de la chapelle un petit autel dépourvu de style, en 1862 [9], et les deux fenêtres placées du même côté furent garnies, en 1864, de vitraux modernes qui forment un singulier contraste avec les deux

(1) Archives de l'église, registre des délibérations de la fabrique (1831-1867), fol. 120 et 123 v°.

(2) *Ibid.* fol. 102 et 111.

(3) *Ibid.* fol. 159 v°.

(4) *Ibid.* fol. 168 v°.

(5) *Ibid.* fol. 171.

(6) *Ibid.* fol. 185 et 187 v°.

(7) *Ibid.* fol. 199.

(8) *Ibid.* fol. 200 v°, 202 v° et 214 v°.

(9) *Ibid.* fol. 206.

verrières voisines, peintes par les artistes de la Renaissance [1]. En 1866, une tranchée fut creusée dans la nef de l'église pour retrouver les ossements de lord Carington, assassiné à Pontoise par un de ses valets et enterré à Saint-Maclou le 6 mars 1665 [2]. Elles amenèrent la découverte d'un cercueil en pierres taillées, muni à sa partie supérieure d'un emboîtement destiné à recevoir la tête du défunt. Cette tombe, qui remontait évidemment au moyen âge, occupait à peu près l'emplacement indiqué par l'un des registres d'inhumation de l'église. Elle fut considérée, sans aucune espèce de preuve, comme celle de lord Carington et les ossements recueillis furent emportés en Angleterre par les soins de l'un de ses descendants. Un denier de Philippe-Auguste fut trouvé dans les terres provenant des fouilles faites à cette occasion.

Quelque temps avant la funeste guerre de 1870, la fabrique avait fait commencer la restauration de la chapelle de la Vierge. Déjà, en 1868, on avait gratté le badigeon des autres chapelles du bas-côté sud et le chevet du croisillon méridional avait été l'objet d'une reconstruction presque complète. Interrompus par les événements de 1870, les travaux de la chapelle de la Vierge furent repris au mois de mai 1871, sous la direction de M. Blondel, et coûtèrent plus de 6000 francs [3]. Les murs et les voûtes furent ravalés avec soin ; un nouvel autel surmonté d'un dais dont le style est loin d'être satisfaisant, remplaça celui qui s'y trouvait placé [4] et une grille fut posée au mois d'octobre 1872 pour en fermer l'entrée [5]. Pour compléter cette décoration, deux verrières modernes furent encastrées dans les meneaux des fenêtres du XVIe siècle. La restauration de la chapelle venait à peine d'être terminée quand sa toiture fut enlevée par un orage en 1873 [6], mais ces dégâts n'étaient pas comparables à ceux que l'église devait éprouver deux ans plus tard. Le 12 août 1875, une tempête d'une violence extraordinaire se déchaîna

---

[1] Arch. de l'église, registre des délibérations de la fabrique (1831-1867), fol. 211 v°.

[2] *Mélanges historiques sur Pontoise*, par M. Henri Le Charpentier, p. 51.

[3] Archives de l'église, registre des délibérations de la fabrique (1867-1887), p. 15 et 19.

[4] *Ibid.* p. 16.

[5] *Ibid.* p. 20.

[6] *Ibid.* p. 29.

sur Pontoise [1]. La rosace de la façade de Saint-Maclou fut défoncée ; ses vitraux, brisés par la grêle, laissèrent la pluie pénétrer librement à l'intérieur de l'édifice. Le grand orgue fut inondé et se trouva mis hors de service en quelques instants. Les couvertures eurent également beaucoup à souffrir de cet ouragan qui causa de véritables désastres dans les environs de la ville. On fut obligé de boucher la rosace avec du plâtre, car son remplage menaçait de s'effondrer. Il fallut s'occuper ensuite de la réparation de l'orgue. M. Cavaillé-Coll demanda 30,000 francs pour entreprendre ce travail [2], qui ne fut terminé que le 20 septembre 1877 [3]. La dépense put être couverte au moyen d'une somme de 10,000 francs donnée par le Conseil général de Seine-et-Oise et d'une somme de 20,000 francs fournie par la fabrique et les fidèles. L'inauguration solennelle du nouvel instrument eut lieu le 25 octobre de la même année. [4]

Dès que l'orgue eut été remis à neuf, il parut urgent de rétablir la rosace de la façade, mais comme ce travail devait être très coûteux, on ne put réunir immédiatement la somme nécessaire pour l'entreprendre. En 1882, M. Simil, architecte de la Commission des monuments historiques, fut invité à dresser le devis de la restauration générale de l'église. Ce devis, qui s'élevait à la somme de 156,000 francs [5], était divisé en trois chapitres : le premier comprenait la réparation de la grande rosace, des verrières, des arcs-boutants, des couvertures et du portail qui s'ouvre dans le croisillon nord du transept ; le second énumérait les dépenses nécessaires à la restauration de l'abside du grand portail et du soubassement de la façade ; le troisième avait pour objet la restauration du portail du croisillon sud, l'enlèvement du badigeon et le nettoyage général de l'église. Grâce au concours de l'État, de la fabrique et de quelques généreux donateurs, on put enfin se mettre à l'œuvre et les travaux compris dans le premier chapitre du devis furent commencés le 23 juillet 1883 [6]. La grande rosace fut rouverte, mais ses anciens meneaux se

---

(1) Archives de l'église, registre des délibérations de la fabrique (1867-1887), p. 29 et 30..
(2) *Ibid.* p. 32.
(3) *Ibid.* p. 39.
(4) *Ibid.* p. 40.
(5) *Ibid.* p. 97.
(6) *Ibid.* p. 103.

trouvaient dans un tel état de dégradation qu'il fallut refaire entièrement le remplage. On s'occupa ensuite de rétablir le gâble du grand portail dans son état primitif : une balustrade en pierre fut posée à la base de la rosace et la tourelle de l'escalier de la façade fut consolidée. En 1884, les ouvriers se mirent à réparer les arcs-boutants du côté méridional de la nef, après avoir complètement remanié le comble de la chapelle de la Vierge. Deux chapelles du bas-côté nord furent également débarrassées de leur badigeon et l'on confia à M. Didron, vers la même époque, la restauration des deux verrières de la chapelle de la Passion. Une somme de 40,000 francs a été dépensée pour exécuter ces divers travaux.

Vers la fin de l'année 1884, il fut question de commencer la restauration extérieure de l'abside, qui dut être ajournée par suite de l'insuffisance des ressources dont on pouvait disposer. La fabrique s'étant décidée à faire un emprunt de 12,000 francs, le Ministère des Cultes accorda un secours de 6,200 francs et la Commission des monuments historiques vota une subvention de 8,000 francs [1]. Les travaux, commencés au mois de juin 1886, se continuèrent pendant tout l'été. On refit successivement les toitures des chapelles rayonnantes, les corniches et le soubassement des contreforts. Les grandes baies du chevet furent restaurées et garnies de cinq nouvelles verrières. Enfin, on retailla la base des deux gros piliers placés à l'entrée du chœur. Comme le devis s'est trouvé réduit à cause de l'abandon du projet dressé par M. Simil pour rétablir le triforium du sanctuaire, la dépense totale nécessitée par la réparation de l'abside peut être évaluée à 47,000 francs [2], en y comprenant le prix des vitraux qui ornent les fenêtres du chœur. [3]

Malgré l'importance de tous ces travaux, il reste encore beaucoup à faire pour rendre à l'édifice son ancien caractère. La partie inférieure de la façade et le petit portail du croisillon nord se trouvent dans un fâcheux état de dégradation. Il serait à souhaiter que le déambulatoire reprît son aspect primitif et que la nef fût débarrassée du badigeon qui la déshonore.

---

(1) Arch. de l'église, registre des délibérations de la fabrique (1868-1887), p. 160 et 178.

(2) *Ibid.* p. 174.

(3) Nous nous faisons un devoir de remercier M. Lechalard, président du Conseil de fabrique de Saint-Maclou, qui nous a permis de consulter toutes les pièces relatives à la restauration de l'église dans les archives de la fabrique.

Mais l'une des mesures les plus utiles à prendre pour assurer la conservation du monument, c'est le dégagement de ses abords. En effet, la fabrique ayant vendu, au xvi⁰ et au xviii⁰ siècle, le terrain des anciens cimetières qui entouraient l'église, les maisons bâties aujourd'hui sur leur emplacement sont si rapprochées du bas-côté nord et de l'abside qu'elles compromettent la sécurité de l'édifice. Un incendie qui a éclaté le 8 janvier 1887, dans une habitation construite à l'angle du transept [1], a failli se communiquer à l'église et ses dégâts ont été évalués à plus de 9,000 francs [2]. On s'occupe actuellement d'en faire disparaître les traces en remplaçant les meneaux des deux fenêtres endommagées par le feu. Les verrières qui les ornaient viennent d'être restaurées par les soins de M. Oudinot. La fabrique a profité de la présence des ouvriers pour faire démolir la maison adossée à la chapelle de la Passion, et le dégagement de cette partie de l'église produit un très heureux effet. Il faut espérer que la restauration de Saint-Maclou pourra se continuer avec la même activité pendant quelques années. Confiée aux soins d'un architecte aussi consciencieux qu'habile, elle lui fera grand honneur si les ressources fournies par la Commission des monuments historiques et par la fabrique permettent de la mener à bonne fin.

(1) Le terrain occupé par cette maison fut vendu par la fabrique le 14 avril 1733, après avoir été profané, deux jours auparavant, par René du Guesclin, vicaire général du diocèse de Rouen.

(2) En 1860, l'incendie d'une maison voisine avait sérieusement menacé la chapelle de la Passion.

CHAPITRE II

DESCRIPTION DE L'ÉGLISE

A construction successive des diverses parties de l'église de Saint-Maclou peut faire aisément comprendre pourquoi son plan actuel affecte une disposition assez singulière. Ce plan comprend une nef flanquée au nord d'un double collatéral et au sud d'un seul bas-côté, un transept et un chœur entouré d'un déambulatoire qui communique avec quatre chapelles rayonnantes. Le bas-côté méridional renferme des chapelles dont la profondeur varie par suite de la direction oblique du mur extérieur. Les chapelles qui se trouvent dans le bas-côté nord sont moins irrégulières, mais celle de la Passion est plus vaste que les autres ; elle s'élève à côté de la façade du monument. Trois portails donnent accès dans la nef et les bas-côtés de l'église ; deux autres portes s'ouvrent dans les croisillons du transept et le clocher est adossé à la

partie centrale de la façade [1]. Le plan de l'église était beaucoup plus simple au xiie siècle [2]. Il se composait alors d'une nef, de deux bas-côtés, d'un transept et d'un chœur dont le déambulatoire renfermait cinq chapelles rayonnantes. On peut aisément restituer les anciennes dispositions de la nef et du sanctuaire, qui ont subi peu de modifications importantes depuis l'époque de leur construction, en rétablissant la cinquième chapelle rayonnante et en retranchant les saillies formées par la sacristie ainsi que par le petit porche du croisillon sud. Le plan primitif des autres parties du monument est plus difficile à découvrir. Toutefois, on peut être certain que la nef renfermait au moins cinq travées, car on voit encore cinq formerets du xiie siècle au-dessus des fenêtres qui éclairent au nord le vaisseau central. La largeur des bas-côtés primitifs devait être en rapport avec celle du déambulatoire. La façade, les piliers et les fenêtres étaient sans doute conçus dans le style généralement adopté par les architectes de la région à cette époque. C'est ainsi que nous avons été conduit à reconstituer le plan de l'église de Saint-Maclou, tel qu'il devait être au xiie siècle. L'édifice conserva, du reste, toute la régularité de ses proportions jusqu'au xvie siècle.

La nef, divisée en sept travées, est recouverte d'une série de croisées d'ogive séparées les unes des autres par des doubleaux en tiers-point. Les nervures de ces voûtes sont garnies de fines moulures et leurs clefs sont ornées d'étoiles et d'écussons, sauf celles des trois dernières travées qui représentent saint Maclou, la lune et le soleil. Le style de la nef n'est pas homogène et porte l'empreinte de deux époques bien distinctes ; les deux travées voisines de la façade ont été construites au xve siècle et les cinq autres appartiennent au xvie siècle. La première travée a seule conservé sa voûte du xve siècle ; elle est soutenue par deux lourdes piles octogonales, flanquées de quatre minces colonnettes. Ces piliers étaient destinés à épauler le clocher et le mur de la façade. Pour se rendre

---

[1] Voici quelles sont les principales dimensions de l'église de Saint-Maclou :

Longueur totale	52m 30	Largeur du bas-côté nord	10m
Longueur du transept	26m 40	Largeur du bas-côté sud	5m 20
Largeur totale	32m 40	Largeur du transept	5m 70
Largeur de la nef	7m 70	Largeur du déambulatoire	3m 40

[2] A cette époque, la longueur de l'église ne devait pas dépasser 44 mètres, et sa largeur 17 mètres.

compte des dispositions que la nef aurait dû présenter, si elle avait été rebâtie tout entière au xve siècle, il faut examiner l'élévation de la seconde travée du nord. Elle se compose d'un arc en tiers-point, orné de gorges et de tores amincis, qui repose d'un côté sur la grosse pile octogonale et de l'autre sur une colonne isolée dont le chapiteau est formé d'une guirlande de feuillages découpés à jour. Deux petites colonnettes aplaties étaient engagées dans le fût de la colonne ; l'une d'elles a été supprimée. Au-dessus de la grande arcade s'ouvre une longue fenêtre en tiers-point, complètement bouchée, dont le meneau central soutient deux petits arcs trilobés, accompagnés de soufflets et de mouchettes. Un cordon de feuilles de vigne règne sous l'appui de la baie. Cette ordonnance ne se reproduit pas dans la seconde travée méridionale, éclairée par une large fenêtre à remplage flamboyant, parce qu'elle a été modifiée à l'époque de la reconstruction de la nef.

Toutes les autres travées sont conçues dans un style bien différent, mais le caractère de leur architecture suffit à prouver qu'elles n'ont pas été élevées d'un seul jet. Les travées du nord appartiennent à la première moitié du xvie siècle ; celles du sud sont contemporaines de la dernière période de la Renaissance, comme on peut le constater en examinant les sculptures de leurs chapiteaux. Elles sont formées d'un arc en cintre surbaissé, garni d'un grand nombre de moulures et soutenu sur des colonnes isolées. Chacune de ces colonnes est flanquée d'un pilastre destiné à recevoir les nervures et les doubleaux des voûtes. Dans la partie reconstruite au xvie siècle, la nef est éclairée par une série de baies en tiers-point, assez basses, garnies de deux meneaux et d'un oculus. Du côté de la façade s'ouvre une grande rosace dont le remplage est entièrement moderne. Les chapiteaux des pilastres adossés aux travées du nord offrent une grande ressemblance avec ceux du bas-côté voisin. Ils sont rehaussés de figures humaines et de bouquets de feuillages très élégants. On remarque au-dessous de leur bague une feuille d'acanthe placée au milieu d'un triangle. Les pilastres des travées méridionales sont couronnés par des têtes d'anges entourées de feuillages et par de riches chapiteaux composites d'un style assez lourd. Le troisième pilier est orné d'un bas-relief qui représente saint Eustache, debout au milieu d'une rivière : à droite et à gauche un lion et un loup emportent ses enfants. La décoration de la nef était anciennement complétée par des chapiteaux qui surmontaient les colonnes isolées à la hauteur de la retombée des grandes arcades. En effet, il est établi par une pièce dont nous avons transcrit le texte, que la fabrique fit supprimer, en 1783, « les grosses corniches chargées d'ornements qui coupaient les piliers par la moitié » [1]. On entreprit à la même époque de retailler les pilastres des travées méridionales pour les faire filer jusqu'à l'entablement supérieur. Nous rappellerons également que le carrelage actuel de la nef fut posé à la fin de l'année 1783. [2]

Il peut paraître utile de rechercher l'ancienne disposition du vaisseau central de l'église au XIIe siècle, car on ne doit pas mettre en doute l'existence d'une nef élevée en même temps que le transept et le sanctuaire. Si l'on en juge par les cinq arcs formerets primitifs qui encadrent encore les voûtes du côté nord, il est certain que la nef était recouverte, au XIIe siècle, d'une série de croisées d'ogive. Ses piliers devaient être formés d'un faisceau de douze colonnes, comme ceux des églises de Bury et de Saint-Germer, de la Villetertre (Oise), de Poissy et de Chars (Seine-et-Oise). Il est bien probable que les grandes arcades décrivaient une courbe en tiers-point et que les fenêtres étaient en plein cintre. Cette nef primitive se conserva intacte jusqu'au moment où la façade fut rebâtie pendant le cours du XVe siècle ; ses travées du nord disparurent dans la première moitié du XVIe siècle, mais ses voûtes et ses travées méridionales ne furent démolies que vers 1570.

Si la nef est intéressante à étudier par suite de ses divers remaniements, le mobilier qu'elle renferme mérite également d'attirer l'attention. Noël Taillepied mentionne l'existence d'un orgue à Saint-Maclou, dès l'année 1587 [3], mais cet instrument, complètement remis à neuf par Jean de Joyeuse en 1672 [4], fut remplacé en 1715 par un nouvel orgue construit sous la direction d'un facteur nommé Tribur [5]. Réparé par François Cliquot en 1782 [6] et par le facteur Collinet en 1843, il fut

---

(1) Cf. pièce justificative n° XLI.
(2) Cf. pièce justificative n° XLII.
(3) *Recueil des antiquitez et singularitez de la ville de Pontoise*, fol. 14 v°.
(4) Cf. pièce justificative n° XIX.
(5) Archives de Seine-et-Oise, registre G 9 a (1708-1750), fol. 66 v°.
(6) Cf. pièce justificative n° XXXIX.

presqu'entièrement détruit par l'ouragan du 12 août 1875. L'orgue actuel a été installé par les soins de M. Cavaillé-Coll, en 1877. Le buffet et la tribune sont l'œuvre d'un maître menuisier de Paris, nommé Michel Pellet, qui vint les poser dans l'église en 1716 [1]. Soutenu par deux cariatides d'un style assez pur, le buffet est couronné par des pots à flamme et ses culs-de-lampe sont ornés de têtes d'anges finement découpées. La chaire, œuvre assez médiocre du xviie siècle, fut commandée en 1653 à un artiste dont le nom nous est inconnu qui reçut 800 livres pour le prix de son travail [2]. Ses panneaux sont décorés des figures des quatre évangélistes, saint Marc avec le lion, saint Luc avec le bœuf, saint Mathieu avec l'ange et saint Jean avec l'aigle. On remarque sur la rampe de l'escalier le chiffre de saint Maclou au milieu d'une couronne de lauriers et deux têtes d'anges entourées de feuillages. Le banc d'œuvre se compose de quinze panneaux de bois sculpté garnis de fines arabesques et de quelques médaillons. Ces boiseries, dont le style porte l'empreinte de l'art le plus pur de la Renaissance, ont remplacé l'ancien banc d'œuvre qui avait été fait au xviie siècle, en même temps que la chaire. Elles proviennent en grande partie de la chapelle de la Passion et de deux autres chapelles latérales. Plus haut, cinq statuettes modernes de saint Mellon, de saint Pierre, de saint Jean, de saint André et de saint Maclou sont placées entre des pilastres ornés d'arabesques. Au-dessus du banc d'œuvre se trouve une belle Descente de Croix signée : *J. Jouvenet, 1708*. On voit au premier plan le corps du Christ enveloppé d'un linceul et soutenu par Nicodème et Joseph d'Arimathie. En arrière, la Vierge se tient debout, les yeux levés au ciel et les mains étendues. Les saintes femmes, plongées dans une profonde tristesse, contemplent cette scène, tandis qu'un homme aux formes athlétiques assujettit une échelle au pied de la croix. L'ensemble du tableau est saisissant et les personnages sont traités avec beaucoup d'ampleur. Jean Jouvenet, mort en 1717, a peint plusieurs toiles représentant le même sujet conservées aujourd'hui au Musée de Toulouse et à Dijon [3]. Cette Descente de Croix se

---

(1) Archives de Seine-et-Oise, registre G 9 a (1708-1750), fol. 33.

(2) Cf. pièce justificative n° XVIII.

(3) On trouvera une description complète de ce tableau dans un article de M. Le Charpentier sur les *Jésuites à Pontoise*. Cf. *Mémoires de la Société Historique et Archéologique de Pontoise et du Vexin*, t. II, p. 119.

trouvait autrefois dans la chapelle des Jésuites de Pontoise, mais, en 1765, après la dissolution de l'Ordre, elle fut achetée 576 livres par la confrérie de la Passion qui l'installa dans sa chapelle, à l'intérieur de l'église de Saint-Maclou [1]. Elle fit plus tard l'ornement du maître-autel et fut enfin posée au-dessus du banc-d'œuvre en 1855.

Le bas-côté nord, qui se compose de deux galeries parallèles séparées par une file de cinq colonnes, peut passer pour un des plus gracieux spécimens de l'architecture religieuse du xvie siècle. Les deux premiers chapiteaux sont ornés à chacun de leurs angles de figures d'enfants et de satyres dont le corps se confond avec les bouquets de feuilles sculptés sur la corbeille. La troisième colonne est surmontée d'un chapiteau flanqué de chimères cornues ; la quatrième est couronnée par quatre enfants qui tiennent des guirlandes, motif emprunté à l'art antique ; la cinquième se termine par un chapiteau corinthien garni de grosses volutes et de feuillages délicats. Les tailloirs de ces colonnes, formés d'un dé de pierre très épais décoré de moulures, sont rehaussés de figures humaines et de têtes de chevaux. A partir de la seconde travée de la nef, le bas-côté nord est voûté par une série de doubleaux cintrés et de croisées d'ogive qui viennent se réunir à des clefs découpées à jour avec une remarquable habileté de ciseau. Les deux travées de la première galerie remontent seules au xve siècle ; elles sont recouvertes de voûtes à nervures piriformes, séparées les unes des autres par des doubleaux en tiers-point. Du côté opposé à la nef, une porte dont l'archivolte est ornée de crochets de mauve frisée donne accès dans un escalier qui conduit au sommet du clocher. Il est évident que l'architecte chargé de reconstruire la façade de l'église au xve siècle eut l'intention d'amorcer un double bas-côté sur la face septentrionale du monument, car la colonne qui correspond à celle de la seconde travée de la nef n'était pas destinée à être engagée dans le mur extérieur. Elle devait rester complètement isolée et c'est au xvie siècle seulement qu'elle fut adossée à la chapelle de la Passion. La seconde galerie, qui appartient tout entière au style élégant de la Renaissance, a dû être élevée, comme la première, dans le second quart du xvie siècle. Les nervures de ses voûtes retombent d'un côté sur les colonnes isolées, de l'autre sur des pilastres flanqués de

---

(1) Cf. pièce justificative n° XXVIII.

deux colonnettes, disposition analogue à celle que l'on observe dans les collatéraux de l'église Saint-Eustache de Paris.

Les chapelles latérales du bas-côté nord sont au nombre de cinq. La première, celle de la Passion, embrasse deux travées de la seconde galerie et occupe une surface beaucoup plus grande que les autres chapelles. Nous avons dit, dans le chapitre précédent, qu'elle avait dû être élevée aux frais de la confrérie de la Passion, établie à Saint-Maclou de Pontoise dès le xive siècle. Sa construction, qui ne peut être antérieure à l'année 1530 environ, était certainement terminée en 1545, comme le prouve la date inscrite sur l'un de ses vitraux. Séparée du bas-côté par une cloison vitrée complètement moderne, la chapelle de la Passion est recouverte de deux voûtes sur croisée d'ogive, ornées de liernes, de tiercerons et de clefs pendantes. Le doubleau qui se trouve entre ces deux voûtes est en cintre surbaissé ; il s'appuie d'un côté sur un pied droit flanqué de deux pilastres et de l'autre sur la cage de l'escalier du clocher. Quatre grandes fenêtres cintrées, de largeur inégale, éclairent l'intérieur de la chapelle ; celles du nord, divisées par des meneaux et surmontées de rosaces en forme d'ellipse, renferment deux magnifiques vitraux de la Renaissance.

Le premier vitrail représente le portement de croix. Le cortège, précédé par des gardes à pied et à cheval, sort de Jérusalem dont les édifices apparaissent dans le lointain. On remarque dans ce groupe un personnage qui tient un petit sceptre d'or. Les deux larrons, solidement attachés, le corps ceint d'un linge blanc, marchent en avant suivis de plusieurs saintes femmes. Le Christ, vêtu d'une robe violette, s'avance derrière eux, en portant sa croix avec l'aide de Simon le Cyrénéen ; sa figure, loin d'exprimer la souffrance, est empreinte d'une très grande douceur. On aperçoit ensuite sainte Véronique tenant le voile qui n'a pas encore reçu l'empreinte de la face du Sauveur. L'artiste a voulu peindre le moment où Jésus dit aux filles de Jérusalem : « Ne pleurez pas sur moi, mais sur vous-mêmes. » Tandis que le Christ gravit la montagne du Calvaire, il y a déjà des groupes qui stationnent au sommet. Une première croix est plantée ; on en dresse une seconde. Dans un coin du tableau, Judas vient de se pendre à un arbre et son ventre ouvert laisse échapper ses entrailles. L'éclat du coloris de cette verrière n'est pas moins remarquable que sa composition. Les compartiments supérieurs renferment deux anges vêtus de blanc qui portent les clous et la hampe de la croix, ainsi que le roseau et les verges de la flagellation. Le vitrail de la petite rosace centrale figure le sacrifice d'Abraham. Isaac à genoux, les yeux bandés, s'apprête à être frappé par son père dont le bras est arrêté par un ange. On distingue à côté de l'autel le bélier destiné à remplacer la victime.

C'est la grande scène du Calvaire qui est reproduite sur la seconde verrière. Le bon larron baisse la tête d'un air repentant; le mauvais larron lève la sienne et semble blasphémer. Le Christ, cloué par les pieds et par les mains sur une croix très haute, couronné d'épines, est ceint d'un linge qui flotte au vent. A sa droite, une tête radiée représente le soleil; à gauche la lune est figurée par une tête blanche vue de profil dans un croissant d'or. La Madeleine, aux pieds du Christ, embrasse la croix, tandis que la Vierge pâmée est entourée des saintes femmes qui la soutiennent dans leurs bras. Au-dessous de la croix, un lévrier flaire un crâne et deux os croisés; une pierre voisine porte la date de 1545. Le second plan est formé par un groupe de soldats qui tirent au sort la robe du Christ et par un grand nombre de gardes à cheval portant des étendards. Plusieurs prêtres se tiennent debout à leurs côtés; l'un d'eux, monté sur un cheval et coiffé d'un bonnet à deux pointes, prend un air moqueur et satisfait. On aperçoit les remparts de Jérusalem dans le fond du tableau. Les interstices des meneaux renferment deux écus; l'un est d'azur au croissant d'argent accompagné de trois étoiles d'or; l'autre est mi-partie du premier et d'argent à la croix de gueules cantonnée de quatre têtes d'animaux de sable. L'artiste a représenté plus haut la création de la première femme par Dieu le Père, vêtu d'une chape rouge et coiffé d'une tiare d'or. Au centre on voit Adam et Ève dans le Paradis terrestre entourés de tous les animaux de la création. Un serpent à tête humaine est enlacé autour de l'arbre fatal. Ce petit sujet est traité avec beaucoup de finesse et les personnages sont dessinés avec une rare perfection. Plus loin, Adam et Ève sont chassés du Paradis par un ange assis sur des nuées. Si l'époque où furent posés ces deux beaux vitraux ne peut faire l'objet d'aucun doute, on ignore malheureusement le nom de l'artiste qui les a exécutés. Les deux baies occidentales sont garnies de verrières modernes qui représentent le triomphe du Christ et l'Ascension. Elles ont été peintes en 1864 par M. Didron et ne peuvent soutenir aucune espèce de comparaison avec les précédentes.

La chapelle de la Passion renferme en outre une œuvre d'une réelle valeur artistique, c'est un sépulcre du xvie siècle. On sait qu'un grand nombre de monuments de ce genre furent établis dans les édifices religieux à l'époque de la Renaissance. Les églises d'Eu, de Dieppe (Seine-Inférieure), de Saint-Germer (Oise), de Sissy (Aisne) et l'ermitage de Saint-Sauveur de Limay (Seine-et-Oise) en renferment notamment de curieux spécimens et l'on en rencontre beaucoup d'autres dans toutes les régions de la France. Le sépulcre de Saint-Maclou se compose d'un groupe de huit figures qui représente la mise au tombeau. Le Christ repose étendu sur un sépulcre orné de deux têtes d'anges; il est enveloppé dans un suaire dont Nicodème et Joseph d'Arimathie tiennent les deux extrémités. En arrière, saint Jean, jeune et imberbe, soutient la Vierge tandis que Madeleine joint les mains dans une attitude recueillie. Deux autres saintes femmes portant des vases de parfums complètent l'ensemble de cette scène. La sculpture de cette mise au tombeau porte l'empreinte d'un véritable sentiment, mais il est regrettable que la pose des personnages du second plan soit aussi maniérée. Tout le groupe se trouve placé sous un grand plafond de pierre sculpté soutenu par quatre colonnes cannelées et divisé en caissons d'un faible relief. Ce plafond est légèrement incliné pour que son ornementation soit plus facilement visible. L'entablement, garni de rinceaux, de têtes d'anges, de métopes et de triglyphes, est surmonté de trois cartouches : le cartouche central renferme les trois clous de la Passion entourés de la couronne d'épines, les deux autres sont garnis de divers feuillages. La frise se compose de mascarons et de guirlandes de fleurs et de fruits couronnés par une corniche garnie d'oves et de rosaces. Nous n'avons pu découvrir le nom des sculpteurs qui ont travaillé à ce monument, mais il est évident que la mise au tombeau et son encadrement n'ont pas dû être taillés par le même artiste. On sait seulement que le sépulcre existait déjà en 1587, puisque Noël Taillepied le décrit dans son ouvrage [1]. Élevé sans doute vers le milieu du xvie siècle, peu de temps après la consécration de la chapelle de la Passion, il fut l'objet d'une restauration générale en 1777 [2]. La plateforme supérieure est occupée par un groupe en bois représentant

---

[1] *Recueil des antiquitez et singularitez de la ville de Pontoise*, fol. 15.

[2] Cf. pièce justificative n° XXXIV.

la résurrection ; c'est une œuvre très médiocre du xviiie siècle. Le Christ sort de son tombeau enveloppé dans un suaire, un ange est assis sur le bord du sépulcre. Deux gardes se tiennent debout, un autre est endormi et le quatrième, l'épée et le bouclier en main, semble disposé à la résistance. A gauche, les trois saintes femmes, portant des vases de parfums, se rendent au tombeau ; leurs figures peintes et voilées se détachent en relief sur la muraille.

Les quatre autres chapelles latérales, encadrées par des arcs en cintre surbaissé, sont recouvertes de croisées d'ogive à clef pendante dont les compartiments renferment un bouquet de feuillages au milieu d'un cartouche en losange. Les larges baies cintrées qui les éclairent sont divisées par trois meneaux destinés à soutenir des rosaces, des soufflets et des mouchettes. La première chapelle possède des fonts baptismaux du xviiie siècle, en forme de vasque, et un vitrail qui reproduit diverses scènes de la vie de sainte Barbe. Tous les personnages de cette verrière sont en costumes du xvie siècle. Dans un palais à colonnes ioniques, Dioclétien, entouré de sa cour, siège sur un trône et parle avec animation. Sainte Barbe, la main levée, lui répond tandis qu'un garde la saisit par le bras : en arrière, on aperçoit la sainte entre deux bourreaux attachée à une colonne. Plus loin, des ouvriers construisent un édifice, l'un d'eux monte sur une échelle avec une auge pleine de mortier, l'autre travaille à côté d'une roue destinée à élever les matériaux. Le père de Barbe, en riche costume et coiffé d'un turban, s'apprête à frapper sa fille. Le dernier panneau est presqu'entièrement remplacé par du verre blanc, mais nous savons qu'il représentait la sainte au moment où elle se jette sur une pierre entr'ouverte. Les rimes suivantes, écrites deux par deux au bas de chaque scène, en expliquent le sens :

>   Diocletien le cruel empereur
>   feift la Vierge battre par fureur
>
>   a la priere de dioscore
>   afin de fuyer dieu et fa gloire
>
>   la pierre dure s'est ouverte
>   pour murer la Vierge faincte

les bergers bien a leur percte
l'ont monstree p̄ grande craincte ⁽¹⁾

La partie supérieure du remplage est occupée par deux anges vêtus de blanc et par deux autres sujets difficiles à expliquer : l'un des anges tient les trois clous de la croix et l'autre souffle dans une trompette. Les quatre scènes qui devaient se trouver anciennement au bas de la verrière n'existent plus.

La seconde chapelle, où l'on a récemment élevé un monument à la mémoire de l'abbé Driou, ancien curé de la paroisse, est ornée d'un vitrail du xvie siècle entièrement consacré à l'histoire de saint Fiacre. On voit d'abord saint Fiacre enfant qui lit un livre devant son maître au milieu d'autres écoliers. Les groupes suivants représentent saint Fiacre et son père, la fiancée du saint en robe d'hermine, entourée d'un brillant cortège, saint Fiacre embrassant un lépreux, auquel il donne son manteau, saint Fiacre parlant à un marinier dont le navire est sur le point d'appareiller. Le saint se présente ensuite à saint Faron, évêque de Meaux, qui le reçoit devant un superbe palais. Après avoir pris congé de l'évêque, il se montre plus loin vêtu d'un costume d'ermite, pieds nus et armé d'une bêche, tandis qu'une paysanne, tenant une quenouille à la main, le regarde travailler. Derrière l'ermitage, on distingue saint Faron qui se tient sur les marches d'un temple pour regarder ce que fait saint Fiacre. Enfin l'évêque, suivi de son porte-crosse et d'autres personnages, réprimande le saint au milieu d'une forêt. Voici les inscriptions destinées à faire comprendre les sujets de la verrière ; elles sont placées dans des cartouches soutenus par des petits génies : ⁽²⁾

Come sainct fiacre en son jeune
age alloit a lecolle po^r aprendre
la foy catholicque

⁽¹⁾ Le panneau où l'on pouvait lire ce dernier vers et celui qui rime avec lui a été brisé. M. de Guilhermy avait heureusement transcrit le texte complet dans ses notes sur l'église de Saint-Maclou. Cf. B. N. fonds français, n. a., n° 6106, fol. 206.

⁽²⁾ Les quatre panneaux qui faisaient défaut dans ce vitrail ont été remplacés tout récemment par M. Oudinot.

Come le pere de sainct fiacre duc de hybernie
le voulut marier a une damoiselle fille du roy
d'escoffe adoques ne voulut cosentir et s'en alla

Come sainct fiacre apres qu'il refusa d'estre marie
s'en alla et recotra ung ladre qu'il baisa et luy
changea son abit de paour de il ne fut cognu

Come sainct fiacre arriva a la mer
et pria un marinier de le passer
pour venir en france

Come sainct fiacre apres passe la mer vint
a sainct pharon evesque de meaulx et luy prie
le recevoir pour son serviteur

Come sainct pharon dona conge a sainct fiacre d'aller
faire ung hermitage au boys por soy y tenir

Come sainct fiacre abatoit grand nobre de boys
atout sa besche becquenault passe le reprint et accusa a tort
a sainct pharon evesque de meaulx

Come sainct pharon vint a sainct fiacre pour le
repredre du delit que becquenault luy avoit dit. (1)

Il faut également attribuer au milieu du xvie siècle la verrière de la troisième chapelle. On y voit une sainte martyre à genoux et un empereur en armure de guerre assis sur un trône doré enrichi de sculptures,

(1) Les autres inscriptions de la verrière sont complètement modernes.

devant un palais à colonnes bâti dans le style de la Renaissance. Le panneau suivant est occupé par des gardes qui conduisent la même sainte au supplice. Les compartiments d'intersection renferment un écusson de sable à trois mains d'argent, au lambel à trois pendants de même, et un autre écusson d'or à trois oiseaux de sable. Dans la partie haute du remplage, on aperçoit Suzanne au bain observée par les vieillards qui l'accusèrent d'adultère. C'est peut-être le jugement de Suzanne ou plutôt celui de sainte Suzanne, martyrisée sous le règne de Dioclétien, que l'artiste a voulu reproduire sur les panneaux inférieurs, mais il est difficile d'éclaircir cette question en l'absence de toute espèce de légende au bas de la scène principale. La fenêtre de la quatrième chapelle est garnie d'une verrière moderne consacrée à la vie de saint Joseph [1], mais elle a conservé trois petits vitraux du xvie siècle qui représentent la flagellation, l'ensevelissement du Christ et saint Joseph tenant l'Enfant Jésus par la main. La scène se passe devant un riche portique et les deux personnages sont en marche : l'Enfant est nimbé et porte dans sa main droite un globe crucifère. La dernière chapelle, bâtie dans le même style que les autres, n'a jamais été destinée au culte, elle a toujours servi de passage aux fidèles pour leur permettre de sortir de l'église par un portail latéral. Cette porte est précédée d'une salle voûtée sur croisée d'ogive qui fut construite au xvie siècle, en même temps que toute cette partie de l'église dont l'architecture offre une certaine ressemblance avec celle du bas-côté nord de Saint-Eustache de Paris.

Le bas-côté sud, commencé en 1566 et consacré le 15 août 1583 [2], se compose d'une simple galerie flanquée de quatre chapelles latérales. Ses voûtes sont séparées les unes des autres par des doubleaux en cintre surbaissé et leurs nervures croisées s'appuient d'un côté sur les lourdes colonnes de la nef, de l'autre sur des pilastres corinthiens accompagnés de colonnettes cannelées. Les clefs de voûte se font remarquer par la richesse de leur ornementation et par les quatre têtes d'anges qui les entourent; celles des trois dernières travées sont décorées de bas-reliefs sculptés représentant l'Enfant Jésus porté par sa mère, la mort et le

---

[1] Cette chapelle renferme également un autel moderne conçu dans le style de la Renaissance.

[2] Cf. pièce justificative n° XV.

couronnement de la Vierge. Le mur extérieur du bas-côté sud prend une direction oblique à partir de la façade, comme dans l'église de Saint-Eustache de Paris, afin de ne pas empiéter sur la voie publique. Il en résulte que les chapelles latérales n'ont pas toutes la même profondeur. La première, recouverte comme toutes les autres d'une voûte sur croisée d'ogive dont la clef est sculptée avec beaucoup d'art, communique avec le bas-côté par un arc cintré qui s'appuie sur deux pilastres. On lit à la base du pilastre de gauche la date de 1578. Cette date, qui se répète sur un pilastre extérieur, prouve que le bas-côté sud fut bâti avec beaucoup de lenteur, car la troisième chapelle était terminée dès l'année 1570. La seconde chapelle, où l'on voit un marchand de draps à son comptoir sculpté sur un pilastre, doit avoir été construite aux frais de la corporation des drapiers de Pontoise. Restaurée en 1868, elle est éclairée, comme la précédente, par une large fenêtre dont le remplage se compose de trois meneaux et de deux rosaces en forme d'ellipse. On remarque sur la muraille une peinture du xviiie siècle assez effacée. Il faut signaler dans la troisième chapelle, sur le pilastre qui l'encadre à droite, la date de 1570, inscrite dans un petit cartouche, et un vitrail moderne destiné à rappeler que saint Louis fit le vœu d'aller à la croisade, lors de son passage à Pontoise en 1264. La quatrième chapelle, consacrée à la Vierge, est beaucoup plus grande que les autres. Ses deux travées, bâties entre les années 1566 et 1570, sont recouvertes de croisées d'ogive et le doubleau cintré qui les sépare retombe de chaque côté sur un pilastre flanqué de deux colonnettes. La pile intermédiaire présente la même disposition sur chacune de ses faces ; elle est couronnée par de riches chapiteaux corinthiens. Cette chapelle a été l'objet d'une restauration générale en 1871 : ses deux fenêtres sont divisées par trois meneaux surmontés d'une rosace aplatie. L'autel et les deux verrières qu'elle renferme sont des œuvres complètement modernes [1], mais elle a conservé une peinture murale du xviie siècle. A côté de la chapelle de la Vierge se trouve un large passage voûté par deux croisées d'ogive qui fait communiquer la galerie du sud avec un portail latéral. On aperçoit dans la muraille, à gauche, un contrefort du xiie siècle destiné à épauler le

---

(1) L'une de ces verrières représente des scènes de la vie de la Vierge, et l'autre la procession faite pour conjurer la peste de Pontoise.

croisillon du transept : il se trouvait en dehors de l'église avant la construction des chapelles latérales au xvie siècle. A droite, un petit bas-relief engagé dans un pilier représente Adam et Ève dans le Paradis.

Si l'époque où le bas-côté sud fut bâti est connue d'une manière très précise, grâce aux dates inscrites sur ses pilastres, il n'en est pas de même du nom de l'architecte auquel il doit être attribué. Cette partie de l'église offre un tout autre caractère de style que le bas-côté nord et il est certain que les deux galeries latérales ne sont pas l'œuvre du même constructeur. Tandis que l'architecture du bas-côté nord est élégante et légère, l'ornementation du bas-côté sud porte l'empreinte d'une certaine lourdeur. Elle se rapproche par certains détails de celle du chœur de l'église voisine d'Ennery, élevé en 1578, sous la direction de deux maîtres maçons de Pontoise, Nicolas et Denis Lemercier, comme le prouve un marché retrouvé par M. Seré-Depoin et récemment publié par M. Louis Regnier [1]. D'un autre côté, si l'on songe que Nicolas Lemercier était âgé de 25 ans en 1566, époque où l'on se mit à reconstruire la face méridionale de l'église, il semble difficile d'admettre qu'un si jeune artiste ait été chargé d'une œuvre aussi importante. Ce raisonnement nous conduirait à supposer que les architectes chargés de diriger ces travaux furent soit Pierre Lemercier, qui avait couronné en 1552 le clocher de l'église par un petit dôme encore intact aujourd'hui et qui mourut en 1570, soit Denis Lemercier et plus tard Nicolas Lemercier, devenu son associé. Mais comme ce n'est pas à l'aide d'hypothèses, mais au moyen de preuves certaines qu'il faut chercher à éclaircir l'histoire de la construction de l'édifice, nous aimons mieux ne pas suivre l'exemple de ceux qui ont cru pouvoir attribuer sans hésitation telle ou telle partie de l'église à Pierre ou à Nicolas Lemercier, en croyant que leur opinion personnelle pouvait suppléer à l'absence d'un document historique.

L'entrée du transept est encadrée par un doubleau en tiers-point du xiie siècle, décoré de tores et de méplats, qui s'appuie de chaque côté sur un massif carré flanqué de lourds pilastres cannelés dont les chapiteaux ioniques et corinthiens produisent un effet assez disgracieux. Le pilier du sud, daté de 1585, a dû remplacer à cette époque la pile primitive du xiie siècle qui devait être cantonnée de nombreuses colonnettes.

---

(1) *La Renaissance dans le Vexin et dans une partie du Parisis*, p. 96.

Il est probable que l'autre pilier est un peu plus ancien, mais sa construction est certainement postérieure à celle du bas-côté nord. Le carré du transept est recouvert d'une voûte sur croisée d'ogive renforcée par des liernes et des tiercerons. Ses nervures, garnies d'ornements variés, se réunissent à une clef entourée de trois figures assises qui représentent les personnes divines. Le Père, coiffé de la tiare à triple couronne et vêtu d'une robe longue, tient un triangle à la main ; le Christ, recouvert d'une draperie qui laisse voir une partie de son corps, porte sa croix, et le Saint-Esprit est accompagné d'une colombe. Les intervalles des nervures sont occupés par des têtes d'anges aux ailes éployées et par d'élégantes rosaces. Au point de rencontre des branches secondaires, on aperçoit les quatre Évangélistes, saint Jean à l'est, saint Mathieu au nord, saint Marc au sud et saint Luc à l'ouest. Saint Marc écrit sur le dos de son lion ; les autres apôtres ont leur attribut derrière eux. Cette voûte est timbrée de deux F et d'un H couronnées, ainsi que de croissants entrelacés, ce qui permet d'en reporter la date à l'année 1547, limite des règnes de François Ier et de Henri II. C'est le 28 juillet 1541 que la fabrique de Saint-Maclou conclut avec un maître maçon de Pontoise, nommé Jean Delamarre, un marché pour la construire moyennant la somme de 500 livres tournois [1]. Jean Delamarre était également chargé de bâtir un nouveau clocher sur le carré du transept pour remplacer celui qui avait été détruit en 1309 par un ouragan. L'importance d'une semblable entreprise ne lui permit peut-être pas de la mener à bonne fin en moins de six ans, mais il est plus probable qu'il y eut à cette époque, dans les travaux de l'église, une interruption analogue à celle que nous avons signalée dans le bas-côté méridional. Cette raison suffit à faire comprendre pourquoi la sculpture de la voûte ne fut terminée qu'après la mort de François Ier.

Le croisillon nord, dont les deux voûtes sur croisée d'ogive remontent au XVIe siècle, communique avec le carré du transept par un arc brisé du XIIe siècle qui s'appuie d'un côté sur un pilastre, de l'autre sur un groupe de colonnes engagées dans un pilier primitif du chœur. Il est éclairé sur ses deux faces par deux fenêtres en plein cintre et dans le mur du chevet par une baie cintrée entourée d'une archivolte qui repose sur deux

---

(1) Cf. pièce justificative n° IX.

colonnettes annelées. Au-dessous s'ouvre une fenêtre du XIV⁰ siècle, placée en dehors de l'axe du pignon : son meneau central supporte deux petits arcs et un oculus refaits au XVI⁰ siècle. Toute cette partie de l'église appartient dans son ensemble au milieu du XII⁰ siècle et les remaniements qu'elle a dû subir n'ont pas altéré le caractère essentiel de son style. Les deux voûtes du croisillon méridional ont été refaites, comme celles du croisillon nord, vers le milieu du XVI⁰ siècle, au moment où Jean Delamarre travaillait à la voûte centrale du transept. Le doubleau intermédiaire est soutenu par un groupe de chapiteaux du XII⁰ siècle qui formaient le couronnement des colonnettes destinées à recevoir la retombée des anciennes nervures. Les quatre fenêtres en plein cintre percées dans les murs latéraux sont seules contemporaines du milieu du XII⁰ siècle. Quant aux deux baies et à la rosace qui s'ouvrent dans le mur du chevet, elles ont été remaniées assez maladroitement vers 1868. Si l'on voulait rétablir le transept dans son état primitif, il suffirait de le recouvrir au moyen de cinq croisées d'ogive à tore aminci appuyées sur des groupes de colonnettes engagées, en conservant une seule baie en plein cintre au fond de chaque croisillon. Telles étaient sans doute les dispositions adoptées au XII⁰ siècle par le premier architecte de l'église de Saint-Maclou.

Le chœur est divisé en cinq travées dont les arcs en tiers-point, revêtus d'un large méplat et de deux tores, s'appuient sur des colonnes isolées. Il communique avec le carré du transept par un doubleau en cintre brisé du XII⁰ siècle qui repose de chaque côté sur un faisceau de colonnettes couronnées par des chapiteaux à feuilles d'eau. La voûte est soutenue par six branches d'ogive réunies à une clef centrale : leur profil prismatique accuse le style de la fin du XV⁰ siècle. C'est également à la même époque qu'il faut attribuer les cinq fenêtres en tiers-point ouvertes dans les murs du chœur et garnies de vitraux modernes [1]. On distingue entre chacune d'elles un groupe de trois colonnettes qui supportaient, au XII⁰ siècle, les nervures de la voûte et les arcs formerets. Les chapiteaux de ces colonnes se trouvaient anciennement au niveau de l'appui des fenêtres actuelles et à la même hauteur que ceux de l'arc triomphal,

---

(1) Ces vitraux, peints par MM. Oudinot, Gsell-Laurent et Lorin, représentent la Résurrection du Christ et des scènes de la vie de saint Maclou et de saint Mellon.

mais, au xv⁰ siècle, les fûts des colonnettes ont été prolongés et ils atteignent aujourd'hui les compartiments de remplissage de la voûte.

Ainsi, les arcades des travées et l'arc triomphal sont les seules parties du chœur qui peuvent être attribuées au xii⁰ siècle. Tout l'étage supérieur dut être refait au xv⁰ siècle par suite de vices notables de construction. En effet, les murs n'étant pas épaulés à l'extérieur par des arcs-boutants, la poussée des nervures devait nécessairement disjoindre les dernières assises. Tel fut, du reste, le sort d'un grand nombre d'églises du xii⁰ siècle dont le sanctuaire était entouré d'un déambulatoire. Dans la plupart d'entre elles, les voûtes et les fenêtres du chœur ont été reconstruites à une époque plus avancée du moyen âge, comme à Saint-Louis de Poissy, à Saint-Denis, à Senlis et à Saint-Étienne de Sens. Il n'est donc pas étonnant que l'église de Saint-Maclou porte la trace d'un semblable remaniement, mais il en résulte que l'état primitif de la partie supérieure du chevet est assez difficile à reconstituer. Si l'on a le droit d'affirmer qu'au xii⁰ siècle le sanctuaire était voûté par six branches d'ogive et éclairé par cinq fenêtres en plein cintre, il n'est pas certain que le chœur fut surmonté de tribunes à la même époque. Si cette galerie existait au xii⁰ siècle, elle n'était certainement pas voûtée et ses baies géminées devaient s'ouvrir directement sous le comble du déambulatoire, disposition qui se rencontre dans la nef des églises de Saint-Étienne de Beauvais, de Saint-Évremond de Creil (Oise) et de Santeuil [1] (Seine-et-Oise). Ce qui permet de discuter une pareille hypothèse, c'est qu'aucune baie de tribune n'a jamais été ouverte dans les deux croisillons du transept. Or, dans les églises de Saint-Germer (Oise) et de Chars (Seine-et-Oise), dont la construction est à peu près contemporaine de celle du chœur de Saint-Maclou, les tribunes du sanctuaire prennent jour sur le transept. Dans le cas où les travaux de restauration ne feraient pas découvrir quelques débris des arcades des tribunes, il serait préférable de ne pas remanier la partie haute de l'abside au lieu de rétablir une galerie dont l'existence antérieure pourrait toujours être mise en doute.

Le chœur est fermé par deux clôtures en bois qui se relient aux quatre piles du carré du transept. Elles se composent d'élégants barreaux

---

(1) La nef de cette dernière église a été rebâtie au commencement du xiii⁰ siècle.

couronnés par une frise ajourée. A l'une de leurs extrémités, un escalier conduit à une plate-forme soutenue par deux lourdes volutes. Les piliers qui servent de point d'appui à ces deux balcons sont recouverts de boiseries et ornés de deux panneaux sculptés représentant la fuite en Égypte et l'adoration des bergers. On remarque sur les faces latérales les figures de saint Maclou et de saint Mellon encadrées par des moulures et des guirlandes. Ce jubé, qui existait déjà en 1671 [1], est une œuvre assez belle du xviie siècle. Pour le compléter, il faudrait rétablir à l'entrée du transept une clôture en bois qui devait en faire partie et qui se trouve actuellement dans le croisillon du nord. Elle remplacerait avec avantage la grille moderne placée en avant du sanctuaire. Le lutrin et les stalles du chœur remontent également au xviie siècle : il en est de même du maître-autel, surmonté d'un retable en bois doré et flanqué de deux statues de saint Mellon et de saint Maclou. Cet autel dissimule complètement les colonnes du déambulatoire et son style est si médiocre que sa disparition ne nous paraîtrait pas regrettable.

Le déambulatoire a conservé en grande partie son caractère primitif. Il était autrefois entouré de cinq chapelles rayonnantes, mais l'une d'elles a été démolie au xve siècle pour établir une sacristie. Son plan offre une grande ressemblance avec celui du chevet des églises de Saint-Germain-des-Prés à Paris, de Chars (Seine-et-Oise), de Saint-Leu-d'Esserent, de Saint-Germer et des cathédrales de Noyon et de Senlis (Oise). Il communique avec les croisillons du transept par deux arcades en tiers-point ; l'un d'eux est décoré d'un méplat et de quatre boudins, et l'autre est garni de cinq tores. La différence qui existe entre les profils de ces doubleaux ne s'explique pas aisément, car ils remontent tous les deux au xiie siècle et n'ont subi aucune modification postérieure. Il faut y voir une de ces anomalies si fréquentes dans l'architecture de cette époque. Chacun des deux arcs est soutenu par quatre colonnettes rondes et par deux colonnes taillées en amande. Cette forme est destinée à éviter la mollesse et l'indécision d'une courbe cylindrique, et les colonnes de ce genre offrent à l'œil un profil très net, grâce à l'arête où viennent se confondre les deux segments de cercle qui en dessinent les contours. Une disposition analogue a été adoptée, au xiie siècle, pour les colonnes

---

[1] Cf. pièce justificative n° XIX.

des églises de Saint-Étienne de Beauvais, de Catenoy et de Chelles [1] (Oise), mais il serait bien difficile d'en citer d'autres exemples.

Le déambulatoire s'ouvre sur le chœur par cinq travées dont l'arc correspond avec celui d'une chapelle rayonnante. Ses voûtes sont séparées les unes des autres par des petits doubleaux en tiers-point ornés d'un méplat entre deux tores et soutenus d'un côté par les grosses colonnes isolées ; de l'autre, par des colonnettes engagées. La première chapelle, voisine du bras nord du transept, est voûtée au moyen de trois branches d'ogive convergeant vers une clef centrale d'où partent également les deux autres nervures qui recouvrent la galerie. Toute cette ossature ne remonte qu'au XVe siècle. Deux fenêtres de la même époque, divisées en deux parties par un meneau et par une rosace en forme de cœur, sont percées dans l'épaisseur des murs. On remarque, du côté gauche, une arcade en plein cintre engagée dans la maçonnerie et garnie de quelques moulures. Ses claveaux s'appuyaient anciennement sur deux colonnettes dont une seule subsiste encore aujourd'hui. Cette archivolte, qui porte l'empreinte du style du XIIe siècle, n'indique pas, comme on pourrait le croire, l'emplacement d'une ancienne fenêtre bouchée ; c'est une arcature aveugle qui était destinée à servir de pendant à l'unique baie de la chapelle. En effet, il était impossible d'ouvrir une fenêtre à gauche de l'axe de la chapelle, parce que l'escalier qui conduit dans les combles est adossé à la muraille. Bâti au milieu du XIIe siècle, comme le prouve l'appareillage de la voûte en berceau rampant dont il est recouvert [2], cet escalier n'a pas subi de modifications postérieures.

La partie du déambulatoire située en face de la seconde chapelle est surmontée d'une voûte sur croisée d'ogive dont les nervures, garnies d'un gros tore entre deux petites gorges, ont conservé leur caractère primitif du XIIe siècle ; elles s'appuient sur les colonnes isolées et sur deux minces colonnettes engagées dans des retraits. Quant à la chapelle, elle est voûtée par une longue nervure du XVe siècle qui se réunit à la clef de la

---

(1) Dans cette dernière église, ces colonnes sont disposées sur les contreforts de l'abside ; dans les deux autres, elles sont appliquées sur les piles de la nef.

(2) Cette voûte est construite en blocage, comme celle de l'escalier du donjon d'Étampes.

croisée d'ogive. Les deux baies en tiers-point ont été refaites à la fin du xv⁰ siècle : elles ont dû remplacer deux fenêtres romanes en plein cintre encadrées par des colonnettes. La troisième chapelle, placée dans l'axe du chœur, présente un système de voûte semblable à celui de la seconde. La branche d'ogives qui la recouvre offre le profil caractéristique du xvᵉ siècle et converge de même vers la clef des deux nervures primitives du déambulatoire. Les deux fenêtres portent l'empreinte d'un remaniement du xvᵉ siècle et le meneau vertical qui les divise en deux parties s'épanouit en forme de cœur à la hauteur de l'imposte.

C'est en examinant la quatrième chapelle que l'on arrive à comprendre la disposition primitive de chacune des travées du rond-point au xiiᵉ siècle, car la voûte est restée complètement intacte depuis cette époque. Elle se compose d'une croisée d'ogives dont la clef sert de point d'appui à une longue nervure dirigée suivant l'axe de la chapelle. Ce système de voûte est fort original et mérite d'être étudié avec soin. Dans tous les autres déambulatoires du xiiᵉ siècle, tels que ceux de Saint-Germer, de Senlis, de Saint-Leu-d'Esserent, de Noyon et de Saint-Germain-des-Prés, la voûte de la galerie est tout à fait distincte de celle des chapelles rayonnantes et l'entrée de ces chapelles est toujours encadrée par un doubleau. Au contraire, à Saint-Maclou de Pontoise, les deux voûtes se confondent et le doubleau intermédiaire n'existe pas. Au lieu d'employer, pour recouvrir les chapelles, trois branches d'ogives comme à Senlis et à Saint-Leu-d'Esserent, ou cinq nervures comme à Noyon et à Saint-Germain-des-Prés, l'architecte de Saint-Maclou a formé l'ossature de la voûte au moyen d'une seule nervure médiane. Cette disposition, qui produit une grande irrégularité dans la dimension des compartiments de remplissage, n'est pas d'une solidité à toute épreuve. L'unique branche d'ogives de la chapelle mesure 4^m 30 de longueur, et sa portée est trop considérable pour qu'elle puisse soutenir tout le poids de la voûte. Aussi, n'est-il pas étonnant que cette nervure ait dû être reconstruite au xvᵉ siècle, dans la seconde et dans la troisième chapelle, et qu'elle ait disparu à la même époque dans la première. On peut donc être certain qu'au xiiᵉ siècle les voûtes de chaque travée du déambulatoire étaient semblables à celle qui vient d'être décrite, et toutes les nervures étaient formées d'un gros tore encadré par deux gorges. Quant aux deux baies de la quatrième chapelle, elles sont identiques aux précédentes et appartiennent au xve siècle. On distingue dans le mur un cordon de feuilles d'acanthes qui entourait l'une des fenêtres romanes primitives. La cinquième chapelle, qui se trouvait située près du croisillon méridional du transept, a été remplacée au xve siècle par une sacristie. Ce petit bâtiment se compose de deux étages éclairés par des baies rectangulaires ; on y pénètre par une porte dont l'archivolte en accolade présente de riches crochets de feuillages. Il est précédé d'un vestibule barlong surmonté d'une croisée d'ogives ; la travée correspondante de la galerie est recouverte de la même manière, et un doubleau de forme prismatique sépare les deux voûtes. Toutes ces nervures remontent au xve siècle, ainsi que la fenêtre percée dans le mur du côté de l'est.

Ce n'est pas seulement par les dispositions de ses voûtes, c'est encore par les sculptures de ses chapiteaux que le déambulatoire de Saint-Maclou mérite d'attirer l'attention des archéologues. Les chapiteaux des grosses colonnes isolées sont au nombre de quatre ; l'un d'eux est orné sur chaque face de deux longues feuilles d'acanthes munies de leurs tiges. Ces feuillages, réunis par un lien qui occupe le centre de la corbeille, se recourbent avec grâce pour encadrer des fruits de diverses formes. C'est un motif d'ornementation très curieux et peut-être unique en son genre. Les trois autres chapiteaux présentent des palmettes d'acanthes habilement découpées ; quelques-uns sont surmontés de petites volutes et garnis de gros pistils placés sur la nervure médiane des feuilles.

Quant aux chapiteaux des colonnes engagées, ils sont revêtus, pour la plupart, de feuilles d'acanthes, mais ceux qui sont voisins de l'entrée du déambulatoire offrent une autre décoration. L'un d'eux est occupé sur la face principale par deux oiseaux à tête de femme séparés par un bouquet de feuillages : sur les faces latérales on distingue deux figures du même genre qui ont leurs ailes éployées. Le tailloir de ce chapiteau est couvert de palmettes encadrées par des rinceaux ; des enroulements de feuillages ornent de même les tailloirs des colonnes voisines. D'autres chapiteaux ne sont pas moins curieux. Celui-ci est orné d'un entrelac qui ressemble aux anneaux d'une chaîne ; celui-là présente deux dragons ailés dont l'échine est accusée par un rang de perles ; leurs têtes se rejoignent sous une tige ornée de palmettes, et deux grosses volutes décorent les angles de la corbeille. Ici, c'est un diable qui tient dans ses dents un rinceau d'acanthes ; là, c'est une tête d'enfant qui apparaît au milieu de feuillages ; plus loin, sur une console destinée à recevoir une nervure, on aperçoit un homme qui tient un poisson dans sa main. Les tailloirs de tous ces chapiteaux se composent d'un filet, d'une gorge et d'une baguette ; les bases des colonnes sont entourées d'une gorge entre deux tores.

Les travaux de remaniement dont le déambulatoire porte encore la trace furent entrepris dans le cours de l'année 1477 [1], mais ces légères modifications n'empêchent pas de reconnaître qu'il fut bâti au xiie siècle et non pas au xie siècle, comme M. l'abbé Trou l'a prétendu dans son ouvrage [2]. Aucun texte ne permet de préciser davantage l'époque de sa construction, mais il importe de faire observer qu'il présente une ressemblance frappante avec le déambulatoire de l'église abbatiale de Saint-Denis, consacré en 1140, d'après le témoignage de Suger [3]. En effet, les profils des nervures et des doubleaux de ces deux galeries sont tout à fait identiques et les branches d'ogive sont disposées de la même manière. Enfin, à Saint-Denis comme à Pontoise, les chapelles rayonnantes ne se trouvent pas encadrées par un doubleau, puisque leur voûte se confond avec celle du déambulatoire [4]. Cette particularité nous fait supposer que le déambulatoire de Saint-Denis a servi de modèle à l'architecte qui fit élever celui de Saint-Maclou de Pontoise. Les rapports continuels de l'abbaye de Saint-Denis avec la région du Vexin suffisent à expliquer une pareille analogie. Quand Suger voulut employer, en 1137, d'énormes blocs de pierre pour tailler les colonnes et les chapiteaux de l'église de Saint-Denis, c'est dans les carrières des environs de Pontoise qu'il trouva les matériaux dont il avait besoin. [5] Il est donc fort légitime d'admettre que les parties les plus anciennes du rond-point de Saint-Maclou sont postérieures à 1140. D'un autre côté, le caractère de cette construction ne permet guère d'en reculer la date au delà de 1160, car le chœur de Saint-Germain-des-Prés à Paris, consacré en 1163, est d'un style

---

(1) Cf. pièce justificative n° VII.

(2) *Recherches historiques et archéologiques sur Pontoise*, p. 82.

(3) Œuvres de Suger. Ed. Lecoy de la Marche, p. 224.

(4) Cf. Viollet-le-Duc. *Dictionnaire de l'architecture française*, t. IX, p. 504.

(5) Œuvres de Suger. Ed. Lecoy de la Marche, p. 219.

beaucoup plus avancé. Tandis qu'à Pontoise les fenêtres primitives sont en plein cintre, à Saint-Germain-des-Prés elles sont déjà en tiers-point et le profil des croisées d'ogive est tout différent dans les deux églises. Il en résulte que la construction du déambulatoire de Saint-Maclou doit être contemporaine de la période comprise entre les années 1140 et 1160. Du reste, l'ornementation des chapiteaux, les profils des arcs, des bases et des tailloirs présentent des caractères archéologiques assez précis pour permettre d'attribuer le gros œuvre du sanctuaire au milieu du XIIe siècle.

La façade porte l'empreinte de deux styles tout à fait distincts : le portail central et le clocher auquel il est adossé remontent à la seconde moitié du XVe siècle, tandis que les parties latérales appartiennent au XVIe siècle. Le grand portail, dont les pieds droits sont revêtus de moulures piriformes et garnis de quatre niches, est encadré par une archivolte en tiers-point. Ces niches sont dépourvues de leurs statues ; leurs socles et leurs dais se composent de petites arcades finement découpées. La porte est formée de deux vantaux en bois du XVe siècle ; ses arcatures trilobées reposent sur de légères colonnettes et viennent s'amortir sur des têtes grotesques. Le trumeau a été détruit en 1784 et le tympan ajouré qui le surmontait fut défoncé à la même époque [1]. Ces regrettables mutilations, exécutées par ordre de la fabrique, ont fait perdre beaucoup d'élégance à la partie inférieure de la façade. L'archivolte, divisée en trois voussures, est décorée d'un grand nombre de gorges et de tores. La première voussure est ornée d'un cordon de feuilles de vigne, la seconde renferme douze statuettes mutilées qui représentent les apôtres : on reconnaît parmi eux saint Simon et saint Mathieu, dont les attributs sont restés intacts. Quant à la troisième voussure, elle contient quatorze statuettes de martyrs et de saintes, tenant des livres, des palmes et des emblèmes. Il est facile de distinguer au milieu d'elles sainte Agnès, sainte Marguerite et sainte Véronique, mais les autres figurines sont dans un tel état de dégradation qu'il faut renoncer à les identifier. A la clef se trouve le Père éternel sous les traits d'un vieillard. Les trois voussures sont encadrées par deux cordons de feuillages et par un gâble dont les arêtes, garnies de crochets profondément fouillés, reposent sur deux chimères.

(1) Cf. pièce justificative n° XLIV.

Le couronnement du gâble a été complètement refait dans ces dernières années, ainsi que la balustrade ajourée qui l'accompagne. Bien qu'aucun ancien fragment de cette balustrade ne soit resté debout, il est certain qu'elle devait exister au xve siècle, car elle était destinée à servir de point d'appui à la partie supérieure du gâble. Quant à la rosace qui s'ouvre au-dessus du grand portail, elle se compose d'une série de soufflets et de mouchettes entrelacées. Son remplage flamboyant, gravement endommagé par une violente tempête en 1875, vient d'être entièrement renouvelé, d'après la forme de ses anciens meneaux, actuellement déposés dans la cour de l'Hôtel-de-Ville. La grande baie en cintre brisé qui encadre la rosace remonte seule au xve siècle : son archivolte, couronnée par un fleuron épanoui, est revêtue de riches crochets de mauve frisée. La partie centrale de la façade se termine par un pignon percé d'un oculus et garni de crochets. Il est intéressant de faire remarquer que l'axe du gâble ne correspond ni à celui de la rosace, ni à celui du pignon. Ce défaut d'alignement est assez sensible pour qu'on puisse le reconnaître du premier coup d'œil.

Le grand portail est flanqué à droite d'un contre-fort dont les angles sont ornés de deux niches à dais sculptés et de hauts pinacles. En arrière du contre-fort s'élève une tourelle d'escalier couronnée par une flèche octogonale en pierre. L'existence de cette tourelle semble prouver que l'architecte chargé de rebâtir la façade au xve siècle n'avait pas l'intention de placer un second clocher de ce côté, car ses assises ne portent la trace d'aucun arrachement. C'est à partir de ce point que les travaux de la façade furent interrompus jusqu'à la fin du xvie siècle. En effet, le petit portail du sud doit avoir été élevé entre l'année 1578, date de la construction de la chapelle voisine, et l'année 1583, date de la dédicace du bas-côté méridional [1]. Il se compose d'une arcade cintrée dont les claveaux sont ornés de deux figures d'anges assez mutilées qui tiennent une couronne d'une main et une palme de l'autre. Quatre colonnes cannelées, séparées par des niches à dais très élégant, sont adossées aux pieds droits ; leurs chapiteaux corinthiens soutiennent une corniche décorée de feuillages et de fines moulures. Plus haut s'ouvre une fenêtre du xvie siècle dont l'archivolte cintrée renferme une tête d'ange. Elle était

---

(1) Cf. pièce justificative n° XV.

séparée en deux parties par un meneau central avant d'avoir été bouchée pour le service de la soufflerie du grand orgue. On remarque au-dessous du toit une frise à bouquets de feuillages et une corniche à modillons. A l'angle du mur, un pilastre couronné par un riche chapiteau composite continue l'ordonnance extérieure du bas-côté sud.

A gauche s'élève un grand clocher du xve siècle qui ne mesure pas moins de 45 mètres de hauteur. Ses quatre faces, épaulées par des contre forts très saillants ornés de pinacles, ne commencent à se dégager qu'au niveau du second étage, car toute la partie inférieure de la tour est englobée dans la façade et dans les toitures de l'église. A la base du clocher, entre deux contre-forts ornés de dais très découpés, s'ouvre un petit portail qui donne accès dans le bas-côté nord. Ses pieds droits renferment deux niches dépourvues de leurs statues et son archivolte en tiers-point est décorée de petits dais et d'un cordon de feuillages rehaussé de crochets qui se termine par un fleuron. Ce fleuron formait le socle d'une statue aujourd'hui disparue. La porte est une œuvre du xve siècle ; ses deux panneaux, encadrés par un arc surbaissé, sont surmontés d'un remplage flamboyant qui occupe la place du tympan. Le grand portail offrait une disposition analogue dans son état primitif, mais la partie centrale de son tympan était occupée par une petite rosace évidée à jour. Le premier étage du clocher est nettement accusé par une balustrade de style flamboyant et par deux arcatures trilobées qui encadrent d'étroites ouvertures rectangulaires. Le second étage est percé sur chacune de ses faces de deux longues baies tréflées flanquées de minces colonnettes dont le fût se confond avec le tore de l'archivolte. Le troisième étage présente une ordonnance identique ; ses baies géminées s'appuient sur un glacis très élevé. Au-dessus du dernier étage se trouve une plate-forme entourée sur ses quatre côtés par une balustrade ajourée. On y parvient par un escalier adossé à l'angle nord-est de la tour. Il est peu probable que l'architecte de la façade ait eu l'intention de terminer le clocher par une flèche en pierre, car il n'aurait pas disposé, dans ce cas, une balustrade autour de la plate-forme. Le sommet de la tour fut dépourvu de couronnement pendant près d'un siècle, lorsqu'en 1552 la fabrique de Saint-Maclou confia à Pierre Lemercier le soin d'élever la lanterne supérieure, moyennant la somme de 525 livres tournois [1]. Ce dôme est formé d'une

---

[1] Cf. pièce justificative n° XII.

coupole à huit pans qui repose sur un soubassement percé de quatre baies en plein cintre. Quatre clochetons, flanqués de colonnettes et de pilastres, se dressent autour de la coupole : ils sont réunis par des arcs-boutants très légers au clocheton placé sur le sommet de la lanterne. Les colonnettes isolées de ce clocheton soutiennent une petite coupole qui complète la silhouette du dôme en lui donnant un caractère très original.

Au pied du clocher se trouve la chapelle de la Passion. L'une de ses faces, bâtie sur le même alignement que le grand portail, présente deux fenêtres cintrées de largeur inégale ; leurs pieds droits sont décorés de quelques motifs d'ornementation. Entre ces deux baies s'élève un pilastre dont le chapiteau est garni d'arabesques. L'autre face, qui forme le prolongement du bas-côté nord, offre la même disposition, mais ses deux fenêtres divisées par des meneaux ont une plus grande ouverture. Au point de rencontre des deux murs, on remarque une niche à dais très élégant soutenue par une longue colonne. L'élévation extérieure du bas-côté nord est conçue dans un style identique. Elle se compose d'une série de larges baies séparées par des pilastres peu saillants. Tous ces pilastres, ornés d'un triangle à leur base et d'un bouquet de feuillages encadré dans un losange au milieu de leur fût, sont couronnés par des chapiteaux dont la corbeille est revêtue d'arabesques et de figures humaines. Ils offrent une certaine analogie avec les pilastres extérieurs de l'église Saint-Eustache de Paris, mais il est regrettable que leurs cartouches ne renferment aucune date de construction. On lit sur l'un d'eux l'inscription suivante : *MEMĒTO MORI* ; les autres sont rehaussés d'emblèmes funéraires, tels que des têtes de mort, des pelles et des pioches. Cette décoration s'explique par le voisinage immédiat de l'ancien cimetière de la paroisse. Quant aux fenêtres des chapelles latérales, leurs meneaux sont surmontés de rosaces elliptiques. La quatrième et la cinquième baie, endommagées par un incendie, viennent d'être l'objet d'une restauration complète. La corniche, dont il ne reste plus que quelques fragments, se compose d'un groupe de moulures très simples et des gargouilles en partie brisées apparaissent de distance en distance à la hauteur du chéneau.

Si le bas-côté nord présente au dehors tous les caractères de l'architecture de la première moitié du XVIe siècle, le mur extérieur du bas-côté sud porte l'empreinte d'une période beaucoup plus avancée de l'art de la Renaissance. Ses pilastres sont ornés de têtes de mort et de têtes d'anges encadrées dans quelques feuillages au milieu de médaillons rectangulaires. Leurs chapiteaux composites, d'un style assez lourd, s'arrêtent au-dessous d'une large frise garnie de palmettes et de fleurs épanouies. Cette frise est couronnée par d'élégantes gargouilles qui représentent tantôt des femmes ou des satyres dont le corps est recouvert de feuillages, tantôt des chimères finement découpées. Le cartouche du troisième pilastre à partir de la façade porte la date de 1578. Toutes les fenêtres sont divisées en quatre parties par trois meneaux, mais les trois premières sont surmontées de deux rosaces en forme d'ellipse, tandis que le remplage des autres se termine par un grand oculus légèrement aplati. Dans le chevet du bas-côté sud s'ouvre un portail auquel on accède par un escalier assez élevé. La date de 1566, inscrite dans un cartouche, près de l'angle du mur, fixe l'époque de sa construction. Son archivolte cintrée est ornée de deux grands rameaux de chêne et de laurier qui se détachent en relief sur la pierre. Deux colonnes, garnies de tiges de lierre enroulées autour de leur fût, encadrent cette riche décoration ; leurs chapiteaux, ornés de feuilles d'acanthe, soutiennent une large frise dont les rinceaux s'enroulent autour de cinq têtes d'anges. C'est une œuvre aussi remarquable par la finesse de ses sculptures que par la fermeté de son style. La plate-forme qui précède le portail devait être autrefois surmontée d'un porche, comme le prouve l'existence de deux colonnes corinthiennes à fûts enveloppés de feuillages et la présence de la base d'un groupe de colonnes posé sur l'angle du perron. Ce porche était ouvert sur ses deux faces et l'on distingue encore l'amorce de l'une de ses arcades.

L'élévation extérieure de la nef, dissimulée par les toitures en pavillon des galeries latérales, ne mérite pas une longue description. La partie supérieure des murs est épaulée par des arcs-boutants à simple volée, qui s'appuient, du côté nord, sur d'anciens contre-forts du XIIe siècle. On aperçoit de distance en distance des fenêtres garnies de deux meneaux et d'un oculus. Les baies de la première travée, qui remontent au XVe siècle, renferment un remplage flamboyant. Le croisillon nord du transept a conservé presqu'intact au dehors le caractère primitif de son architecture. Ses deux faces, percées de quatre baies en plein cintre, sont couronnées par une corniche à modillons grimaçants qui se continue au niveau du pignon. Le chevet est éclairé par une baie du XIVe siècle, surmonté d'une fenêtre centrale du xiiᵉ siècle dont l'archivolte revêtue d'une gorge, d'un tore et d'un cordon de feuilles d'acanthes, repose sur deux colonnettes entourées d'une bague. Au pied du croisillon s'ouvre un portail qui donne accès dans le bas-côté nord. Cette porte, bâtie vers 1540, en même temps que la partie septentrionale de l'église, est une œuvre très artistique de la Renaissance, mais ses fines sculptures sont dans un fâcheux état de dégradation. Son archivolte cintrée, garnie de caissons, encadre deux vantaux et un tympan en boiserie qui représente les apôtres saint Pierre et saint Paul accompagnés de deux anges. Deux pilastres, adossés aux pieds droits de la porte et décorés d'arabesques, soutiennent une frise dont les rinceaux sont entremêlés de figurines. De chaque côté de l'archivolte, un bouquet de feuillages cache la nudité du mur. La frise est couronnée par un cartouche qui se détache en relief au milieu d'un encadrement flanqué de deux fleurons. Il est bien probable que ce cartouche renfermait autrefois une inscription, mais on ne peut en découvrir aucune trace aujourd'hui. Au-dessus de l'attique s'ouvre une fenêtre cintrée : son remplage se compose d'un meneau central et d'un oculus en forme de cœur. Pour compléter l'ensemble de cette décoration, deux longues colonnes cannelées, soutenues par un piédestal assez haut, s'élèvent à droite et à gauche du portail. Leurs chapiteaux composites sont couronnés par des niches qui abritaient des statues aujourd'hui disparues. Les dais de chaque niche offrent des motifs d'ornementation très variés, tels que des arcatures, des figurines et des volutes.

Le croisillon sud présente de chaque côté deux baies en plein cintre et une corniche à masques grotesques. Sa face méridionale, percée de deux fenêtres cintrées et d'une grande rosace, a été presqu'entièrement reconstruite il y a environ vingt ans, mais cette restauration maladroite fait peu d'honneur à l'architecte qui l'a dirigée, car il n'a pas craint de modifier la forme des baies destinées à éclairer le chevet du croisillon. Au xiiᵉ siècle, le carré du transept était surmonté d'un clocher en pierre qui fut renversé par un ouragan, le 30 octobre 1309, comme nous l'avons rapporté dans le chapitre consacré à l'histoire de l'église [1]. Ce fut seulement en 1541 que l'architecte Jean Delamarre fut chargé par la fabrique de rebâtir cette tour [2]. Elle s'élevait à trente pieds de hauteur au-dessus

(1) Cf., p. 16.
(2) Cf. pièce justificative n° IX.

de la voûte du transept et la flèche en ardoise qui la terminait ne mesurait pas moins de vingt-cinq pieds [1], mais comme elle avait besoin de réparations assez coûteuses en 1785, on trouva préférable de la démolir au mois d'avril de la même année. Il est impossible de savoir quelle était la forme de ses baies, puisqu'aucun dessin n'en a conservé le souvenir. Le comble qui recouvre son emplacement fut couronné par une lanterne en bois garnie d'une boule dorée qui renfermait une inscription destinée à rappeler son existence [2]. Quant à la charpente de la nef et du chœur de l'église, elle appartient en grande partie au xviie siècle.

L'abside, dont le soubassement est caché par une maison moderne, vient d'être complètement restaurée. Les quatre chapelles du déambulatoire remontent au xiie siècle, mais leurs fenêtres ont été agrandies au xve siècle. C'est à la même époque que l'on a modifié la forme de la chapelle rayonnante voisine du croisillon nord, qui offre à l'extérieur un plan polygonal. Les contre-forts du déambulatoire sont restés intacts, mais comme la corniche des chapelles avait été détruite, elle a dû être remplacée par une série de modillons grimaçants. A l'angle du croisillon méridional et de l'abside s'élève la sacristie qui fut bâtie au xve siècle sur le terrain occupé par la cinquième chapelle du rond-point. C'est un bâtiment à deux étages éclairé en bas par des fenêtres à remplage flamboyant, en haut par des petites baies à double panneau. Ses contre-forts sont garnis de pinacles et de niches à dais ajouré. La partie haute du chœur, refaite au xve siècle, n'est pas épaulée par des arcs-boutants. Elle affecte une forme polygonale et ses contre-forts peu saillants sont placés au droit de la retombée des nervures. Cette disposition défectueuse rendra tôt ou tard indispensable un remaniement du chevet de l'église. Il en

---

(1) Cf. pièce justificative n° XLVII.

(2) Cette inscription était ainsi conçue :

« L'ancienne tour étant sur le chœur a été supprimée au mois d'avril 1785 d'après le consentement des habitans porté en l'acte du 23 janvier 1785, sous l'administration de Mre Jacques de Monthiers, chev^{er} sg^r du Fay, Mardalin et autres lieux, pres^t l^t g^{al} et maire royal de cette ville, 1er marguillier et des s. Desvignes et Levasseur marguillier et receveur, Me Eustache Chouquet, licencié en droit canon, vice-gérent de l'officialité de cette ville étant curé et le présent monument a été élevé au lieu et place de la d. tour en ex^{on} des conditions portées aud. acte de consentement. » (Archives de l'église de Saint-Maclou, registre des délibérations de la fabrique, 1775-1786, fol. 93.)

résulte que les cinq fenêtres en tiers-point du sanctuaire ont déjà subi l'effet de la poussée et que leurs claveaux tendent à se disjoindre. Au xiie siècle, les murs supérieurs de l'abside suivaient la courbe de l'hémicycle et devaient être également dépourvus d'arcs-boutants. Quant à l'ancienne corniche, elle était sans doute semblable à celle du transept.

En écrivant une description aussi détaillée de l'église de Saint-Maclou, nous avons voulu faire comprendre que ses dispositions originales lui donnaient une grande valeur archéologique. Bâtie d'un seul jet au milieu du xiie siècle, reconstruite en partie au xve et au xvie siècle, défigurée par de prétendus embellissements au xviiie siècle, elle reprend peu à peu son caractère primitif, grâce à la restauration dont elle est l'objet. L'architecture de ses bas-côtés, le style de son déambulatoire, l'éclat de ses anciens vitraux et la sculpture de ses chapiteaux méritent d'attirer l'attention. Ses nombreux remaniements sont particulièrement intéressants à étudier, mais si nous avons indiqué la date où ils furent entrepris, nous regrettons de n'avoir pas pu découvrir tous les marchés auxquels ils ont donné lieu. De nouvelles recherches arriveront peut-être un jour à éclaircir plus complètement l'histoire de la construction de l'église au xvie siècle, c'est le vœu que nous formons en terminant ce chapitre.

CHAPITRE III

INSTRUCTIONS

INSCRIPTIONS

'ÉGLISE de Saint-Maclou renfermait autrefois de nombreuses pierres tombales. Malheureusement, la pose d'un nouveau carrelage dans le chœur, en 1772 [1], et dans la nef en 1783 [2], en ont fait disparaître la plus grande partie. Toutes les inscriptions furent découpées à la scie et leurs fragments dispersés servirent à réparer le pavage des bas-côtés. Il est bien probable qu'un remaniement du dallage de l'église ferait découvrir quelques débris intéressants des anciennes sépultures, car nous avons lieu de croire qu'une certaine quantité de petites dalles funéraires furent simplement retournées. Mais comme ce travail serait assez coûteux, l'intérêt qu'il présente au point de vue

[1] Cf. pièce justificative n° XXIX.
[2] Cf. pièce justificative n° XLII.

archéologique ne suffira peut-être jamais à justifier une semblable dépense.
Il faut donc se contenter de déchiffrer les inscriptions visibles encore
aujourd'hui, en y joignant celles dont l'existence antérieure paraît suffisamment démontrée. On ne peut attribuer aucune pierre tombale de
l'église à une date antérieure au xive siècle. Cette dernière période n'est
elle-même représentée que par deux fragments ornés de gâbles, de
rosaces et de pignons qui ont dû faire partie de la même dalle et qui se
trouvent incrustés dans le pavage du rond-point. Deux pierres tombales
appartiennent au xve siècle ; l'une, placée dans le déambulatoire, mesure
2^m 36 de hauteur et 1^m 47 de largeur : son inscription a été entièrement
effacée par le passage continuel des fidèles, mais on distingue encore à
sa surface trois personnages dont le visage et les mains étaient en marbre,
ainsi que cinq enfants au maillot rangés à leurs pieds. L'autre est appliquée contre la pile sud-ouest du transept. Au-dessus du texte, une
Notre-Dame de Pitié, enveloppée d'un manteau de deuil, reçoit les
supplications du défunt et de son épouse agenouillés. La femme, coiffée
d'un hennin et vêtue d'une longue robe, tient un livre ouvert, son
patron, saint Martin, en costume épiscopal, est debout à ses côtés. Son
mari, les mains jointes, se présente sous le patronage de saint Pierre
qui est appuyé sur une croix processionnelle et vêtu d'une riche chape.
Les personnages se détachent sur un semis de palmettes encadré par une
arcature. L'inscription suivante nous apprend que cette dalle recouvrait
autrefois la tombe de Pierre de Moulins, maire de Pontoise, et de sa
femme, Martine Lataille.

1465

Pierre — *Hauteur*, 1^m 04 ; *largeur*, 0^m 85

Cy devant gisent deffunctz pierre de moulins en son vivant esleu de potois
pour le Roy nre s^e et martine lataille sa feme lesquelz ont fonde estre di
celebre en ceste eglise de saint maclou dudit pontoise deux messes basses
par chacune sepmaine de l'an a toujours a l'autel de nostre dame heure d
ix heures ou environ pour le remede de leurs ames l'une d'icelles messes
au jour de mardi et l'aultre au jeudi avec ce vigilles de mors a neuf pse
aulmes et ix lecons vii fois en l'an chascune d'icelles vigilles le premier
dimanche des vii mois et se diront entre vespres et complie toutes les

TOMBE DE PIERRE DE MOULINS, MAIRE DE PONTOISE, ET DE SA FEMME

quelles vigilles et messes la fabrique d'icelle eglise est tenu ad ce et
oblige leur temporel de faire dire et chanter a leurs coups et despens
avec ce querir luminaire et aornemens et toutes aultre choses ad ce
necessaires et pour ce faire et acomplir ont lesd marregliers prins
et recueillir au prouffit d'icelle fabrique tous les biens meubles et
conquestz demoures du deceps desdis deffunctz et de ce sont tenus
comptens et lesdis svice bien et suffisamment fondes et lesqulz
biens et heritages lesd deffunctz avoient par leurs testamet voulu
ainlsi estre bailles pour acoplir faire et cotinuer a tousiours les
choses dessus dictes. Et trespassa le dit deffunct le jeudi viie jour d'octo
l'an mil iiiic lviii et lad martine le ix jor de may mil iiiic lviiii.

Les pierres tombales du xvie siècle sont beaucoup plus nombreuses.
L'inscription que nous signalerons en premier lieu est gravée sur une
dalle brisée en quatre morceaux et déposée dans un réduit, au-dessous
du clocher. On distingue à la partie supérieure de la pierre deux personnages agenouillés et un écu chargé de trois aiglons avec une fasce ornée
de trois fleurs de lis. Cette tombe, qui a été retrouvée dans le bas-côté
nord de l'église, est celle de Guillaume Pollion, seigneur de Theuville et
de Génicourt, mort en 1502. Sa femme, Isabelle Letellier, était enterrée
dans la même sépulture.

1502

Pierre — *Hauteur*, 0^m 57 ; *largeur*, 0^m 62

Cy gist noble sire guille pollion et yzabel le telier
. . . . . en son vivat s de teuville et de genicot en ptie q'
. . . . de cea(ns) iii arpes de pre assis a la gaulee de
. . . . de rente assis sur iii arpes de pre au
. . . . . la propriete et xxvi arpens de terre
. . . . teuville et de genicourt a la charge q ladicte
(fabricq devra) faire dire ii messes la semayne l'une au
. . . . (et laul)tre au (sa)medy et les dire a l'autel st denis
. . . . vingt de profudis et ii obis p chun
(an) le premier le jor qui mourot et l'autre six mois apres

(et) sera tenue lad' fabricq fournir ornemens et luminaire
. . . . tpassa le xxiie jor de javier lan mil vc et ii
. . . . la feme tpassa lan mil iiiic iiiixx et xv le xviie
. . . . bre. priez dieu q'l ait mercy de leurs ames.

L'inscription suivante se lit dans le déambulatoire sur une dalle brisée en deux morceaux qui représente deux personnages costumés selon la mode du XVIe siècle. Elle est en partie effacée; mais on peut néanmoins déchiffrer sur la pierre le nom de Jean de Jeuffosse et celui de sa femme.

1508

Pierre — Hauteur, 2^m 07; *largeur*, 1^m 30

Cy gist honeste persone Jehan de jeu(ffosse) trespassa le jor de. . . . . mil vc et viii. Priez dieu por
. . . . gist. . . . .
. . . . jeuffosse laquelle trespassa le. . . . .

L'épitaphe de Nicolas Lefébure, bourgeois de Pontoise, et de Marie de Bourlon, sa femme, est appliquée sur la tourelle de l'escalier qui conduit à l'orgue. Gravée entre deux pilastres très simples, réunis par un entablement, elle constate que les défunts avaient fait don à la fabrique de Saint-Maclou d'un pré situé à Osny, à la charge de faire dire des messes pour le repos de leurs âmes.

1550

Pierre — Hauteur, 1^m 07; *largeur*, 0^m 89

Cy devāt gisent deffuctz honorable home Nicolas le febure e
so vivāt bourgs de pontoise. Et marie de bourlon sa feme lesqlz p
ler testametz ont done a la fabricq de ceas une piece de pre ɔten
sept quartiers ou envi ass e la prarie de aulny ten du coste 2 dun
bout au chm qi maine dud aulny au pot de pre d chauy surnomez
les menetz 2 d bout au mauru de laqlle piece de p a este faicte delivrān

a laḋ fabricq p̄ monſʳ le p̄voſt maire duḋ pont' le vedredi iiᵉ jor doct' mil vᶜ ꝑlv a la charge dū ceſ q̄ doibt laḋ piece de p̄ c̄hun an au ſʳ ḋot elle eſt tenue que laḋ fabricq ſera tenu paier et acquicter Et oult' a la charge q̄ les mḡllrs dicelle fabricq ſerōt ten' ſe dire chater et celebr̄ en ceſḋ egl̄ p̄ c̄hun vedredi des iiii teps en lan a touſiors por lame deſḋ deff' et de lerˢ amys treſpaſſeʒ vigilles 7 une haulte meſſe de Requie a diac̄ 7 ſoubʒ diac̄ avecqs libera de pſudis et oraiſōs acouſtumeʒ apres laḋ meſſe ſur les ſepultures desḋ deff. Et por ce ſe bailler et livrer p̄ leſḋ mḡllers toutˢ choſes a ce req'ſes ſe' mect' le poeille ſur leſḋ ſepultures avecqs luminaire pend quo ſera leſḋ ſvice. Et oult' paier p̄ leſḋ mḡllrs des deniers dicelle fabricq auꝫ cureʒ dicelle egl̄ ou a lerˢ vicaires por c̄hun desḋ ſvices vii ſ. vi ḋ t. Auꝫ chappelais ordrᵉˢ c̄hun vii ḋ t. Auꝫ diacre 7 ſoubʒ diacre c̄hun ꝓ ḋ t auꝫ clercs por mect' leſḋ poeille ſur leſḋ ſepultures ꝓ ḋ t auꝫ iiii enf du chœur c̄hun iii ḋ t por la ſonerie qⁱ ſera faicte durat leſḋ ſvices des groſſes cloches dicelle egl̄e tāt le ſoir q̄ le jor desḋ ſvices por c̄hun diceulꝫ vii ſ. vi ḋ t. Et ne porront leſḋ mḡllrs vend̄ ne aliener leſḋ p̄ ſyno au cas quilʒ fuſſet ſtraictʒ p̄ juſtice le mect hors de lerˢ mains par le ſʳ ḋot il ē tenu et moienāt duqˡ cas les herit' desḋ deff' en ſerōt les pmiers refuʒāt 7 lerˢ ſ delivre por le pris dun aultˢ ſās fraulde Et ou leſḋ mḡllrs faiſāt le ſtraire en ce cas leſḋ laiz ſera 7 demoura nul. Et porront leſḋ heritiers diceulꝫ deff rentrer en la pp̄iete 7 poſſeſſion dicelḹ pre et en diſpoſer ainſi q̄ bon lerˢ ſeblera. Leſqlʒ deff' decederēt auḋ pont aſſaᵛ laḋ marie de bourſon le iꝫᵉ jor de mars lan mil vᶜ ꝑliiii. Et leſḋ le febure le ꝑꝫiiiᵉ jor de octobre lan mil vᶜ cinquante. Prieʒ dieu pour leurs ames.

Au-dessus de cette inscription se trouve une petite pierre tombale qui représente une femme agenouillée devant un pupitre, vêtue d'une longue robe et coiffée d'un bonnet plat. Elle est placée sous un entablement soutenu par deux colonnes à chapiteaux doriques. L'épitaphe gravée en bordure de la tombe est quelque peu effacée, mais on lit encore le nom de la défunte, femme de Jean Ledru, bourgeois de Pontoise.

1552

Pierre — *Hauteur*, 0ᵐ 73 ; *largeur*, 0ᵐ 65

Cy gist perrette . . . . . en son vivant femme de
Jehan le dru qui est trespassé . . . . de ceste
ville laquelle trespassa le tiers jour de janvier
mil cinq cens cinquante deux. Priez dieu poʳ leurs ames.

La cinquième chapelle du bas-côté sud renferme une pierre tombale très bien conservée. La partie supérieure de cette dalle est occupée par un crucifix dressé sous une arcade cintrée au milieu d'un groupe d'hommes et de femmes à genoux. A droite et à gauche on remarque deux écussons semblables dont le chevron est accompagné de six arbres arrachés, trois en chef et trois en pointe. L'inscription gravée à la base de la pierre était destinée à rappeler que Toussaint Lepelletier, mesureur au grenier à sel de Pontoise, et Jeanne Guiot, sa femme, avaient fondé des messes pour le repos de leurs âmes.

1555

Pierre — *Hauteur*, 1ᵐ 14 ; *largeur*, 0ᵐ 63

Cy devāt gissēt les corps de feuz honorables persones
Toussᵗ le pelletier en so vivat mesuʳ poʳ le roy du magazin et bourgˢ
de potoise qui deceda le viii mars mil vᶜ lv. Et Jehane guiot sa
feme le xxxᵉ aoust mil vᶜ plix qui ont done a legl de ceas ixⁿ ỹ sls
de rete a la charge de deux svices et obitz p chun an esd' iours
qui serōt signiffiez p̄ le cure au p̄ne du dimeche pcedent lesd' iours et
celebrez en lad egle le plus honestemēt et devotemēt que faire ce
pourra et des distribuons y ordonees selon que plus aplemet est
cotenu es ltres de ce faictes et passees le tout a lhoneur et svice de
dieu salut de leurs ames et de tous les tspassez desquelz les
ames faictes repofantes en paix. Ainsy soit Il.

Humanissimū patrē franciscus filius apud
paretes et amicos pie post mortē sic honorabat
Consolemur invicem paretes et amici servus et amicus dei
mortuus est Totus sanctus et timoratus ante deū et homines
Vir prudens simplex sobrius obdormivit in dño Cuius laus
semper in corde et ore eius fuit. Dedit enim illi dñs mentem
et linguam. Et in ipsis seper laudavit eum usq ad ultimū
vite spiritum. Si vox populi vox dei sit Populo gratus Diu
vixit et mortuus est et in obitu suo no est cotristatus et no
cofusus. Mortuus est pater quasi no sit mortuus
queso Reliquerit post se filios Quos sicut novellas olivar
in circuitu mese sue in vita sua vidit et letatus est in illis
Et filios filiorū suorū pacem super ipsos. Ecce sic benedicet
homo qui timet dominū et morietur in dño

L'ordre chronologique nous amène à signaler ensuite une grande dalle relevée contre la muraille, près de la porte qui donne accès dans l'escalier du clocher. Elle représente un homme et une femme debout, les mains jointes au-dessous de deux arcatures surmontées de guirlandes, de rinceaux et de têtes d'anges. L'homme est vêtu d'un long manteau et sa femme porte une robe serrée à la taille, une large collerette et une coiffe très plate. L'inscription gravée en bordure de la tombe est si effacée qu'il faut renoncer à découvrir le nom des deux défunts.

1565

Pierre — *Hauteur,* 1^m 97 ; *largeur,* 0^m 98

CY GISENT HONO(RABLES) P(ERSONNES). . . . .
. . . .
. . . . 1537 . . . .
LE XXIIII IVIN 1565. PRIEZ DIEV POVR LE REPOS DE LEVRS A...

On peut faire une remarque analogue au sujet d'une tombe de femme incrustée dans le dallage du bas-côté nord. Il n'en reste plus qu'un fragment renfermant les derniers mots de l'inscription :

1578.

Pierre — *Hauteur,* 0ᵐ 46 ; *largeur,* 0ᵐ 44

. . . . (la) quelle trespassa le mecredi
dernier jour de juillet
1560 et xviii. priez dieu . . . . .

Dans la même galerie, près du petit portail latéral, se trouve la pierre tombale d'un prêtre nommé Jean François, mort en 1581. Il est représenté debout, les mains jointes, vêtu de l'aube, d'une chasuble et de l'amict : sa tête est encadrée par une arcature qui repose sur deux pilastres.

1581

Pierre — *Hauteur,* 0ᵐ 88 ; *largeur,* 0ᵐ 60

Cy gist venerable home m͞s
es͞re iea frois p͞bre . . . . lequel
deceda le ixᵉ iour de avril
1581 priez dieu pour son ame

L'inscription suivante est appliquée contre une pile du carré du transept. Elle constate que Menault Barbier, curé d'Auvers-sur-Oise, avait légué, en 1596, 32 livres de rente au collège de Pontoise pour instruire quatre enfants de la paroisse d'Auvers et faire dire chaque année des messes et des prières à son intention. La pierre est bordée d'une frise accompagnée d'une tête de mort. On aperçoit à la partie supérieure, au milieu de branches de laurier, un écu chargé de trois croissants la pointe en haut et d'une étoile à six rais en abîme.

1596

Pierre — Hauteur, 0ᵐ 97; *largeur*, 0ᵐ 65

Venerable et difcrette p̄sonne M̄ᵉ Menault
Barbier vivāt p̄bre prieur Cure d'Auvers z
notaire Apoftolic a Pontoife a legue au
College de Ceans trente deux livres dix folz v
deniers t̄ de rente anuelle a la charge que les
Gouverneurs dud̄ College serōt ten' recepvoir
aud̄ College quatre Enfans de la paroiffe dud̄
Auvers et paier pᵒʳ Iceulx le mois aux Reges
et faire Celebrer par ch̄n an aud̄ College une
Meffe haulte de Requie a fon Intetion le 16ᵉ jᵒʳ
d'Apvril et de faire chater chacune veille des feftes
de la vierge Marie par les efans dud̄ College
Conduictz p ung Reget a xi heures du matin
ung Salut avec Deprofūdis ē la Chapelle
de la Confrairie aulx clercs auffy a so Intetio
Comme il eft porte par le teftamet dudict
Barbier paffe par devāt Moreau notaire
a Pontoife le 18ᵉ Mars 1596

REQVIESCAT IN PACE

C'est également au xvıᵉ siècle qu'il faut attribuer les quatre inscriptions suivantes, bien que leur date exacte nous soit inconnue, mais le style de leurs ornements et de leurs caractères suffit à faire reconnaître l'époque où elles furent gravées. La première, placée dans la seconde chapelle du bas-côté nord, se trouve en partie brisée. On distingue au sommet les deux défunts agenouillés, les mains jointes, au pied d'un crucifix. A gauche, un écu présente un chevron accompagné en pointe d'une tête de mort sortant d'une mer ondée, à droite un autre écu se compose de mi-partie du précédent et d'une fasce formée de plusieurs cous de canards entrelacés. Cette tombe était celle de Pierre Moreau, notaire à Pontoise, et de Jeanne Ledru, sa femme, qui avaient donné dix-huit livres de rente à la fabrique pour faire célébrer chaque année un service funèbre au jour anniversaire de leur décès. Comme Pierre Moreau se démit de sa charge en 1570, en faveur de Jean Moreau l'aîné, il est bien probable que son épitaphe, aujourd'hui mutilée, remonte au dernier quart du XVIe siècle.

XVIe s.

Pierre — *Hauteur*, 1ᵐ 20 ; *largeur*, 0ᵐ 75

Cy gisent honorables psones Me Pierre Moreau en son vivat pcureur en court laye a pontoise et notre poʳ le Roy nre sʳᵉ auᵈ lieu Z Jehanne le dru sa femme lesqlz ont laisse a la fabricq de ceãs la some de dix huict tournois de Rente annuelle a les avoir et prandre sur une maison et lieu ainsi quil se comporte assise auᵈ ponthoise. . . . .
. . . .
. . . . a la charge que laᵈ fabricq sera tenue faire dire chanter et celebrer doresnavãt par chun an p les curez ou vicaire dicelle fabricque le xxixᵉ jor daoust qui est le jor du tpas de laᵈ ledru vigilles recomandaces et une haulte messe de Requiem et ce par lesᵈ curez vicaire chappelains distributeur sacristain clercz et coristes de laᵈ eglē lesqlz cure chappelains distributeur sacristain clercz et coristes de laᵈ eglē seront Revestus ainsi quilz ont acoustume de faire et si sera tenue laᵈ fabricq se mettre le poille de velours q est et s'a cy apʳᵉˢ sur linhumation de laᵈ defuncte avec cierges ardans et tinter lune des grosses cloches par coups posez avant comancer leᵈ service et y continuer jusques a la fin dicelluy et fournir de luminaire a ce convenable apres lequel s'vice dict s'a chante le libera et les oraisõs a ce s'vans sur laᵈ inhumation et geter eaue beniste et le tout chanter bien et a traict et le plus devotement q faire se poura et laqulle fabricq sera tenue faire dire par lesᵈ curez ou leurs vicaires au pône de leur grãd messe parochial en laᵈ eglē le dimanche precedãt le jor que se dira leᵈ svice avec une pri

ere en la maniere acoustumee por le salut et remede de lad^e defuncte. Item
lad fabricq tenue encores come dict est faire dire chanter et celebrer en
icelle egle le xxv^e jor de septembre qui est le jor du tspas dud deffunct
ung aultre service ou se dira vigilles recomandaces et deux haultes
messes lune de nre dame et lautre de Requiem bien a traict a notte reve-
ranmini par chun an le jor du tspas dud deffuct et ce par les curez ou
leurs d vicaires chappelains distributeur sacristain clercs et coristes
sont revestus come dict est en larticle cy dess'. Et sy s'a tenue lad fabricq
mettre les poille et aults choses cy dess' decles tinter come dess'. Et apres
s'vice dict serot tenuz iceulx curez chappelains distributeur sacristain
clercs et coristes chanter le libera et les oraisos a ce servas sur l'inhumation dud deffunct et sad femme et geter eaue benifte et le tout dict et
chante bien a traict come dict est. Et laqlle fabricq s'a tenue faire dire
iceulx curez ou leurd vicaires au prosne de leurs d grand messe pochial
en icelle egle le dimanche preceda^t le jor que se dira led s'vice avec une pri-
ere en la maniere acoustumee por le salut et Remedde dud deffunct

Priez y dieu por eulx

La seconde inscription est gravée sur une pierre brisée en trois morceaux qui se trouve déposée derrière le petit portail du bas-côté nord. Ses caractères sont à moitié effacés, mais on reconnaît néanmoins que le défunt était un prêtre mort dans le cours du XVIe siècle. Ce personnage est représenté à genoux au pied d'un calvaire : il porte l'aube et le surplis.

XVIe s.

Pierre — *Hauteur,* 0^m 56 ; *largeur,* 0^m 41

Cy gist ven(erable et discrette)
psone ma(istre). . . . . .
en so viva(nt). . . . . . .
le quel a don(ne). . . . . .
chappre et . . . .

maifniee . . . .
et ferot te(nus) . . . .
ung ouv. . . . .
de fup et de. . . . .

C'est également au xvie siècle qu'il faut attribuer l'inscription suivante gravée en bordure d'une grande pierre tombale du bas-côté nord. Cette dalle recouvrait les restes de deux personnages dont le nom nous est inconnu ; on y distingue encore quelques traits d'une figure de femme.

XVIe s.

Pierre — *Hauteur,* 2ᵐ 17 ; *largeur,* 1ᵐ 07

𝕮𝖞 𝖌𝖎𝖋𝖙 𝖍𝖔𝖓𝖔𝖗𝖆𝖇𝖑𝖊 𝖍𝖔𝖒𝖒𝖊. . . . .
. . . . . 𝕻𝖔𝖓𝖙𝖔𝖎𝖋𝖊 𝖑𝖊𝖖𝖑 𝖉𝖊𝖈𝖊𝖉𝖆 . . . .
. . . . . . 𝖉𝖊𝖈𝖊𝖉𝖆 𝖑𝖊 𝖛𝖛𝖎𝖝e 𝖎𝖔r 𝖉 𝖆𝖔𝖚𝖋𝖙 15.3 𝖕𝖗𝖎𝖊𝖟 𝖉𝖎𝖊𝖚 𝖕𝖔𝖚𝖗 𝖊𝖚𝖑𝖝

Enfin on doit faire remonter à la fin de la même période un fragment de tombe appliqué sur la pile sud-ouest du carré du transept. On y voit au centre une tête de mort sur deux tibias avec cette légende en caractères gothiques : *Respice finem.* De chaque côté se tiennent les deux apôtres saint Marc et saint Mathieu. Ils sont accompagnés de leurs attributs ordinaires, le lion ailé et l'ange ; leurs noms se trouvent gravés en lettres capitales au-dessous de leurs figures.

Les pierres tombales du xviie siècle sont au nombre de treize. Nous signalerons tout d'abord celle d'un bourgeois de Pontoise, inhumé dans le bas-côté nord de l'église. Ce personnage, dont le nom de famille ne peut plus être déchiffré, est vêtu d'un pourpoint et d'un haut-de-chausses. Il est encadré par une arcature cintrée qui s'appuie sur des pilastres.

1604

Pierre — *Hauteur,* 0^m 90 ; *largeur,* 0^m 45

(CY G)IST LE CORPS DE DEFVNT HON
ESTE PERSOÑE IEHAN..... BOVRGEOIS DEM̄ A
PONTOISE QVI DECEDA LE PREMIER
IOVR DE NOVEMBRE 1604 PRIEZ DIEV POVR....

L'inscription suivante est encore plus incomplète. C'est l'épitaphe d'un bourgeois de Pontoise qui mourut en 1610.

1610

Pierre — *Hauteur,* 1^m 95 ; *largeur,* 0^m 97

. . . .
BOVCHER MARCHANT ET BOVRGEOIS DE PONTHOISE LEQVEL DECEDA LE 3e NOVEMBRE
. . . .

La tombe de Nicolas Soret, marchand de soie, mort en 1616, est mieux conservée. Elle se trouve incrustée dans le dallage du déambulatoire. Le défunt est représenté debout sous une arcature, vêtu suivant la mode de l'époque : des tibias croisés occupent les angles de la pierre.

1616

Pierre — *Hauteur,* 1^m 90 ; *largeur,* 0^m 90

(CY) GIST HONNORABLE HOMME NICOLAS SO(RET LE DICT NIC)OLAS SORET
VIVANT MARCHAND DE SOYE
. . . . QVI DECEDA LE
PREMIER IOVR DE IVILLET 1616 PRIEZ DIEV POVR SON AME

A l'angle du bas-côté sud et du transept se trouve une pierre tombale relevée contre le mur. Elle représente un homme et une femme debout, les mains jointes, en costumes du xvie siècle. Le défunt porte un pourpoint, un court manteau et des hauts-de-chausses; la défunte est vêtue d'une longue robe et coiffée d'un bonnet plat. L'inscription nous apprend que ces deux personnages se nommaient Philippe Lambert et Claude Forget.

1623

Pierre — *Hauteur,* 1^m 05; *largeur,* 0^m 52

```
    SPES NOSTRAS DEVS
CY GISENT LES CORPS DE DEFFVNT
PHYLIPPE LAMBERT ET CLAVDE FORGET
DEM̄S (A) PONT(HOISE) LAQ^LLE DECEDA LE
XXIIII IVILIET MDCXXIII ET LE
DICT LAM(BERT) LE. . . . . . . . .
    PRIES DIEV POVR LEVRS AMES
```

On ne peut plus lire aujourd'hui qu'une partie de l'épitaphe suivante, placée au milieu du carrelage de la dernière chapelle du bas-côté nord. Elle est gravée sur une petite dalle brisée en deux morceaux.

1632

Pierre — *Hauteur,* 0^m 76; *largeur,* 0^m 55

```
    CY DESOVB
    GIST HONORABLE
    HOM̄E FRANCOIS
    . . . . . . . VIVĀT
    . . . . . . . . . . .
    . . . QVI TRE(SPASSA LE)
    VĪGT MAI MIL SIX
    CENS TRENTE DEVX
```

Dans le bas-côté nord, en face la chapelle des fonts baptismaux, on remarque une pierre tombale assez bien conservée qui recouvrait les restes de quatre personnes de la même famille, Christophe Hardy, bourgeois de Pontoise, Jeanne More, sa femme, Jeanne Hardy, sa fille, et Nicolas Boudault, son gendre. Un écu effacé occupe la partie supérieure de la dalle.

1634

Pierre — *Hauteur,* 0ᵐ 84; *largeur,* 0ᵐ 50

CY GISSENT LES CORPS DE DEFFVNCT
HONESTE PERSOÑES X̄PLE HARDY
LVY VIVANT MARCHANT ET
BOVRGEOIS DE PONTHOISE ET
IEHANNE MORE SA FEM̄E LEQVEL
HARDY DECEDA LE 19 MARS
1628 ET LADICTE MORE LE
22 OCTOBRE 1590
ET NICOLAS BOVDAVLT GENDRE
DVD HARDY ET IEHANNE HARDY
SA FEM̄E LAQVELLE TRESPASSA
LE 15ᵉ AVRIL 15.. ET LE DICT
BOVDAVLT LE 6ᵉ IOVR DE SEPTĀB
MIL SIX CENT TRANTE QVATRE

Priez Dieu pour leurs Ames

Devant la dernière chapelle de la même galerie se trouve l'épitaphe d'un autre bourgeois de Pontoise dont la figure, gravée au trait sur la pierre, est encadrée par une arcature. On lit en bordure l'inscription suivante :

1636

Pierre — *Hauteur,* 1ᵐ 95; *largeur,* 0ᵐ 97

CY GIST LE CORPS DE DEFFVNCT HONNORABLE HOMME
IEHAN . . . .
IVIN MIL SIX CENT TRENTE SIX. *Priez Dieu pour son ame*

L'épitaphe de Louis Fontaine, prêtre et maître de musique de Saint-Maclou, était autrefois appliquée sur un pilier de la chapelle de la Vierge. Bien qu'elle ait disparu, nous avons cru devoir en reproduire le texte cité dans l'ouvrage de l'abbé Trou [1] :

1664

DOCTE IACES TVA FAMA VIGET TVA SCRIPTA LOQVVNTVR
FELIX QVI POTVIT VIVERE POST OBITVM.

Antoine Seigneur, bourgeois de Pontoise, avait fondé en mourant douze saluts du saint Sacrement pour le repos de son âme. Son parent, Pierre de Monthiers, président au bailliage de Pontoise, avait donné une somme de 360 livres à la fabrique pour faire célébrer chaque année trois grand'messes à la même intention. Cette double fondation est gravée sur une plaque ovale de marbre blanc qui se trouve dans la dernière chapelle du bas-côté méridional.

1681

Marbre blanc — *Hauteur*, 0^m 95 ; *largeur*, 0^m 71

HONNORABLE
HOMME ANTOINE SEIGNEUR
BOURGEOIS DE PONTOISE DONT LE CORPS REPOSE
DANS CETTE CHAPELLE PAR UNE DEVOTION QUIL A TOUS
IOURS EUE POUR LE TRES S$_T$ SACREMENT A FONDE A PERPETU
ITÉ DANS LEGLISE DE S$_T$ MACLOU DE PONTOISE DOUZE
SALUTS DU S$_T$ SACREMENT POUR ESTRE DITS LE PREMIER IEUDY DE
CHAQUE MOIS AVEC EXPOSITION DU S$_T$ SACREMENT ET DIX CIER
GES DE CIRE BLANCHE SUR L'AUTEL SERA CHANTE O SALUTARIS VESPRES
DU S$_T$ SACREMENT LORAISON EXAUDIAT LE VERSET FIAT MANUS TUA
PRIERES POUR LE ROY ECCE PANIS ET BONE PASTOR ET QUI CUNCTA ET AVE
VERUM CORPUS EN DONNANT LA BENEDICTION LIBERA ET DE PROFUNDIS
SUR LA FOSSE SUR LAQUELLE SERA MISE LA REPRESENTATION DES MORTS
ACCOMPAGNEE DE QUATRE CIERGES ARDENTS DE CIRE BLANCHE CHAQUE
SALUT SERA ANNONCÉ AU PROSNE DU DIMANCHE PRECEDENT SERONT

[1] *Recherches historiques sur la ville de Pontoise*, p. 96.

SONNEES LES GROSSES CLOCHES ET GROS CARILLON ET CELEBRE AVEC TO
LES PLUS BEAUX ORNEMENTS ROUGES LE TOUT MOIENNANT LA SOMME D
MIL LIVRES SUIVANT LE CONTRACT PASSE DEVANT GABRIEL FREDIN ET H
DAUVRAY NOTAIRES AU DIT PONTOISE LE XIIIe MARS MDCLXXIIII

ET PAR AUTRE CONTRACT PASSE DEVANT CLAUDE LANGLOIS ET BERNARD
FREDIN NOTAIRES AU DIT PONTOISE LE IIIIe IANVIER MDCLXXXI A ESTE
FONDE EN LA DITE EGLISE POUR LE REPOS DE LAME DUDIT DEFUNCT PAR
MESSIRE PIERRE DE MONTHIERS CHEVALIER SEIGNEUR DE S^T MARTIN PRES
DENT AU BAILLIAGE DE PONTOISE A CAUSE DE DAME MARIE SEIGNEUR SO
EPOUSE ET PAR MARTIN SEIGNEUR ESCUYER CONSEILLER SECRETAIRE DU
ROY ENFANTS DUDIT DEFUNCT UN SERVICE COMPLET DE TROIS HAUTES
MESSES LA PREMIERE DU S^T ESPRIT LA SECONDE DE LA VIERGE LA TROISI
EME DE REQUIEM TOUS LES ANS LE IIII IANVIER QUI EST LE IOUR DE SON
DECEDS A LA FIN DE LA DERNIERE SERA CHANTE LIBERA ET DE PROFOND
SUR SA FOSSE DANS LA CHAPELLE S^T NICOLAS AVEC REPRESENTATION
DES MORTS ET QUATRE CIERGES ARDENTS DE CIRE BLANCHE PEN
DANT LES TROIS MESSES ET QUATRE SUR L'AUTEL SERA LE DIT
SERVICE PUBLIE AU PROSNE LE DIMANCHE PRECEDENT SERONT
SONNEES LES GROSSES CLOCHES LA VEILLE ET LE IOUR DU
DIT SERVICE LE RESTE FOURNIR PAR LADITE EGLISE
MESSIEURS LES CURES ET MARGUILLER^s MOIENNANT
LA SOMME DE TROIS CENS SOIXANTE LIVRES SUI
VANT LE SUSDIT CONTRACT

Pries Dieu pour son Ame

L'une des pierres tombales les plus intéressantes de l'église de Saint-Maclou est celle du prêtre Jean Deslyons. Elle est relevée le long de la muraille, près de l'escalier du clocher, et son encadrement se compose d'une arcature soutenue par deux pilastres corinthiens. Le défunt est représenté debout, les mains jointes, vêtu de l'aube, de l'amict, de l'étole et d'une chasuble ornée de broderies : sa main porte le manipule.

1695

Pierre — *Hauteur*, 2^m 23 ; *largeur*, 1^m 12

CY GIST MESSIRE IEAN DESLY(ONS) PR̄BRE DOCTEUR ES LOIS. .
. . . . . ORDONE. . . . CEST AUTEL POUR LES AMES DE SES DEFU
. . . . SES . . . . AUX . . .

.... CONDUIRE EN PARADIS OU ILS PUISSENT
.... DE LA FAMILLE DES DESLYONS
.... DEPUIS DEUX CENS ANS

On lit en bordure de la dalle :

DECEDE LE 7 FEVRIER MIL SIX CENS QUATRE VINT QUINZE
ET A FONDE DANS CETTE EGLISE UN
SALUT DU SAINT SACREMENT AU IOUR
ET FESTE DE SAINT IEAN LEVANGELISTE

Pour compléter la liste des inscriptions du xviie siècle, nous mentionnerons encore trois épitaphes incomplètes qui doivent être attribuées à cette époque. La première est gravée sur une dalle du bas-côté nord, où l'on distingue un personnage presqu'entièrement effacé.

XVIIe s.

Pierre — *Hauteur*, 0^m 80 ; *largeur*, 0^m 50

CY GIST HONEISTE PER
SONNE IAQVES.......
....
....

La seconde, incrustée dans le carrelage du bas-côté sud, accompagne une figure de femme à peine distincte.

XVIIe s.

Pierre — *Hauteur*, 0^m 81 ; *largeur*, 0^m 50

.... HONNESTE PER
SONNE LAQVELLE ..... MOVR
ANT A DONNE

Quant à la dernière, qui se trouve placée derrière le banc d'œuvre, elle est encadrée par un entablement assez riche et recouvrait les corps d'un bourgeois de Pontoise et de sa femme.

XVIIe s.

```
. . . . . . . . . . . . . . . . . LES CORPS
. . . . . . . . . . . . . . . . . PIERRE
. . . . . . . . . MARCHANT BOVRGE
OIS . . . . . . . . . . . . . . . . . . . . . . .
. . . . . . . . . . LADICTE . . . . . . . . . .
. . . . . SA FEM̄E . . . . . . . . . . . . . .
. . . . . . . . . . . . . . . . . . . . . . . . . . .
```

L'église de Saint-Maclou ne renferme actuellement que deux inscriptions du xviiie siècle, mais nous avons cru devoir en ajouter trois autres dont l'existence antérieure ne peut faire l'objet d'aucun doute. La première est celle d'un curé de l'église, nommé Mellon Soret, qui mourut en 1717. Le texte de son épitaphe nous a été conservé par le journal du prêtre Jean Saint-Denis : [1]

1717

HIC IACET
VENERABILIS VIR P. MELLO SORET
HVIVS ECCLESIÆ RECTOR ET PASTOR
QVI INGENIO COMIS MORIBVS SIMPLEX
PIETATE EXIMIVS
GREGEM SVVM ANNIS 7 SVPRA 50
PAVIT IN INNOCENTIA CORDIS SVI
ET IN INTELLECTV MANVVM SVARVM
DEDVXIT EVM
PLENVSQVE DIERVM AC LABORVM

---

[1] Cf. *Mémoires de la Société historique et archéologique de Pontoise et du Vexin*, t. IV, p. 56.

ANNO ÆTATIS SVÆ FERE OCTOGESIMO
SALVTIS HVMANÆ 1717
NOCTE SABBATI SECVNDÆ MENSIS OCTOBRIS
SOMNVM OBDORMIVIT IN DOMINO
REQVIESCAT IN PACE

La seconde inscription a été découverte en remaniant le dallage du bas-côté nord de l'église, mais on n'a pas pris soin de la conserver. C'était l'épitaphe d'un conseiller au Parlement de Paris, nommé François de Revol, mort à l'âge de 44 ans au château de Beaujour et inhumé à Saint-Maclou le 16 août 1720 : [1]

1720

. . . . . . FRANCOIS DE REVOL
. . . .
DECEDE EN CETTE VILLE LE 16 AOVT 1720

L'inscription suivante est gravée sur un carreau de la nef. Elle se rapporte à la pose du dallage de cette partie de l'église qui eut lieu en 1783 [2], comme nous l'avons dit plus haut :

1783

CES CARREAUX
ONT ETE PLACES SOUS
L ADMINISTRATION DE MESSIRE
IACQUES DE MONTHIERS

Il convient de reproduire également le texte d'une inscription aujourd'hui disparue qui était destinée à rappeler l'existence du clocher central

---

(1) Cf. *Mémoires de la Société historique et archéologique de Pontoise et du Vexin*, t. IV, p. xxiii et 58.

(2) Cf. pièce justificative n° XLII.

de l'église. Cette inscription, gravée sur une boule de cuivre qui surmontait le comble du transept, avait été posée en 1785, après la démolition de la tour :

1785

L'ancienne tour étant sur le chœur a été supprimée au mois d'avril 1785, d'après le consentement des habitans porté en l'acte du 23 janvier 1785, sous l'administration de Mre Jacques de Monthiers, chev^{er} sg^r du Fay, Mardalin et autres lieux pres^t l^t g^{al} et maire royal de cette ville, 1er marguillier et des S. Desvignes et Levasseur marguillier et receveur, Me Eustache Chouquet, licencié en droit canon, vicegérent de l'officialité de cette ville étant curé, et le présent monument a été élevé au lieu et place de la d. tour en ex^{on} des conditions portées aud. acte de consentement. [1]

Enfin, nous croyons devoir mentionner une inscription tout à fait moderne, qui se trouve sur le socle du monument élevé à la mémoire de l'abbé Driou, curé de Saint-Maclou, mort le 27 mars 1884. Ce monument, placé dans une chapelle latérale du bas-côté nord, se compose d'un cartouche en pierre qui encadre le buste en marbre blanc du défunt, sculpté par M. Noël. L'épitaphe est ainsi conçue :

IN MEMORIAM
REV. D. DESIDERATI AQUILÆ DRIOU PRESBYTERI
VERSALIENSIS ET CENOMANENSIS ECCLESIARUM CANONICI
HONORARII
R.R. D. ARCHIEPISCOPI AQUENSIS
VICARII GENERALIS
QUI PONTISARA ARCHIPRESBYTER
APUD SANCTUM MACLOVIUM
PER DUOS SUPRA TRIGINTA ANNOS
DECANI ET PAROCHI MUNIIS PERFUNCTUS
PATER PAUPERUM

---

[1] Archives de l'église, registre des délibérations de la fabrique (1775-1786), fol. 93.

OPTIMIS CORDIS ET MENTIS DOTIBUS CONSPICUUS
DIVINI EVANGELII CONCIONATOR INSIGNIS
APOSTOLICÆ SEDI MAXIME DEVOTUS
DIE XXVII MARTIS MDCCCLXXXIV
ANNOS 78 NATUS
PIISSIME OBIIT
HOC AMORIS ET DESIDERII MONUMENTUM
PAROCI MÆRENTES ET AMICI
P. P.

INSCRIPTIONS DES CLOCHES

On ne possède aucun renseignement sur les cloches de Saint-Maclou antérieures au xvɪᵉ siècle. La plus ancienne mention relative aux cloches de l'église remonte à l'année 1514. En effet, la fabrique fit refondre à cette époque une cloche nommée Barbe [1] et une cloche nommée Gabriel par les soins de deux fondeurs qui s'appelaient Guillaume Le Tourneur et Pierre Le Bailly, moyennant la somme de 105 livres [2]. Cette dernière cloche fut refondue à son tour en 1777, mais nous avons retrouvé dans les papiers de M. Pihan de la Forest le texte de son inscription :

Guillaume Le Tourneur et Pierre Le Bailly, pottiers
d'étain me firent l'an mccccc et yiiii
affin qui fut par tout nouvelle
que je n'ay pas perdu mon nom
combien que je soye nouvelle
toujours de Gabriel ay le nom.

[1] Bibliothèque de la ville de Pontoise, registre manuscrit nº 2855, fol. 49.
[2] *Ibid.* fol. 51.

Un marché passé devant Jean Alix, notaire à Pontoise, nous apprend que les mêmes entrepreneurs furent chargés de refondre, dans le cours de l'année 1515, une cloche nommée Marie. Ils devaient recevoir 44 livres pour le prix de leur travail [1]. Cette cloche se brisa en 1653 ; elle fut envoyée à la refonte et reçut la nouvelle inscription suivante : [2]

LAN MIL VCCLIII JE FVS FAITE PAR LES PAROISSIENS DE SAINT MACLOV DE PONTOISE ET SVIS NOMMEE MARIE

Nous avons mentionné, dans le chapitre consacré à l'histoire de l'église, les baptêmes de cloches qui eurent lieu à Saint-Maclou en 1728, en 1735 et en 1777 [3]. Les détails que nous avons donnés à ce sujet nous dispensent d'en faire un nouveau récit. La tour de l'église, qui renfermait sept ou huit cloches au moment de la Révolution, en contient actuellement trois. La plus petite est datée de 1543, mais nous avons lieu de croire qu'elle ne faisait pas partie de l'ancienne sonnerie. Elle fut achetée en 1808, à Paris, par la fabrique, moyennant la somme de 1220 fr. [4] et porte cette inscription en caractères gothiques :

lan m vᶜ ꝑliii fut benite et nommée eloy. ihs. ma.

Diamètre, 0ᵐ 80

M. Léon Thomas, dans son article sur les cloches de Saint-Maclou [5], est d'avis qu'il faudrait peut-être lire *Clère* au lieu d'*Eloy*, mais le texte de l'inscription est bien tel que nous l'avons reproduit.

La lanterne du clocher contient une cloche beaucoup plus importante qui remonte également au XVIᵉ siècle. Cette cloche est fixe, elle ne pourrait pas, du reste, être mise en branle à cause de l'étroitesse de la cage

---

(1) Bibliothèque de la ville de Pontoise, registre manuscrit n° 2855, fol. 51 v°.
(2) *Ibid.* fol. 49.
(3) Cf. p. 40, 41 et 52.
(4) Arch. de l'église, registre des délibérations de la fabrique (1805-1830), fol. 29.
(5) *Chroniques rétrospectives sur Pontoise*, p. 111.

du dôme. Elle était autrefois suspendue dans la tour de l'hôtel de ville, et c'est seulement vers 1775 qu'elle fut installée dans la lanterne du clocher de Saint-Maclou pour servir de timbre à l'horloge. Au-dessous de ses anses, elle porte une inscription ainsi conçue :

1554

l'an mil vᶜ liiii les habitants de pontoise ensemble reunis me ont faict fondre et icy mettre et par eulx fuis nomme henry

Diamètre, 1ᵐ 58

Suivant une opinion longtemps accréditée, un vers latin bien connu par son harmonie imitative aurait été gravé sur la cloche du dôme :

Unda, unda, unda, unda, unda, unda, unda, accurrite, cives.

Nous ne savons comment une assertion aussi erronée a pu prendre naissance, mais elle a été reproduite par presque tous les auteurs qui se sont occupés de l'église, notamment par Dulaure [1] et l'abbé Trou [2]. M. Pihan de la Forest avait cependant laissé dans ses notes une copie de la véritable inscription. M. Léon Thomas a démontré qu'il ne fallait pas ajouter foi à une semblable légende et nous avons également constaté que l'inscription si vantée n'avait jamais existé.

La troisième cloche porte la date de 1733, mais elle ne fut fondue qu'en 1735 par un maître fondeur de Paris nommé Claude Renault, moyennant la somme de 1600 livres, comme le prouve un marché passé le 19 juin de la même année [3]. Cette erreur s'explique par une de ces transpositions assez fréquentes dans les caractères moulés sur les cloches. Voici l'inscription qu'elle porte sur ses flancs :

---

[1] *Histoire des environs de Paris*, t. III, p. 124.
[2] *Recherches historiques, archéologiques et biographiques sur Pontoise*, p. 95.
[3] Cf. pièce justificative nº XXIII.

[*1735*]

LAN 1733 JE FVS NOMMEE LOVISE PAR TRES HAVTE TRES PVISSANT
ET TRES EXCELLENTE PRINCESSE LOVISE ADELAIDE DE BOVRBON
DE LA ROCHE SVR YON PRINCESSE DV SANG ROYAL DAME ET BARC
DE VEAVREALLE ET AVTRES LIEVX
ET PAR TRES HAVT TRES PVISSANT ET TRES EXCELLENT PRINCE
SON ALTESSE MONSEIGNEVR LOVIS FRANCOIS DE BOVRBON PRINCE
DE CONTY PRINCE DV SANG PAIR DE FRANCE CHEVALIER DES
ORDRES DV ROY LIEVTENANT GENERAL
DE SES ARMEES ET GOVVERNEVR POVR S. M. DES PROVINCES DV
HAVT ET BAS POITOV
JEAN BAPTISTE MARIE DOCTEVR DE SORBONNE CVRE DE Sr MACLO
VICE GERANT EN LOFFICIALITE DE PONTOISE PIERRE LEFEBVRE
PRETRE CVRE DE Sr MACLOV
Me JEAN LE TELLIER CONSEILLER DV ROY ET SON PROCVREVR
AV BAILLAGE ET AVTRES JVRISDICTIONS ROYALES DE CETTE
VILLE PREMIER MARGVILLIER Me HENRY CHAVLIN MARCHAND
DE SOYE MARGVILLIER EN CHARGE ET ECHEVIN DE LA VILLE
DE PONTOISE
JEAN BAPTISTE DE BOIS ADAM PROCVREVR DES SIEGES ROYAVX
ET ANCIEN ECHEVIN DE PONTOISE RECEVEVR DE LA FABRIQVE
DE Sr MACLOV [1]

Cette inscription constate l'existence simultanée des deux curés de Saint-Maclou. En effet, la cure de l'église eut deux titulaires jusqu'en 1743. Le parrain de la cloche, Louis-François de Bourbon, comte de la Marche, prince de Conti, né en 1717, mort en 1776, était seigneur de l'Isle-Adam, et sa femme, Louise d'Orléans, était l'une des filles du régent. La marraine se nommait Louise-Adélaïde de Bourbon-Conti, dame de la Roche-sur-Yon. Née en 1696, elle mourut en 1750, en laissant la terre de Vauréal à son neveu le prince de Conti.

[1] M. Léon Thomas n'avait pas donné une transcription suffisamment précise de cette inscription.

APPENDICE

LISTE DES CURÉS DE SAINT-MACLOU

Première portion [1]

EUDES. Dom Estiennot nous apprend que ce prêtre devint moine de Saint-Martin de Pontoise, après avoir été curé de Saint-Maclou, vers la fin du XIᵉ siècle. [2]

ROBERT, curé de l'église en 1165. [3]

LUCAS, cité dans une charte datée de 1213. [4]

BARTHÉLEMY, curé de Saint-Maclou en 1249, au commencement de l'épiscopat d'Eudes Rigaud, archevêque de Rouen. [5] Il vivait encore en 1256.

Seconde portion

PIERRE, curé de l'église en 1248, est mentionné dans le pouillé d'Eudes Rigaud. [6]

---

(1) On sait que l'église de Saint-Maclou eut deux curés en titre jusqu'en 1743.
(2) Cf. pièce justificative n° XX.
(3) Cf. pièce justificative n° XXI.
(4) Cf. pièce justificative n° I.
(5) *Journal des visites pastorales d'Eudes Rigaud*. Édition Bonnin, p. 42.
(6) *Recueil des historiens de la France*, t. XXIII, p. 327.

Première portion

Jean est agréé comme successeur du prêtre Barthélemy par l'archevêque Eudes Rigault, sur la présentation du trésorier de Saint-Mellon de Pontoise [1]. Sa nomination est certainement antérieure à l'année 1260, la charge de trésorier de Saint-Mellon ayant été supprimée à cette époque.

Simon de Gaies succède au prêtre Jean avant la mort d'Eudes Rigault, qui arriva le 2 juillet 1275, puisqu'il fut encore nommé par l'archevêque. [3]

Mathieu Paste, curé en 1356. [4]

Richard de Braye, mentionné comme curé de l'église en 1400 [5] avait été nommé, par le chapitre de Rouen, garde du sceau de l'archidiaconé de Pontoise en 1389.

Nicole Prevostel, curé de l'église en 1418, mourut en 1438. [7]

Guillaume Godefroy, nommé le 30 septembre 1438. [9]

Jean d'Aucy, curé de 1444 à 1450 [12], devint doyen de Saint-Mellon, grand aumônier de Charles VII et mourut évêque de Langres, en 1453.

Seconde portion

Eudes succède au prêtre Pierre. Présenté par le doyen de Saint-Mellon, il fut nommé curé par Eudes Rigault [2] avant 1275, date de la mort de ce prélat, et après 1260, date de la création du décanat de Saint-Mellon.

Jean Cholard, dont le nom se rencontre dès l'année 1402, était encore curé le 30 janvier 1404. [6]

Henri Thevenon, mentionné dès le 14 janvier 1433, mourut en 1439. [8]

Raoul Langlois, dit Frary, présenté le 22 juin 1439 par le chapitre de Saint-Mellon. [10]

Jean Vergant, présenté le 10 octobre 1439 au lieu et place de Raoul Langlois qui n'avait pas été agréé par l'archevêque de Rouen. [11]

Nicolas Lemaire, curé, dès l'année 1448, mourut le 15 août 1472. [13]

---

(1) *Recueil des historiens de la France*, t. XIII, p. 327.
(2) *Ibid.*
(3) *Ibid.*
(4) Cf. pièce justificative n° XXI.
(5) *Ibid.*
(6) *Ibid.*
(7) *Ibid.*
(8) *Ibid.*
(9) Archives de la Seine-Inférieure, G. 1839.
(10) Cf. pièce justificative n° V.
(11) Archives de la Seine-Inférieure, G. 1839.
(12) Cf. pièces justificatives n°s VI et XXI.
(13) Cf. pièce justificative n° XXI.

Première portion	*Seconde portion*
Henri Ademont, prêtre du diocèse de Beauvais, est présenté par le chapitre de Saint-Mellon pour succéder à Jean d'Aucy, le 30 novembre 1450. (1)	
Nicole de Sérifontaine, curé de l'église en 1456, était encore en charge en 1485 (2) et même en 1487 (3). Il fut administrateur de l'hôpital Saint-Lazare de 1467 à 1485.	Jacques Cossart, mentionné dès l'année 1486, vivait encore en 1530 et était mort le 30 avril 1531 (4). Il fut chanoine de Saint-Mellon, grand vicaire de Pontoise en 1511, garde des sceaux royaux de Pontoise de 1499 à 1502.
Simon N...., curé de Saint-Maclou en même temps que Jacques Cossart, en 1488. (5)	
Gervais Le Danès, curé de Saint-Maclou en 1494, mourut vers 1512. (6)	
Guillaume Cossart, curé en 1522, était encore en charge le 16 août 1539. (7)	
Pierre Moussart, cité dans un acte daté du 28 avril 1547, était encore curé de Saint-Maclou le 6 décembre 1555. (8)	Robert d'Allongue ou d'Allonne, dont le nom est mentionné dès l'année 1547, mourut en 1560. (9)
Guillaume Dubray dut entrer en charge vers 1560. Il est mentionné comme prédécesseur de Guillaume Leroux. (10)	Pierre de Sabbathery, prêtre du diocèse de Saint-Papoul, fut nommé curé de Saint-Maclou le 24 novembre 1560, à la place de Robert d'Allongue. (11)
Guillaume Leroux est nommé curé de Saint-Maclou le 3 mai 1563, à la place de Guillaume Dubray, qui est obligé de résigner sa charge. (12)	Jean Malaquin est cité comme prédécesseur immédiat de Charles Desnotz. (13)
	Charles Desnotz, prêtre du diocèse de Paris est nommé le 25 septembre 1566. Il

(1) Cf. pièce justificative n° VI.
(2) Cf. pièce justificative n° XXI.
(3) Archives de l'Hôtel-Dieu de Pontoise, B, 74.
(4) Cf. pièce justificative n° XXI.
(5) Archives de l'Hôtel-Dieu de Pontoise, B, 74.
(6) Cf. pièce justificative n° XXI.
(7) *Ibid.*
(8) *Ibid.*
(9) *Ibid.*
(10) Archives de la Seine-Inférieure, G, 1854, p. 26.
(11) *Ibid.*, p. 21.
(12) Archives de la Seine-Inférieure, G, 1854, p. 26.
(13) *Ibid.*

Première portion

JEAN CHARNY était en charge au moment de la nomination de son successeur, Pierre Picart, qui permute avec lui en 1571. (2)

PIERRE PICART, prêtre du diocèse de Paris, permute avec Jean Charny le 12 décembre 1571. (4)

JEAN ROBEQUIN, curé de l'église dès le 7 mai 1578, était encore en charge le 5 janvier 1589. (6)

GERVAIS CAFFIN, curé dès le 18 juin 1590, fut enterré dans l'église de Saint-Maclou le 23 octobre 1592. (10)

CHRISTOPHE LER, qui lui succéda, est mentionné dans deux actes datés du 28 février et du 27 juin 1594. (11)

JACQUES DE LA CROIX, qui occupait l'une des portions de la cure en 1595, était encore titulaire de sa charge le 12 janvier

Seconde portion

permute avec Jean Malaquin, mais il ne tarde pas à se démettre de son titre en faveur de Jean Giroux. (1)

JEAN GIROUX succède à Charles Desnotz, en 1566. Il était encore curé de l'église le 13 mai 1569. (3)

JEAN COLLAS, mentionné comme titulaire de l'une des cures de Saint-Maclou, en 1576. (5)

PIERRE LEMOINE, curé de Saint-Maclou, le 22 juin 1579, remplissait encore ses fonctions le 22 février 1580. (7)

PIERRE CHARTON, qui succède à Pierre Lemoine, le 17 août 1580, se démet de son titre quelques mois après. (8)

LOUIS DESCOUYS, présenté le 10 novembre 1580, mourut en 1590 et fut enterré dans l'église de Saint-Mellon le 28 juin de la même année. (9)

CHRISTOPHE SOUVOYE, nommé curé en 1590, était encore en charge le 19 juillet 1631. Il se démit de ses fonctions, dans un âge très avancé, en 1632 et mourut vers 1635. (12)

---

(1) Archives de la Seine-Inférieure, G, 1854, p. 26.
(2) *Ibid.*
(3) Cf. pièce justificative n° XXI.
(4) Archives de la Seine-Inférieure, G, 1854.
(5) Cf. pièce justificative n° XXI.
(6) *Ibid.*
(7) *Ibid.*
(8) Archives de la Seine-Inférieure, G, 1854.
(9) Cf. pièce justificative n° XXI.
(10) *Ibid.*
(11) *Ibid.*
(12) *Ibid.*

Première portion

1626 ⁽¹⁾. Il mourut au commencement de l'année suivante.

NICOLAS LANDRY fut nommé le 11 février 1627 ⁽²⁾. Il vivait encore le 28 décembre 1628 ⁽³⁾ et dut mourir vers 1630.

MELLON MAY, nommé curé de Saint-Maclou le 9 avril 1631, était encore en possession de son titre le 18 juillet 1643. Il se démit de ses fonctions vers 1645, en faveur de son neveu, Albert Du May. ⁽⁴⁾

ALBERT DU MAY, qui succède à Mellon May, son oncle, était en fonctions le 21 novembre 1645. Il mourut le 29 décembre 1669 et fut enterré le lendemain dans l'église de Saint-Maclou. ⁽⁷⁾

CHARLES BORNAT, présenté par le chapitre de Saint-Mellon le 2 janvier 1670, fut installé le 6 janvier de la même année et mourut le 7 janvier 1710. Il fut également inhumé à Saint-Maclou. ⁽⁹⁾

GUILLAUME GODIN, nommé le 25 janvier 1710, se démit de son titre en faveur de Hyacinthe Deschamps quelques mois après avoir pris possession de sa charge. ⁽¹⁰⁾

HYACINTHE DESCHAMPS succède à Guillaume Godin le 20 juin 1710 et résigne également ses fonctions deux ans plus tard, au commencement de l'année 1712. ⁽¹¹⁾

Seconde portion

MELLON SORET, nommé le 3 mars 1632 ⁽⁵⁾, mourut le 11 janvier 1665, mais il résigna sa charge en 1664 en faveur de son neveu qui portait le même nom. ⁽⁶⁾

MELLON SORET, neveu du précédent, né à Pontoise le 22 octobre 1637, succède à son oncle au mois de février 1664. Il mourut le 2 octobre 1717, à l'âge de 80 ans. ⁽⁸⁾

---

(1) Cf. pièce justificative n° XXI.
(2) Archives de la Seine-Inférieure, G, 1854.
(3) Cf. pièce justificative n° XXI.
(4) *Ibid.*
(5) Archives de la Seine-Inférieure, G, 1854.
(6) Cf. pièce justificative n° XXI.
(7) *Ibid.*
(8) *Ibid.*
(9) *Ibid.*
(10) *Ibid.*
(11) *Ibid.*

Première portion	*Seconde portion*
JEAN-BAPTISTE MARIE prend possession de sa charge le 21 janvier 1712 [1]. A la mort de Pierre Lefébure, il réunit les deux titres de la cure en un seul, en 1743 [2], se retire au mois de novembre 1744 et meurt à l'âge de 76 ans, le 2 décembre 1744.	CHARLES-FRANÇOIS COSSART, chanoine de Saint-Mellon, curé dès le 13 novembre 1717, meurt à l'âge de 39 ans, le 3 août 1718. PIERRE LEFÉBURE, nommé en 1718, meurt le 25 septembre 1743 et est enterré dans le chœur de l'église.

ANTOINE LE VALLOIS entre en fonctions le 8 novembre 1744, meurt le 15 juin 1779 et est enterré le lendemain dans la chapelle du cimetière dit de Clamart.

EUSTACHE CHOUQUET, curé de Notre-Dame de Pontoise, prend possession de la cure de Saint-Maclou le 24 juin 1779 et meurt le 12 mars 1828.

CHARLES-FRANÇOIS FRITEAUX, premier vicaire de l'église Saint-Louis de Versailles, nommé le 24 avril 1828, décédé le 21 août 1852.

AQUILAS-DIDIER DRIOU, né en 1806, curé-doyen de Poissy, entre en fonctions en 1852 et meurt le 27 mars 1884.

M. L'ABBÉ VIÉ, ancien curé-doyen de Montfort-l'Amaury, vicaire général du diocèse de Versailles, entre en fonctions le 25 mai 1884.

(1) Cf. pièce justificative n° XXI.

(2) Cette réunion avait été autorisée par l'archevêque de Rouen, le 15 mai 1736, et par des lettres patentes datées du mois d'août de la même année. Cf. pièce justificative n° XXV.

PIÈCES JUSTIFICATIVES

I

1213

*Vente faite par Guillaume de Méry et son frère Raoul, de la dîme d'Ennery
à l'Hôtel-Dieu de Pontoise, en présence de Lucas, curé de Saint-Maclou*

Notum sit universis presentibus et futuris quod nos Guillelmus de Meri miles et Radulfus frater ejus de Meri de assensu uxorum nostrarum [vendidimus] domui Dei [de] Pontisara totum id quod habebamus in decima magna Aneriaci perpetuo tenendum pro ducen[tis libris] paris[iensium]. Hanc autem venditionem concessit Robertus miles de Grandi Molendino et Guido [de Villaignes], frater ejus, de quorum feodo tenebamus jamdictam decimam. Huic etiam venditioni prebuit assensum Er[mentrudis de Villers], hujus feodi domina capitalis, de qua jamdicti Radulfus et Guillelmus tenebant illam predictam decimam. Hanc [venditionem] resignavimus et nos et uxores nostre fide data in manu domini Luce presbiteri Sancti Macuti tunc temporis officialis Pontisarensis archidiaconi. In cujus rei confirmatione presentem cartam sigilli nostri communivimus. Actum publice anno verbi incarnati millesimo ducentesimo tercio decimo. (1)

(Archives de l'Hôtel-Dieu de Pontoise. B. 36).

---

(1) M. J. Depoin a imprimé la pièce ci-jointe dans le *Cartulaire de l'Hôtel-Dieu de Pontoise*, p. 7, charte n° IX. Nous l'avons reproduite avec quelques variantes.

II

JANVIER 1347

Renonciation faite par les exécuteurs testamentaires de Jean Malet devant Jean de Favarches, garde du sceau de la chatellenie de Pontoise, à tout droit de cens perçu sur une maison léguée aux religieux de Saint-Martin en échange d'une exemption de cens consentie par les mêmes religieux en faveur de la maison donnée par Jean Malet aux chapelains de la chapelle de Notre-Dame de Pitié fondée dans l'église de Saint-Maclou.

A tous ceuls qui ces lettres verront et orront, Jehan de Favarches garde de par le roy nostre sire du scel de la chastellenie de Pontoise, salut. Comme feu Jehan Malet jadis bourgois de Pontoise eust, tenist et possedast au jour que il alla de vie a trépassement une maison si comme elle se comporte en lonc et en le assise à Pontoise en la rue de la Coustellerie tenant d'une part à la maison Jehan le Menguen et d'autre part à la maison Nicolas de Lille aboutissant par derrière à la court Philippe Langlois mesgeissier mouvant du fief et de la seigneurie foncière de religieux homes l'abbe et couvent de Saint Martin emprès Pontoise a deux deniers parisis de chier cens deus par an audis religieux et a leur église à la feste Saint Remy laquelle maison ledit deffunct eust donnée, delessiee et aumosnée au chappelain perpétuel de la chappelle que ycelui deffunct et feu Jehanne sa femme avoient fonde en l'église de Saint Maclou de Pontoise pour la demeure dudit chappellain et de ses successeurs qui la dicte chappelle tendront. Et les executeurs dudit deffunct, c'est assavoir Pierres Boisvin, Jehan de Labbeville l'ainsné et Guillaume Petiot euls doubtans que les dis religieux ou temps advenir ne feissent et contraïnsissent de meitre hors de la main dudit chappellain la dicte maison se soient trais par devans les dis religieux en euls requerant et suppliant que ycelle maison comme seigneurs fonciers d'icelle il vousissent franchir quictier et amortir dudit fief cens et de toutes autres redevances a euls deues afin que desremais en avant il ne peussent contraindre le dit chappellain ne ses successeurs a meitre hors de sa main la dicte maison ne en ycelle aucun droit demander ne reclamer mais ycelle puissent tenir perpetuellement comme en main morte franchement et quittement par si et en telle manière que vint sols parisis de perpétuel cens cotage que ledit deffunct avoit et prenoit par an aus quatre termes acoustumes à Pontoise en et sur une maison si comme tout se comporte en lonc et en le seant à Pontoise en la rue que on dit Beaubourc que tient à présent Pierres Le Bailli tenant d'une part à la maison des hoirs feu Monseigneur Guillaume de Xantueil chevalier et d'autre part à la maison Katherine de Chavencon mouvant des dis religieux lesquiex vint sols estoient venus en la main des dis exécuteurs par l'ordenance du testament ou derrenière volente dudit deffunct yceux executeurs quicteroient et delesseroient à tous jours mais perpetuellement aus dis religieux et à leur église. A la quelle requeste et supplicacion les dis religieux se estoient acordez si comme les dis executeurs disoient. Sachent tous que les dessus dis nommez exécuteurs pour ce presens recognurent et confessèrent pardevant nous ou nom de la dicte execucion euls avoir quictie et delessie et encores quictèrent et delesserent pardevant nous du tout en tout desorendroit à tous jours mes perpetuellement aus dis religieux et à leur église les vint sols de cens cotage dessus dis et le surplus se plus y avoient que les vint sols dessus dis avecques tout tel droit comme le dit feu Jehan Malet avoit en la dicte maison que tient à présent le dit Pierre Le Bailli sans aucune exception ou retenue et confessèrent avecques ce les dis executeurs pardevant nous euls estre dessaisi ou nom comme dessus dudit cens cotage et de tout tel droit comme il avoient ou povoient avoir en la dicte maison en la main des dis religieux ou de leur pouvoir comme seigneurs fonciers d'icelle par si toutevoies que la dicte maison de la Coustellerie est, sera demeuré et demourra à tousjours audit chappellain et à ses successeurs qui tendront la dicte chappelle franche et quicte envers les dis religieux des deux deniers de chier cens dessus dis et de tout ce que il peussent avoir et demander en ycelle par quelque manière et cause que ce soit et ainsi ledit chappellain et ses successeurs auppres usage de la dicte chappelle tendront la dicte maison comme admortie si comme les dis executeurs le vouldrent et accordèrent par devant nous, promettans les dis exécuteurs ou nom que dessus en bonne foy que contre les choses dessus dictes ou aucune d'icelles il ne yront ne aler feront ou soufferront aler ne procurer par euls ou par autres jamais à nul jour ou temps advenir par aucun droit quel que soit commun ou especial, aincois les auront, tendront et garderont et feront avoir tenir et garder fermes, estables et aggréables à tous jours en la manière dessus devisée et en porter et feront porter aus dis religieux et à leurs successeurs bonne et loyal garandie envers et contre tous de tous empeschemens et choses nuisables à tous jours en jugement et hors toutes et quantes fois que mestier en sera aus propres coux et despens de la dicte exécucion, obligans quant ad ce les dis executeurs ou dit nom tous les biens de la dicte execucion meubles et immeubles presens et advenir tout pour vendre et despendre a tel feur tele vente par toutes justices sous qui jurisdiction ils seroient trouvez jusques a plain et enterin accomplissement de la teneur de ces lettres, renonçant en ce fait les dis executeurs ou nom que dessus a toutes excepcions fraudes et decevances a tous dreis escrips et non escrips a action en fait et a tout ce generalement sans aucune excepcion qui contre la teneur de ces lettres pourroit estre dit et proposé especialement au droit disant général renonciacion non valoir. En tesmoing de ce nous avons mis à ces lettres le dit scel, l'an de grâce mil trois cens quarante sept le jeudi prochain après Noël.

(Archives de Seine-et-Oise. Abbaye de Saint-Martin de Pontoise, H, carton n° 5, pièce n° 242. Original.)

III

JUIN 1365. — PARIS

Lettres patentes de Charles V qui autorisent la Confrérie de Notre-Dame, fondée dans l'église de Saint-Maclou, à créer une rente de vingt livres tournois pour payer le chapelain chargé de desservir la chapelle de Notre-Dame de Pitié.

Charles par la grâce de Dieu roy de France, salut. Scavoir faisons à tous présents et à venir que comme nos bien amez les maire, pairs, jurez et habitans de la ville de

Pontoise eussent ordonné, estably et constitué une confrairie appellée la confrairie de Nostre-Dame en l'église de Saint-Maclou de Pontoise à l'autel de Nostre-Dame devant le crucifix à senestre, de laquelle confrairie le maire de ladicte ville comme chef a esté et est batonnier chacun an et pour la dévotion que lesdits maire, pairs et eschevins ont à ladicte confrairie et aussy pour eux acquitter de huit marcs d'or à quoy ils estoient tenus aux exécuteurs de feu Pierre Potin à cause de certain prest fait pour la closture et deffense de ladicte ville, ayant intention d'acquérir sur les biens de la commune de ladicte ville vingt livres de rente tournois pour mettre, ordonner et convertir à la dotation et fondation d'une chapelle à l'augmentation et accroissement du divin service, nous ramenans à mémoire les bons, loyaux et proficiables services que nous ont fait lesdits maire, pairs, jurez et habitans au temps passé en nos guerres ou autrement et espérons qu'ilz nous facent à temps à venir et aussy affin que nous et nos prédécesseurs soient participans et accueillis es messes et bienfaits qui en ladicte chapelle seront faits doresnavant à iceux maire, pairs, jurez et habitans avons octroyé et octroyons par ces présentes de grâce spécialle, certaine science et autorité royale que lesdictes vingt livres de rentes tournois ensemble ou par si partie ainsy que bon leur semblera, ils puissent acquérir, se acquisses ne sont, en quelque bien qu'ils leur plaira en la commune de ladicte ville, hors fief et justice, et que le chapelain qui mis et institué sera en ladicte chapelle et ses successeurs puissent tenir et posséder lesdictes vingt livres de rente sans qu'ils puissent estre contraints à délaisser ladicte rente ne la mettre hors de leurs mains et sans en payer aucune finance à nous ne à nos successeurs au temps présent ou à venir, laquelle finance pour considération des chosses dessusdictes nous avons donné, quitté et remis, donnons, quittons et remettons par ces présentes de nostre dicte grâce ausdits maire, pairs, jurez et habitans de laditte ville, ainsy toutefois que le chapelain qui pour le temps sera en ladicte chapelle sera tenu chanter chacun an trois messes, c'est à scavoir l'une de Requiem pour nostre très cher seigneur et ayeul le roy Philippe et l'autre semblablement de Requiem pour nostre très cher seigneur et père dont Dieu ait les âmes, et la tierce du Saint-Esprit tant comme nous vivrons pour nous et après nostre deceds de Requiem. Sy donnons en mandement par ces présentes à nos amez et féaux les gens de nos comptes à Paris qui à présent sont et qui pour le temps à venir seront, que lesdits maire, pairs, jurez et habitans ils laissent et facent jouir et user de nostre dicte présente grâce et que en ce ne mettent empeschement comment que ce soit. Et que soit ferme chose et stable à toujours mais, nous avons fait mettre nostre scel à ces présentes sauf nostre droit et aultre chose et l'aultruy en touttes. Donné à Paris au mois de juin, l'an de grâce mil trois cens soixante et cinq et de nostre règne le second. (1)

Signé sur le reply : par le roy, Gourneur ; et scellé du grand sceau de cire verte en laqs de soye rouge et verte. (2)

(Archives municipales de Pontoise. Fonds Pihan de la Forest. Carton D³ pièce n° 82 (3).)

---

(1) L'abbé Trou dans ses *Recherches sur Pontoise*, p. 84, a donné une transcription remplie de fautes et tout à fait fantaisiste de cette charte.

(2) Cette pièce est une copie collationnée du xviiie siècle, nous avons vainement cherché à découvrir l'original aux Archives Nationales.

(3) Le même dépôt renferme une autre copie de cette pièce dans le carton AA 1, pièce n° 7.

IV

1373

Extraits du testament d'Agnès de Ruel, femme de Jean de Ruel, bourgeois de Pontoise

Je Agnez femme de Jean de Ruel, bourgeois de Pontoise, demourant en la paroisse Monsieur sainct Maclou de Pontoise estant en bon propos et mémoire.... fais et ordonne mon testament pour derraine volenté en la forme et manière qui ensuit..... Je esli la sépulture de mon corps estre enterré en l'église Monsieur sainct Maclou de Pontoise devant l'image sainct Jean Baptiste ou fut enterré Guillot Messent pour laquelle sépulture je lesse à la fabrique Monsieur sainct Maclou trois francs d'or pour acheter rente ou pour faire le proufit du saint sans ce que les curez de la dicte eglise y puissent autre chose demander. Item je lesse aux dicts curez tant pour l'enterrement comme pour toutes aultres choses cinq sols de rente perpétuelle a prendre chascun an aux quatre termes accoustumez en la dicte ville de Pontoise en et sur ma maison ou je demeure séant au Martroy de Pontoise.... et afin que iceulx curez soient tenus de prier pour l'âme de moy au temps à venir.... Item je lesse et donne en pur don perpetuellement a tousjours après mon trespassement à la fabrique de l'église Monsieur sainct Maclou de Pontoise une pièce de vigne appelée Mateigne laquelle est de mon propre conquest pour laquelle pièce de vigne les marregliers de ladicte église seront tenus de mettre et tenir une lampe pleine d'huile devant l'image Madame saincte Anne en la dicte église, laquelle lampe ardra chascun jour aux heures accoustumées pour le salut de moy et de mes bienfaiteurs.... Item je lesse à la fabrique Monsieur sainct Maclou de Pontoise un franc d'or pour aider à acheter le vin que l'on donne le jour de Pasques a communier afin que les bonnes gens qui en prendront prient pour l'âme de moy.

(Collection de M. J. Depoin, à Pontoise. Copie du xviiie s.)

V

22 JUIN 1439

Présentation faite à Louis de Luxembourg, archevêque de Rouen, par le chapitre de Saint-Mellon de Pontoise, d'un prêtre nommé Raoul Langlois, pour l'une des portions de la cure de Saint-Maclou.

Reverendissimo in Christo patri ac domino domino Ludovico de Lucenburgo divina miseracione ac sancte sedis apostolice gratia Rothomagensis archiepiscopus aut ejus venerabilibus vicariis in spiritualibus capitulum ecclesie collegiate Sancti Melloni Pontisare, decano ipsius ecclesie absente salutem cum..... reverentia, obedientia et honore tanto patri debitis. Ad alteram porcionem ecclesie parrochialis Sancti Macuti dicte ville Pontisare ejusdem diocesis Rothomagensis..... ad presens et vacantem per obitum seu mortem deffuncti magistri Henrici Thevenon presbiteri ultimi rectoris et possessoris ejusdem. Cujus siquidem ecclesie seu portionis etiam beati Macuti ad nos ad causam dicte ecclesie volente decano ejusdem absente presentatio et ad vos collatio noscuntur pertinere Dilectum nostrum dominum Radulphum Langloi alias Frary presbiterum ad hoc sufficientem et ydoneum tenore presentium presentamus reverentissime paternitati ac dominationi vestre, humiliter supplicantes quatinus ad ipsam ecclesiam parrochialem beati Macuti sicut premittitur vacantem prefatum dominum Radulphum aut ejus procuratorem ad hoc legitime constitutum admittere et ipsam sibi conferre, de eadem providere et ipsum investire ac in possessionem actualem et realem inducere seu induci facere caritatis intuitu vos velitis una cum suis juribus et pertinenciis universis adhibitis solennitatibus in talibus assuetis. Datum sub sigillo capituli nostri quo utimur in talibus, anno domini millesimo quadringentesimo tricesimo nono, die xxii mensis junii.

(Archives de la Seine-Inférieure, G, 1839. Original.)

VI

30 NOVEMBRE 1450

Présentation faite à l'archevêque de Rouen, par le chapitre de Saint-Mellon de Pontoise, d'un prêtre nommé Henri Ademont, pour l'une des portions de la cure de Saint-Maclou.

Reverendissimo in Christo patri et domino domino Rothomagensi archiepiscopo seu ejus in spiritualibus vicariis ac illi vec illis cujus seu quorum interest vel intererit Johannes d'Aucy presbiter decanus ecclesie collegiate Sancti Melloni de Pontisara Rothomagensis diocesis obedienciam debitam ad eumdem reverencia pariter et honore ad alteram porcionem ecclesie parrochialis Sancti Macuti dicti loci de Pontisara liberam et vacantem ad presens per dimissionem et assecutionem alterius beneficii incompatibilis per nos factam aut alias quovis modo vaccet. Cujus quidem parrochialis ecclesie jus patronatus seu presentacio ad nos racione et ad causam dicti nostri decanatus ad vos autem collacio et provisio pertinere dignoscuntur. Dillectum nostrum Henricum Ademont presbiterum Belvacensis diocesis prefate ecclesie Sancti Melloni vicarii tanquam sufficientem et ydoneum ad hanc porcionem parrochialis ecclesie perdicte obtinendam. Vobis hanc seriem litterarum presentamus humiliter supplicantes quatinus eidem Henrico dictam porcionem ecclesie parrochialis predicte sic ut prefertur vacantem ad suis juribus et pertinenciis universis conferre et de ea sibi providere ac ipsum Henricum seu ejus legitimum procuratorem ad hoc ab eo constitutum in possessionem ejusdem ponere et induci ceteraque in talibus assueta adimpleri mandare vellet et dignemini adhibitis sollemnitatibus in talibus requisitis. Datum sub sigillo ecclesiastico curie ecclesiastice

Pontisare nobis ad supplicationem nostram concesso, anno domini millesimo quatercentesimo quinquagesimo, ultima die mensis novembris.
De mandato et precepto domini decani.

(Archives de la Seine-Inférieure, G, 1839. Original.)

VII

4 NOVEMBRE 1477. — PONTOISE

Marché et quittance par le maître de l'œuvre Notre-Dame de Pontoise aux marguillers Saint-Maclou le 4 9. 1477 pour les voûtes de la chappelle Saint-Georges, croisées et basses-voûtes à l'église du coté du Martroy et des degrés vers la rue de la pierre au poisson. Total trois cent vingt francs. [1]

(Archives municipales de Pontoise. Fonds Pihan de la Forest. Carton D^3, pièce n° 83.)

VIII

23 NOVEMBRE 1520. — PONTOISE

Marché devant Alix et Tricot notaires à Pontoise 23. 9. 1520 pour faire un contretable de pierre de Vernon à l'autel Saint Maclou et un ciboire de 18 à 20 pieds de haut pour y serrer le Corpus Domini et une montée de pierre de taille pour y monter et un carrefour près ledit ciboire pour s'y mettre et reslever ledit Corpus Domini etc.... moyennant 350 livres tournois. [2]

(Archives municipales de Pontoise. Fonds Pihan de la Forest. Carton D^3, pièce n° 83.)

IX

28 JUILLET 1541. — PONTOISE

Transaction passée devant Derin et Levasseur notaires à Pontoise le 28 juillet 1541 entre les marguillers et paroissiens de Saint Maclou et Jean Delamarre, maître masson pour les voûtes du chœur et clocher de l'église étant sur icelles qui tomboient faute

---

[1] Cette analyse est extraite d'un inventaire de diverses pièces conservées autrefois dans les archives de la fabrique de Saint-Maclou.

[2] Cette analyse est une simple mention d'un marché, aujourd'hui disparu, qui était conservé dans les archives de la fabrique de Saint-Maclou.

d'avoir été bien soutenues et autres malfacons à réparer aux croisées et doubleaux de la nef moyennant 5oo livres tournois. (1)

(Archives municipales de Pontoise. Fonds Pihan de la Forest. Carton D3, pièce n° 83.)

X

3 JUILLET 1543. — PONTOISE

Autorisation donnée par Jacques Crespin, maire de Pontoise, à la fabrique de Saint-Maclou pour supprimer les cimetières qui entouraient l'église

L'an mil cinq cent quarante trois, le mardy tiers jour de juillet, par devant nous Jacques Crespin, prévost, maire et voyer pour le Roy notre sire de la ville et commune de Pontoise sont comparus honorables hommes Maistres Alexandre Chasteau, licentié en chacun droit, Antoine Lanquier, marguilliers et Jean Dorvalle, receveur de l'œuvre et fabrique de l'église Saint Maclou dudit Pontoise lesquels nous ont dit et remontré que à ladite fabrique entre autres héritages competoit et appartenoit deux places vagues séantes audit Pontoise, l'une et la plus grande derrière les maisons et lieux appellez Les Hariquetes et l'autre devant le grand portail d'icelle église, qui de tout tems et ancieneté avoient esté disposez et appliquez aux sépultures et inhumations des trépassez ainsy qui sont encore de présant, desquelles places ladite fabrique auroit dès la fondation et institution d'icelle église qui fut trois cens ans et plus, joy et possessez et iceux appliquez audit usage paisiblement et sans contredit ainsy qu'elle fait. Toutefois puis disant à cause du grand nombre de peuple trafiquant et ammenant ordinairement audit Pontoise grand nombre de marchandises, que le marché et place dudit Pontoise pour sa petite étendue n'auroit pu et ne peut contenir, seroit advenu que lesdites places pour la plus part du tems contre le vouloir desdits marguilliers auroient esté comme encore sont appliquées a metre lesdites marchandises et faire autour œuvres mécaniques, contre la dédication desdits lieux et contempnement des corps des benoist trépassez y estant inhumez, au moyen de quoy et quelque diligence qu'ils avoient sceu faire, ils n'auroient pu ne sceu y donner ordre. Par l'advis et délibération de plusieurs notables personnes amateurs du bien publique desirants lesdits trespassez estre mis hors desdits lieux ainsy profanez et contemnez, auroient disposé et fait disposer hors et près les fossez de ladite ville une grande place et lieu et icelle fait clore de grandes et grosses murailles ainsy que l'on peut voir, pour icelle faire dédier et benistre affin d'y metre les corps estants de présent inhumez es dittes places et estre appliquez pour l'advenir aux inhumations des parrochiens de la paroisse dudit Saint-Maclou, et a ce faire auroient frayé et dependu grands deniers, par le moyen de quoy lesdites places demourront cy après inutiles et sans prouffit à la dite fabrique. A ces causes nous requeroient leur estre permis bailler les dittes places ou partye d'icelles pour faire maisons ou autrement qu'il seroit advisé pour le bien publique et décoration d'icelle église, que pour le prouffit et utilité de ladite

(1) Cette analyse se trouve dans un inventaire des archives de l'église rédigé au xviii° siècle.

fabrique et à ces fins leur bailler allignement et pour ce faire, nous transporter sur lesdites places, ce que leur aurions accordé et ce faisant nous serions transportez sur icelles places avec lesdits marguilliers et receveurs ou seroient comparus les advocat et procureur du Roy, noble homme maistre André Mares, nottaire du Roy, honnorables hommes Messires Jean Dauvergne, licentié ès loix, lieutenant pour le Roy notre Sire du bailliage de Senlis audit Pontoise, Nicolle Deslions esleu dudit Pontoise, Toussaint Hierosme, Jean Hebart, advocats audit lieu, Pierre Basqin, Michel Duval, Gérard Le Dru, Thibault Dubois, Phylippe Jollivet, Pierre Levasseur, praticiens audit Pontoise, Laurens Lesueur, Guillaume Collentier, Gabriel de Saint-Denis, Jean Aumont, Jacques Cuvernon, Jacob Cuvernon, Eustache Aumont, Jean Pintereau, Simon Emery, Robert Emery, Jean Bredouille, Guillaume Giffart, et Pierre Le Tourneur marchands demourants audit lieu et plusieurs autres nottables personnes et présences desquelles avons veu et visité lesdites places et icelles fait voir et visiter, mesurer et tezer par Maistre Jean Delamare voyer de l'église Saint-Denis en France et Garnot Gerbault, juré macon audit Pontoise pour nous rapporter en quelle manière lesdites places et lieux pouroient estre disposez tant pour faire maisons que pour l'accroissement des places dudit marché au prouffit du bien publique et decoration d'icelle église et le fait nous avoient dit et rapporté que ladite place estant derrière lesdites Hariquetes pouroit estre appliquée partye à faire maisons et autre partie en l'accroissement et augmentation dudit marché, et l'autre place devant ledit portail partye en parvis pour la closture du devant d'icelle église et l'autre partye en l'accroissement et augmentation de la rue devant l'hostel de ladite ville selon les marques, affiches et tranchées qu'ils auroient fait en icelle place en notre présence desdits advocat procureur du Roy et des susdits et le pourtrait qu'ils en avoient jetté sur une peau de parchemin à nous montré et exibé presants lesdits advocat et procureur du Roy. Après laquelle visitation et rapport fait par lesdits Delamare et Gerbault, lesdits marguilliers auroient profisté à l'enterrinement de leur dite requeste sur laquelle en aurions communiqué et conféré avec lesdits advocat et procureur du Roy qui auroient requis avant que proceder audit enterrinement lesdits marguilliers et receveur estre contraints informer de leur dite requeste et mesme s'yl etoit le prouffit de ladite fabrique et du bien publique et de appliquer icelle place selon que dessus ce que aurions ordonné faire auxdits marguilliers et receveur pour ce fait leur faire droit sur leur dite requeste comme de raison, lesquels pour à ce fournir nous auroient présentez et produits lesdits Dauvergne aagé de quarante neuf ans, Deslions aagé de cinquante ans, Giffart aagé de soixante douze, Le Tourneur aagé de soixante ans, Duval aagé de quarante huit, Le Dru aagé de quarante sept, Jean Aumont aagé de soixante quatre, Lesueur aagé de cinquante-huit ans, Pintereau aagé de quarante quatre ans et Colleutier aagé de quarante deux ans, lesquels après le serment par eux solempnellement fait auroient dit et déposé concordablement après avoir veu lesdites marques, tranchées et pourtrait fait desdites places, scavoir est, lesdits Dauvergne, Giffart, Aumont, Lesueur, Pintereau et Collentier que de tout le tems qu'ils ont demouré et fait résidance audit Pontoise qui est quant audit Dauvergne des vingt huit ans, audit Giffart des cinquante quatre ans, audit Aumont des quarante ans, audit Pintereau des trente ans et audit Colleutier de vingt quatre ans. Et lesdits Deslions, Le Tourneur, Duval et Le Dru qui sont natifs dudit Pontoise et que de tout leur tems et aagé ils ont veu joyr ladite fabrique d'icelles places dédiées et appliquées aux inhumations des corps des parrochiens d'icelle paroisse, ainsy qu'elle fait encore de presant comme appartenants à ladite fabrique sans empechement et que au moyen des contemnements et œuvres mécaniques qui se faisoient et font chacun jour en icelles contre l'honneur de Dieu et des benoist trépassez, l'on a fait disposer une place hors et près les fossez de ladite ville pour estre dédiée et appliquée a retirer et metre les corps des trépassez estans es dites places et des autres personnes de ladite parroisse qui decederont par cy après ou a esté employé et dépendu grands deniers et selon leur advis et consciences sera le prouffit et utilité de la chose publique, décoration de ladite eglise et d'icelle ville, de appliquer lesdites deux places à faire maisons et accroissements dudit marché et rue d'icelle ville selon et ainsy que le contiennent lesdites marques, tranchées et pourtrait. Veu lesquelles affirmations et sur ce oy lesdits advocat et procureur du Roy Laurens Lesueur, Jean Dusaulx gouverneurs et Pierre Basqin procureur des manans et habitans de ladite ville, nous en enterrinants auxdits marguilliers et receveur leur dite requeste, leurs avons permis et permettons de appliquer lesdites places scavoir est ladite grande place à faire maisons et accroissement dudit marché et rue et ladite petite place à faire ledit parvis et accroissement de ladite rue devant ledit hostel de ville, le tout selon lesdites marques, tranchées, devises et contenu dudit portrait et a ces fins bailler lesdites places à faire maisons au plus offrant et dernier enchérisseur pour le prouffit et augmentation de ladite fabrique, entretenement de ladite église et du service divin. Et de ce faire les avons authorisez et authorisons par ces presantes en prenant permission du prélat selon qu'il est de droit dont ils ont requis lettres (1) et leur avons octroyé ces présentes pour leur servir ce que de raison, lesquelles en témoings de ces choses avons signé de notre seing et scellé de notre scel et fait signer par Jean Lesellier notre greffier. Ce fut fait le jour et an dessusdits. Signé Crespin et Lesellier avec paraphes. (2)

(Archives de la fabrique de Saint-Maclou. Liasse 1, pièce n° 2.)

XI

30 SEPTEMBRE 1544. — ROUEN

Autorisation donnée par Georges d'Amboise, archevêque de Rouen, à la fabrique de Saint-Maclou pour supprimer les cimetières qui entouraient l'église

Georgius de Ambrosia miseratione divina Rothomagensis archiepiscopus universis præsentes litteras inspecturis salutem in domino. Visis per nos supplicatione seu requesta honestorum virorum magistri Alexandri Chasteau, Antonii Lanquier matricularium et Joannis Dorvalle receptoris et habitantium et parochianorum ecclesiæ Sancti Macuti Pontisaræ per quam petebant admitti et authorisari ad alienandum in commodum et utilitatem dictæ ecclesiæ ac publicam dicti oppidi et habitantium utilitatem quoddam cimiterium existens prope dictam ecclesiam Sancti Macuti non tamen contiguum, a multis retrofluxis temporibus pollutum prophanatum et quasi pro derelicto habitum, situm in mercato dicti oppidi Pontisaræ juxta domos sitas in dicto mercato vulgo dictas

---

(1) Voir la pièce justificative n° XXV.

(2) Cette pièce est, comme la suivante, une copie faite le 2 janvier 1693 et certifiée conforme à l'original par deux notaires.

et nuncupatas Les Hariquetes, dictum cimiterium continens sex perticas terræ vel eo circa jungens ex uno latere dictis domibus nuncupatis Les Hariquetes, ex alio itineri publico tendenti ex porta de Anneriaco vocata, ad auditorium justitiæ sæcularis dicti oppidi ex uno buto itineri publico tendenti ex prædicto mercato dicti oppidi in prædictum auditorium dictæ justitiæ sæcularis et ex alio buto et angulo versus prædictam portam de Anneriaco, et etiam ad alienandam in commodum et utilitatem quamdam portionem alterius cimiterii dictæ ecclesiæ contigui siti ante portam anteriorem dictæ ecclesiæ continentem duas perticas terræ vel eo circa, dictam portionem jungentem ex uno latere alteri portioni dicti cimiterii sitæ ante fores dictæ ecclesiæ ex alio dicto itineri publico existenti ante hujusmodi auditorium dictæ curiæ sæcularis, ex uno buto dicto itineri publico tendenti de dicto mercato dicti oppidi Pontisaræ in prædictum auditorium, et ex alio buto, vico vulgo dicto la Rue de la Coutellerie. Item ad alienandam et prophanandam certam parvam portionem alterius cimiterii dictæ ecclesiæ contigui jam in archis erectam et constructam continentem dimidiam perticam terræ vel eo circa sitam contra prædictam ecclesiam jungentem ex uno latere dictæ ecclesiæ, ex alio dicto itineri publico tendenti ex dicto mercato Pontisaræ in prædictum auditorium curiæ sæcularis, ex uno buto domibus sitis in dicto mercato vulgo dictis Les Hariquetes, et ex alio buto, dicto cimiterio Sancti Macuti benedicto. Attento quod prædicti matriculares, receptor et habitantes parochiani dictæ parochiæ Sancti Macuti in compensationem dictorum cimiteriorum alienandorum construxerunt et fecerunt aliud cimiterium benedici et consecrari, situm prope et juxta muros dicti oppidi Pontisaæ longe majoris quantitatis et magnitudine continens enim arpentum terræ vel eo circa jungens ex uno lateri itineri publico tendenti ad Eremum dicti loci Pontisaræ, ex alio vineis spectantibus Petro Cornu et Guillermo Giffart, ac fossatis dicti oppidi quodam itinere intro medio, et ex alio buto itineri publico tendenti ex prædicto oppido in villagium de Auversis. Visa etiam informatione super commodo vel incommodo dictæ ecclesiæ per vicarium nostrum Pontisaræ ad id per nos commissum et deputatum facta ac ejus relatione per quam constat dictam alienationem et compensationem in utilitatem et commodum ipsius ecclesiæ factas et versas. Attento etiam consensu discretorum virorum et magistrorum Petri Moussart in sacra pagina professi et Roberti D'Allongne præsbiterorum curatorum dictæ ecclesiæ Sancti Macuti, eisdem per nos de consensu dictorum matricularium, receptoris, et habitantium adjudicando pro eorum interesse et damno summam sex librorum Turonensium annui reditus per dictam fabricam eisdem curatis persolvendam, prout per præsentes adjudicamus et hujusmodi alienationem et prophanationem prædictorum cimiteriorum supra specificatorum admisimus et authorisavimus, pro ut easdem per præsentes admittimus et authorisamus injungendo eisdem matricularibus ut primitus et ante omnia extrahant a prædicto cimiterio fidelium defunctorum corpora et cadavera olim ibidem inhumata et sepulta, ac terram usque ad profunditatem sex pedum aut eo circa et hujusmodi terram et cadavera reverenter reponant in alio cimiterio benedicto et consecrato. Ita decernentes et ex causa, in cujus rei testimonium sigillum nostrum una cum signo nostri secretarii his præsentibus duximus apponendum. Anno domini millesimo quingentesimo quadragesimo quarto, die vero ultima mensis septembris.

  Per præfatum dominum   Et infra signatum
 reverendissimum archiepiscopum.   Furfoitel cum syngrapho.

Collationné ces présentes sur leurs originaux en parchemin l'un en francois et l'autre en latin rendus par les notaires du Roy notre sire en la ville de Pontoise soussignés. Le deux janvier mil six cens quatre vingt treize.

DAUVRAY.   LANGLOIS.

(Archives de la fabrique de Saint-Maclou. Liasse 1, pièce n° 2.)

XII

25 SEPTEMBRE 1552. — PONTOISE

Marché passé devant Le Dru nottaire à Pontoise, fait entre Maitre Jean Hébart licencié es loix, Christophe Souvoye marguilliers et Jean Du Saulx receveur de la fabrique de Saint Maclou de cette ville d'une part et Pierre Lemercier maitre maçon en pierre de taille demeurant aux faux bourg dudit Pontoise pour la construction du dosme sur la tour de l'église, lequel sera de cinq toises de haut en pierre de Saint Leu, moyennant la somme de 525 livres tournois qui luy sera payée au fur et à mesure qu'il besoignera ledit ouvrage. (1)

(Archives de la fabrique de Saint-Maclou. Liasse 1, pièce n° 3.)

XIII

11 JUILLET 1578

Devis, plan et marchés des réparations des voultes et couvertures depuis la chappelle Saint-Nicolas jusqu'à la chapelle Saint-Eloy moyennant 566 écus, deux tiers du 11 juillet 1578. (2)

(Archives municipales de Pontoise. Fonds Pihan de la Forest. Carton D3, pièce n° 83.)

XIV

21 SEPTEMBRE 1578. — PONTOISE

Fondation faite dans l'église de Saint-Maclou d'une messe de requiem à perpétuité par Martin Boulnois[3], *qui lègue à la fabrique soixante-dix livres tournois et vingt écus d'or pour payer et terminer les travaux en cours d'exécution.*

Par devant Simon Dupré, notaire du roy nostre sire et de Monsieur frère du roy en la ville et chastellenie de Pontoise furent présens en leurs personnes Messire Simon

---

(1) Cette analyse fut rédigée en 1771.
(2) Cette analyse sommaire est extraite d'un inventaire des archives de l'église rédigé au xviiie siècle.
(3) Martin Boulnois était, comme on le verra plus loin, un des vicaires de l'église Saint-Jacques-la-Boucherie, à Paris.

Collentier, prêtre stipulant pour Messire Martin Boulnois aussi prêtre demeurant à Paris d'une part, Christophe Mannessier, Maitre Mathieu Prieur, marguillier et Guillaume Dancognée receveur de l'église Saint-Maclou dudit Pontoise d'une part, disant lesdites parties que cy devant et dez les neuvième jour de may mil cinq cent soixante dix sept et quatrième aoust mil cinq cent soixante dix huict auront esté passez deux contracts des fondations, d'obits et saluts cy après déclarez et d'autant que par iceux n'est du tout intelligiblement déclaré le vouloir et l'intention du fondateur, meme les choses comme elles se doivent dire, célébrer et conduire selon l'intention dudit fondateur et aussy que lesdits deux contracts distincts et séparez ils entendent les réduire à un seul contract ; à ces causes ont fait lesdites parties ensemblement l'accord desdites fondations ainsy qu'il ensuit mesme lesdits marguiller et receveur par l'avis de vénérables et discretes personnes Messire Jean Robequier pretre, Pierre Le Moine aussi prêtre, curez de ladite église Saint-Maclou, Pierre Cornu, Denis Bence, Mathieu Hazard et dudit Simon Collentier, Jean Chefdeville, François Barbier, Jean Pannessay, d'Anne Gobert et Guillaume Sergent, aussy prêtres et chapelains d'icelle église et fabrique ausquel tous dient en avoir conféré et communiqué. C'est à scavoir que lesdits marguilliers et receveur de ladite église et fabrique Monseigneur Saint-Maclou dudit Pontoise ont promis, prometent et seront tenus et leurs successeurs marguilliers après le deceds dudit Messire Martin Boulnois faire dire, chanter et célébrer par chacun an à pareil jour que sera arrivé ledit deceds dudit Boulnois un obit auquel seront dits, chantez et célébrez vigiles à neuf leçons, laudes et recommandaces, une haute messe de requiem et en icelle messe trois oraisons « *Deus qui inter apostolicos sacerdotes* »' etc. « *Deus qui nos patrem et matrem* » etc. et « *Fidelium* » etc., même la prose « *Languentibus* » etc., à l'ofertoire « *Hostias et preces* », chanté par deux enfans de chœur summa cum devotione et à l'élévation du corps nostre Seigneur « *Pie Jesu Domine* » par trois fois et en fin de ladite messe sera dit sur la fosse dudit Messire Martin Boulnois et de ses père et mère un répons qui se commence « *Clementissime Deus* » ; le verset duquel qui se commence « *Domine miserere super istis peccatoribus* » sera repeté par trois fois par deux petits enfans de chœur à la première reprise, à la seconde et à la troisième de « *Salve regina* » avec les versets et oraisons propres et enfin « *De profundis* » avec les trois oraisons susdites le tout pour le salut et remède de l'âme dudit Messire Martin Boulnois et de ses amis trépassez lequel service cy-dessus lesdits marguilliers et receveur seront tenus faire sonner les grosses cloches tant la veille au soir sur les six heures que le jour pendant que le service se dira et en attendant le jour du deceds dudit Messire Martin Boulnois, lesdits marguilliers et receveurs feront dire et célébrer pareil office et obit par chacun an le prochain lundy d'après le jour des Roys dont les vigiles se diront le soir après vespres et les recommandaces et messe de requiem le lendemain tant devant le déceds dudit Messire Martin Boulnois qu'après iceluy premier jour commençant le premier lundy d'après les Roys prochain venant, si plutost le deceds dudit Messire Martin Boulnois n'advient, à la charge d'avertir par eux les proches parens dudit Boulnois affin d'assister audit service si bon leur semble, plus seront tenus lesdits marguilliers et receveur faire dire aussy par chacun an le jour de Noel entre vespres et complie après l'oraison de Magnificat par mesdits sieurs les curés, chapelains et clercs qui pour ce faire sortiront du chœur devant l'image du crucifix, le répons « *Sancta et immaculata virginitas* », après lequel répons sera pour lui orgué « *Inviolata* », respondu par lesdits curez, chapelains et clercs avec le verset et oraison et en fin d'icelle oraison « *De profundis* » avec les trois oraisons « *Deus qui inter apostolicos* », « *Deus qui nos patrem et matrem* » et « *Fidelium* », davantage lesdits marguilliers, receveur, curez et chapelains et leurs successeurs seront tenus faire dire par chacun an le jour de Pasques à sept heures du soir à ladite église Saint-Maclou vespres du Saint-Sacrement avec le répons « *Homo quidam fecit cœnam* », l'hymne « *Pange lingua gloriosi* », l'antienne « *O sacrum convivium* » et « *Magnificat* », faire jouer les orgues, deux chapelains revestus de leurs chappes en fin des vespres la procession dedans l'église chantant le répons « *Christus resurgens* » avec le verset et oraisons propres au jour de Pasques et le « *De profundis* » à basse voix avec les trois oraisons « *Deus qui inter apostolicos* », « *Deus qui nos patrem et matrem* » et « *Fidelium* » pendant lesquelles vespres sera mis sur l'hotel *(sic)* le corps de Nostre-Seigneur et pour ce faire sera consacrée une hostie pour mettre au ciboire comme l'on fait le jour de la Feste-Dieu et pendant lesdites vespres sera mis sur l'hotel deux cierges ardens et devant le maistre hostel deux torches ardentes et sur la fosse de deffunct Crespin Boulnois père dudit Maistre Martin Boulnois sera mis une representation avec le beau poesle à l'entour de laquelle sera mis quatre cierges et auparavant que de commencer icelles vespres iceux marguilliers et receveur seront tenus sur les six ou sept heures du soir faire sonner le grand carillon l'espace d'un quart d'heure pour inviter le peuple à assister ausdites vespres et moyennant ce que dessus ledit Maistre Martin Boulnois a constitué, assis et assigné et par ces présentes constitue et assigne des maintenant pour toujours à ladite fabrique Saint-Maclou dudit Pontoise ce acceptant par lesdits marguilliers et receveur par l'avis et conssentement desdits sieurs curez et chapelains dessus nommez la somme de deux écus deux tiers écus soleil de rente annuelle et perpétuelle rachaptable néanmoins à la somme de soixante six écus deux tiers d'écu soleil et non à moindre prix, à icelle somme de deux écus deux tiers d'écus soleils de rente avoir à prendre chacun an par lesdits marguilliers ou leurs successeurs, receveurs ou le porteur des présentes au jour de Noel, premier payment commencant au jour de Noel prochain venant auquel jour se commencera à dire le répons cy dessus qui est Sancta et immaculata selon que dessus est écrit et le premier lundy d'après les Roys ensuivant ledit obit et le jour de Pasques aussy ensuivant que l'on dira mil cinq cent soixante dix neuf, lesdites vespres à continuer de la en avant par chacun an à pareils jours que dessus est dit, attendant pour le regard dudit obit le jour du décéds dudit Maistre Martin Boulnois et après iceluy advenu le jour d'iceluy au lieu du premier lundy d'après les Roys, ladite somme de deux écus deux tiers d'écus soleil de rente perceptible sur une maison, court et jardin audit Maistre Martin Boulnois appartenant le lieu comme il se comporte, assise audit Pontoise en la rue de la Grande-Tannerye tenant d'un costé Michel Duffour, d'autre costé Nicolas Certain, d'un bout pardevant ladite rue de la Grande-Tannerye et d'autre bout par derrière aux remparts de ladite ville de Pontoise laquelle maison et lieux cy-dessus déclarez ledit Maistre Martin Boulnois a dez à présent hypotequez au payement et continuation de ladite rente de deux escus, deux tiers d'écus cy-dessus et aussy moyennant ladite acceptation cy-dessus faite par lesdits sieurs curé, chapelains, marguilliers et receveur de ladite église Saint-Maclou dès le neuvième may mil cinq cent soixante dix sept et quatrième aoust mil cinq cent soixante dix huit outre les sommes de dix livres tournois d'une part et de vingt écus d'or soleil d'autre [part], lors baillez par iceluy Boulnois es mains de Guillaume Dancognée, receveur de ladite église pour employer et subvenir au payement et parachevement de la maconnerie de ladite église Saint-Maclou dudit Pontoise. Iceluy Boulnois a encore présentement baillé et donné par les mains dudit Collentier à ladite église et fabrique la somme de cinq écus d'or, 2 sols qui a esté mise es mains dudit receveur pour estre employées lesdites deux sommes cy-dessus données aux nécessitez et affaires de ladite église et aussy affin que pour recouvrer deniers pour ausdites maconneryes ils ne fussent contraincts de prendre deniers à rente au détriment de ladite fabrique et pour entretenir et faire dire, chanter et célébrer les services et fondations cy-dessus aux jours, heures, selon et ainsy qu'il est cy devant déclaré ont lesdits marguilliers et receveur promis et promettent ladite somme de deux écus deux tiers d'écus soleil de rente à bailler et payer par chacun an toujours es fin desdits services savoir ausdits sieurs curez à chacun quatre sols tournois, aux chapelains à chacun deux sols tournois, aux clercs à chacun dix-huict deniers tournois, aux quatre enfans de chœur à chacun six deniers tournois et l'organiste deux sols tournois, au souffleur douze deniers, à celui qui baille les chappes et fait la représentation sur la fosse deux sols qui est pour les vespres qui se diront le jour de Pasques au soir comme dessus est dit et pour le salut du jour de Noel à vespres sera baillé à chacun des curez deux sols tournois, à chacun des chapelains douze deniers, à chacun clerc six deniers et pour ledit obit seront tenus payer iceux marguilliers et receveur ausdits sieurs curez, chapelains, clercs, enfans de chœur après ledit obit fait, dit et célébré par chacun an à savoir ausdits curez à chacun quatorze sols tournois et un pain et douze deniers qui seront tenus savoir dix sols tournois pour leur bailler dix sols tournois pour leur messe qu'ils diront et le surplus pour leur assistance, aux chapelains à chacun deux sols six deniers tournois et un pain de douze deniers tournois aux deux clercs à chacun deux sols tournois et un pain du prix que dessus au sacristain pour la peine de fournir les ornemens et mettre la représentation sur la fosse douze deniers tournois et un pain de pareille valeur et à chacun marguillier et receveur un pain de douze deniers tournois et à chacun enfant de chœur un pain de six deniers tournois pièce à la charge d'avertir par eux les parens dudit Boulnois quand le service se devra dire et aux curez et vicaire qui le dimanche précedent ledit service le signifiera au prosne supliant le peuple de dire « *Pater noster* » etc. pour l'âme dudit Boulnois et ses amis trépassez le tout pourveu que lesdits curez, chapelains et clercs assistent ausdits services, vespres, *Inviolata* etc. et non autrement seront aussy lesdits marguilliers et receveur tenus fournir à toujours les ornemens et luminaire accessoires ausdits services et vespres comme dessus est dit et au cas que ladite rente de deux écus deux tiers cy dessus délivrez fut racheptée par les héritiers ou ayant causes dudit Boulnois seront tenus lesdits marguilliers, receveur ou leurs successeurs faire le remploy de ladite rente soit au denier douze ou autrement et sur telles personnes et héritages solvables que les deniers pour l'acomplissement desdites vespres, *Inviolata* et obit y puissent estre pris et à iceluy remploy y faire appeler le plus proche parent ou héritier dudit Maistre Martin Boulnois et moyennant les choses cy dessus. Ce présent contract, les deux contracts cy devant passéz et cy dessus dattez demeureront nuls sortissant le présent contract pour tous car ainsy a esté fait dit et accordé entre les parties esdits noms si comme promettant biens esdits noms et l'un envers l'autre renonçant. Ce fut fait et passé audit Pontoise es présences de Maistre Guillaume Prieur, advocat et Guillaume Maistre, praticien, demeurans audit Pontoise témoins à ce appellez le XXIme jour de septembre, l'an mil cinq cent soixante dix huict lesdites parties et autres dénomez au présent contract ensemble lesdits témoins ont signé la minute des présentes suivant l'ordonnance et l'édit du roy signé Dupré avec paraphe.

Et le mercredy XXIIme jour d'octobre audit an mil cint cent soixante dix huict est comparu en personne vénérable et discrete personne Maistre Martin Boulnois, prêtre, vicaire de l'église Saint Jacques de la Boucherie de Paris denomé au contract cy devant transcrit lequel de son bon gré et bonne volonté a ratifié, aprouvé et par ces présentes ratifie et aprouve et a pour bien agréable le dit contract cy dessus duquel luy a esté fait lecture mot après autre qu'il a dit avoir bien entendu, veu, consseti et accordé que le dit contract sortisse son plein et entier effet comme si lors d'iceluy fait et passé présent en sa personne y eust esté et à l'entretenement de tout le contenu en iceluy s'est obligé et s'oblige par ces présentes aux charges y contenues si comme promettant etc., renoncant etc. Fait et passé audit Pontoise es présences desdits témoins Maistre Guillaume Prieur avocat et Guillaume Maistre praticien les an et jour susdits lesdits Boulnois et témoins ont signé la minute des présentes. Signé Dupré avec paraphe.

Collationné à l'original en parchemin par nous notaires et tabellions royaux en la ville et chatellenie de Pontoise soussignez, ce fait rendu cejourdhuy premier febvrier mil six cent soixante dix neuf.

Dagneaux   Fredin

(Archives de la fabrique de Saint-Maclou, liasse 1, pièce n° 4.)

XV

15 AOUT 1583. — PONTOISE

Minute et deux grosses du procès-verbal de bénédiction faite par Monseigneur Henry Mignon, évêque de Digne, sur la requête de Messire De la Saussaye, grand vicaire de Pontoise, pour Monseigneur le cardinal de Bourbon, archevêque de Rouen, des chappelles de la Vierge, de Saint Eustache, de Saint Crépin et Saint Crépinien et Sainte Marguerite [1] et 40 jours d'indulgence pour ceux qui les visiteront à pareil jour, le 15 août 1583 [2], en présence de Jaque De Monthiers, gouverneur pour le roy de Pontoise. [3]

(Archives municipales de Pontoise. Fonds Pihan de la Forest. Carton D3, pièce n° 83.)

XVI

20 AVRIL 1641. — PONTOISE

Convention faite entre la fabrique de Saint-Maclou et les maitres ciriers de Pontoise qui s'engagent à placer deux fois par an six cierges de cire blanche dans le chœur de l'église moyennant la cession du retable du maitre-autel et de bas-reliefs représentants diverses scènes de la vie du Christ et de saint Eustache.

A tous ceux qui ces présentes lettres verront, Pierre Duvivier, garde des sceaux

---

[1] Ces cinq chapelles s'ouvrent sur le bas-côté méridional.
[2] Le texte porte 1483, mais c'est une erreur évidente du copiste, car Henri Le Mignon fut évêque de Digne de 1568 à 1587, et le cardinal de Bourbon fut archevêque de Rouen du 9 octobre 1550 au 9 mai 1590.
[3] Cette analyse figure dans un inventaire des anciennes archives de la fabrique de Saint-Maclou. Le même acte a été résumé d'une manière assez confuse au folio 307 verso d'un compulsoire du grand vicariat de Pontoise conservé aux archives de la Seine-Inférieure sous la cote G. 1854. Nous n'avons pas pu retrouver l'original de la pièce.

royaux de la ville et chatellenie de Pontoise, salut. Scavoir faisons que par devant Jean Moreau et Pierre Crémien notaires royaux au dit lieu soussignés furent présens en leur personnes Charles de Char, Claude Seigneur et Antoine Ledru maistres chandeliers épiciers et ciriers de la ville et fauxbourgs de Pontoise, jurés dudit métier demeurants audit Pontoise, en la présence et par l'avis de Jean Soret, Claude Jeufosse, Simon Meurlieu, Nicolas Soret l'ainé, Antoinne Seigneur, Jean Trianon l'aisné, Nicolas Dubroi, Jean Cheviot, Antoinne Jeufosse, Jacob Mazières, Jean Lemoinne, Jean Soret, Martin Trianon, Antoinne Boudault, et Jean Trianon le jeune, tous anciens maistres dudit métier lesquels ont reconnu et confessé et par ces présentes confessent avoir promis et par ces mêmes présentes es dits noms et pour leurs successeurs à l'avenir et pour toujours à vénérables et discretes personnes Maistres Mellon Du Mai et Mellon Soret prestres curés de l'église et fabrique de Saint Maclou de Pontoise et à honorables hommes Maistre François Duval procureur audit Pontoise et honorable homme Gabriel Chevalier bourgeois dudit Pontoise marguilliers de l'œuvre et fabrique Monsieur Saint-Maclou a ce présens et acceptants de bailler, fournir, délivrer et entretenir par chachun an pour ladite église jusqu'à six cierges de cire blanche pesans chachun une livre dedans le cœur de ladite église qui seront posés contre les six piliers qui environnent le maitre autel dudit cœur sitot que les chandeliers y seront attachés et en attendant seront mis sur le grand autel dudit cœur pour servir es jour et fêtes annuelles et solemnelles de l'année, scavoir est les jours de Pâques, Pentecôte, Notre Dame de my-aoust, de tous les Saints, Noel, de Saint-Maclou en juillet et novembre, de la Dédicace et de la Fete-Dieu qui bruleront pendant le service divin es dits jours, lesquels cierges seront mis à neuf à la fête de Saint-Eustache vingt unième mai et renouvellés au jour de Saint-Maclou en novembre. Cette présente charge ainsi faitte et promise par les dits jurés moyennant la concession et livraison qui leur a été faitte de la contretable qui servait au grand autel du cœur de la dite église, de la représentation de la vie, mort, passion de Notre-Seigneur et de la vie de Saint-Eustache en bosse dorée fermant à deux guichets que les dits jurés ont mis et posé en la dite chapelle de Saint-Eustache en la dite église pour leur servir de contretable à l'autel d'icelle chapelle dont ils se sont tenus et tiennent pour bien contents, en tiennent quittes les dits sieurs marguilliers et tous autres promettant par les dits jurés fournir à tout ce que dessus et s'obligent et obligent tout le corps dudit métier, ayant ainsi le tout été dit et accordé entre les dittes parties, promettant les dits jurés faire délivrer aultant des présentes en bonne forme aux dits sieurs marguilliers, si comme tout ce que dessus les parties disoient estre vrai, promettant tenir et avoir tout ce que dessus pour bien agréable, ferme et stable à toujours sans jamais aller ni venir au contraire sur peinne de rendre et paier par l'une des parties à l'autre sans cout, frais, mise, dépens, dommages et intérêt qui faits et [causés] seroient par deffaut de l'entretenement et entier accomplissement de tout le contenu cy-dessus comme dit est sans l'obligation scavoir les dits jurés et maistres chandeliers, épiciers et ciriers susnommés tous et chachun leurs biens tant meubles qu'immeubles présents et à venir et les dits marguilliers acceptants le revenu temporel de la dite église et l'entretenement du contenu cy dessus qu'ils ont l'un envers l'autre soumis et soumettent à toutes justices, juridictions et contraintes et lieux et partout ou trouvés seront, renonçant de part et d'autre à toutes choses esdittes lettres contraires. En témoin de ce nous garde des sceaux royaux susnommé avons à la relation des dits notaires susnommés et soussignés scellé ces présentes qui furent faittes et passées le vingtième jour d'avril mil six cent quarante un après midi et ont toutes les parties susnommées et notaires signé au minut des présentes suivant et au désir et conformément à l'édit et ordonnance du roy notre sire. (1)

(Archives municipales de Pontoise. Fonds Pihan de la Forest. Carton D3, pièce n° 86.)

XVII

30 JUIN 1649

Marché par augmentation pour ajouter au contretable de Saint-Maclou en bois et les bras dorés aux deux côtés dernier juin 1649. (2)

(Archives municipales de Pontoise. Fonds Pihan de la Forest. Carton D3, pièce n° 83.)

XVIII

7 MARS 1653. — PONTOISE

Marché passé devant Crémien le 7 mars 1653 pour la boizerie de l'œuvre et de la chaire moyennant 800 livres tournois. (3)

(Archives municipales de Pontoise. Fonds Pihan de la Forest. Carton D3, pièce n° 83.)

XIX

13 JUILLET 1671. — PONTOISE

Devis et marché passés entre la fabrique de Saint-Maclou et le sieur de Joyeuse pour réparer les orgues de l'église, moyennant la somme de sept cent livres.

Mémoire de ce qu'il convient faire pour rétablir l'orgue de Saint-Maclou de Pontoise premièrement,

Il faut relever la monttre, la repolir et rebrunir autant que faire ce poura, la bien faire parler et accorder.

---

(1) Cette pièce est une copie faite au xviiie siècle.
(2) Cette courte analyse est extraite d'un inventaire de pièces conservées autrefois dans les archives de la fabrique de Saint-Maclou.
(3) Cette analyse est extraite d'un inventaire des anciennes archives de l'église.

Plus il faut relever le sommier pour empescher les emprunts qui y sont et reposter tout de neuf les tuyaux postés ou il en sera de besoin.

Plus il faut oter au dit sommier tous les ornements qui y sont et rendre les mouvements tirants et abrégés et toutte chose despendante dudit sommier en parfait estat comme neuf.

Plus il faudra relever tous les jeux de l'orgue sçavoir bourdon, prestant, flutte, nazard, doublette, tierce, petitte tierce, cornet, fourniture, cimballe, trompette, cleron et voix humaine, les bien netoyer, redresser ; les bien faire parler et acorder en sorte qu'il soient comme sy il estoient neuf.

Plus rendre les claviers autant doux et facille que faire ce poura et l'orgue le permettra.

Plus remettre le cornet d'esco en bon et parfait ettat et faire des tuyaux neuf a la plasse de ceux qui auront esté pris et gasté comme aussy à la grande orgue.

Plus desmonter le sommier du cornet d'esco et otter les emprunts et l'ornement qui y sont et rendre les mouvement tirans et abrégés de mesme que neuf et en parfait estat.

Plus desmonter les sommiers des pédalles et y faire de mesme que à ceux du grand corps et cornet d'esco et les rendre facilles à touscher avec la grande orgue affin de bien toucher le plain chant.

Plus desmonter la pedalle de trompette, bien netoyer lesdites pédalles et les bien redresser comme aussy la pédalle de huict pieds.

Plus remettre des anches et languettes ou besoin sera tant au ceux de trompette, de clairon, de voix humaine du grand corps comme à la pédalle de trompette.

Plus faire parler le rossignol.

Plus faire aller les tremblans fort et lent.

Plus desmonter les quatre soufflets et les regarnir de cuir neuf ou besoins sera comme aussy les garnir de veslin aux endroit ou il en sera nécessaire de telle manière qu'il soient aussy bon et de duré comme sy ils estoient neuf.

Plus rendre entièrement l'orgue et touttes ses despendances en bon et parfait estat subjete a visitte par gens experts a ce cognoissans tel qu'il plaira choisir messieurs les marguilliers de laditte esglise . . . .
. . . .

Ce marché fait moyennant la somme de sept cent livres tournois, pour tous lesdits ouvrages, laquelle somme lesdits sieurs marguiliers et receveurs prometent payer audit sieur de Joyeuse, scavoir cent cinquante livres lors que la montre de la grande orgue sera mise et posée, pareille somme de cent cinquante livres lors que tous les tuyaux tant de ladite grande orgue que de la petite qui est sur l'un des jubez de la dite église seront entièrement mis et posez et quatre cent livres lorsque lesdites deux orgues seront entièrement faites et parfaites et lesdits ouvrages visitez et reconus. Fait à Pontoise l'an mil six cent soixante et onze le trezièsme jour de juillet avant midy.

AUBERY. DE VILLERVAL. DE JOYEUSE.

(Minutes de Gabriel Fredin, notaire à Pontoise, liasse de 1671.)

XX

1672

Extrait de l'ouvrage manuscrit de Dom Estiennot, intitulé : Antiquitates Velocassium.

Ecclesia parrochialis Sancti Macluti seu
Sancti Maclovii in urbe Pontisarensi

Subscribit quidam Ingelbertus de Sancto Macuto donationi factæ domus molendini de Baarth monachis Sancti Martini Pontisarensis ab Huberto Buccello et Hugone vice comite de Calvomonte circa annum millesimum. Hunc fundatorem ecclesiæ Sancti Macuti fuisse asserenti inficiare non irem. Hoc unum mihi constat quod saltem anno M nonagesimo jam ædificata erat ecclesia parrochialis Sancti Machuti ut patet ex invadiatione villæ Commeniaci facta in foro Pontisara juxta Sanctum Macutum ubi pisces venduntur. Data sunt XVII solidi super memoratum wadium ante eleemosinam Pontisara quos dedit Odelina sorori Huberti Buccelli Odo presbyter Sancti Macuti qui postea factus est monachus.

Sepultus fuit in eadem ecclesia Guillelmus Langlois qui uti refert Rigordus in chronico anno MCXCIII sanctitate vita ac moribus pollens migravit ad dominum : ad cujus sepulchrum tempore mortis ipsius domino operante multa miracula cæci illuminati, claudi curati.

Omnes omnino hujusce ecclesiæ parrochialis authentica evolvi at nullas supra annum MCCCXL data reperi et perfauca quæ ad annum usque MCCC attingant. Ecclesiæ præfatæ bene multa legavit Jacobus Cossart sacerdos et parrochus ipsius ecclesiæ, canonicus Sanctus Mellonianus et custos sigilli castellaniæ Pontæsianæ anno MDIII. Obiit anno MDXXX ut patet ex vetusta inscriptione quæ olim videbatur affixa parieti in choro et modo asservatur in garophylaio. Joannes Le Mareschal armiger plurima testamento legat dato die XXVIII Julii anno MCDLX. Nicolaus Yon dat anno MDCXIX. Petrus Vaulguet dat anno MDLXXXIII Guillelmus Regnier et Nicola de Jeufosse ut patet ex vetusta inscriptione quæ extat in eadem ecclesia juxta sacellum Sancti Michaelis et codicillis datis anno LDXLII Guillelmus Paillon, ut patet ex litteris ipsius super hoc anno MCDXCIII datis. Nicolaus Paillart præsbyter ut constat ex authentica super hoc anno MDII data. Andreas Demarets et alii hujusce familiæ domini de Montjavoux ut patet ex ipsorum litteris maxime anno MDXLVIII datis. Nicolaus Jofframme anno MDXV. Margareta Goujon anno MDXXII. Joannes Deslyons et Maria de Jeufosse ipsius conjux anno MDXLVIII. Itemque alius Joannes Deslyons ipsiusque uxor Maria Moreau anno MDXVII. Dominus N. D'Auvergne ipsiusque uxor domicella Maria de Sailly annis MDXLVIII et MDLII. Magister dominus Antonius de Machy socius Sorboniæ et ecclesiæ parrochialis Sanctæ Genovefæ de ardentibus Parisiensis pastor aliique nonnulli.

(Bibliothèque Nationale, Latin 12741, p. 179.)

XXI

25 JUILLET 1716. — PONTOISE

Liste d'anciens curés de Saint-Maclou rédigée par l'abbé Cossart, chanoine de la collégiale de Saint-Mellon de Pontoise.

Dénombrement de plusieurs curés de la paroisse de Saint-Maclou de Pontoise, laquelle, suivant des titres que j'ay vu, subsistoit vers l'an 1165.

Robertus se trouve être curé vers l'an 1165.
Matthæus Paste se trouve être curé l'an 1356.
Ricardus de Brayo se trouve être curé l'an 1400.
Joannes Cholardi se trouve être curé l'an 1402, il l'étoit encor le 30 janvier 1403.
Nicole Prévostel se trouve être curé l'an 1418, il mourut le 17 octobre 1438.
Henri Thévenon se trouve être curé le 14 janvier 1432, il l'étoit encor le 21 janvier 1433.
Ils furent curés en même tems à cause qu'il y a deux portions.

Successeurs de l'une des 2 portions	*Successeurs de l'autre des 2 portions*
Jean Daucy se trouve être curé de 1444 à 1445 et l'an 1450.	Nicolas Lemaire se trouve être curé l'an 1448, il mourut le 15 aoust 1472.
Nicole de Sérifontaine se trouve être curé l'an 1456, il l'étoit encor de 1484 à 1485.	Gervais Le Danès se trouve être curé l'an 1494, il mourut de 1511 à 1512, peut-être encor curé.
Jacques Cossart se trouve être curé l'an 1486, il vivoit au 24 septembre 1530, il étoit mort au 30 avril 1531.	Guillaume Cossart se trouve être curé l'an 1522, il l'étoit encor le 16 aoust 1539.

Pierre Moussart se trouve être curé le 28 avril 1547, il l'étoit encore le 6 décembre 1555.
Robert d'Allongue, ou d'Allonne ou d'Aillonne se trouve être curé le 28 avril 1547, il l'étoit encor l'an 1558 et non l'an 1560.
(Ils furent curés en même tems pour la raison cy-dessus).
Pierre de Sabaterii fut nomé à ladite cure le 15 novembre 1560, elle vaquoit par mort dudit d'Aliongue.
Jean Girout se trouve être curé le 13 may 1569.

Successeurs de l'une desdites 2 portions	*Successeurs de l'autre desdites 2 portions*
Jean Collas se trouve être curé l'an 1576.	Pierre Lemoine se trouve être curé le 22 juin 1579, il l'étoit encor le 22 février 1580.
Jean Robequin se trouve être curé le 7 may 1578, il l'étoit encore le 5 janvier 1589.	Louis Descouye fut nomé le 24 juillet 1580 à ladite cure vacante par la mort

Gervais Caffin se trouve être curé le 18 juin 1590, il fut enterré à Saint-Maclou le 23 octobre 1592, étant mort curé.

Christofle Ler se trouve être curé les 28 février et 27 juin 1594.

Jâques de La Croix se trouve être curé en l'an 1595 au mois de novembre, il l'étoit encor le 12 janvier 1626.

Nicolas Landrin ou Landry se trouve être curé le 10 juillet 1627 et le 28 décembre 1628.

Mellon May se trouve être curé le 30 avril 1631, il l'étoit encor le 18 juillet 1643, il mourut le 4 février, je ne sais en quelle année.

Albert Du May, son neveu, se trouve être curé le 21 novembre 1645 par résignation dudit Mellon May son oncle, il mourut étant encor curé le 29 décembre 1669, il fut enterré dans Saint-Maclou le 30 décembre 1669.

Charles Bornat fut présenté à ladite cure le 2 janvier 1670 dont il prit possession le 6 janvier 1670, il mourut le 7 janvier 1710 étant encor curé, j'assistay à son inhumation qui se fit le 8 janvier 1710 sur le midy.

Guillaume Godin fut nomé à ladite cure le 25 janvier 1710 au lieu dudit sieur Bornat, il n'en prit pas possession, mais il résigna son droit à celuy qui suit.

Prix Hyacinthe Deschamps à qui ledit Godin avoit résigné ladite cure en prit possession le 20 juin 1710 au matin.

Jean Baptiste Marie à qui ledit Deschamps la résigna en prit possession le 21 janvier 1712 après midi, il en est encore titulaire ce jourd'huy 25 juillet 1716, tems auquel je transcris au présent registre le dénombrement des curés dudit Saint-Maclou.

dudit Pierre Lemoine, il fut enterré à Saint-Mellon le 28 juin 1590 étant mort revestu de ladite cure.

Cristofle Souvoye se trouve être curé l'an 1590, il l'étoit encor le 19 juillet 1631, il étoit mort au 14 mars 1639, mais il n'étoit plus curé le 24 may 1634, quoiqu'il vécut encore.

Mellon Soret se trouve être curé le 10 avril 1633, il résigna sa cure encor vivant et en pleine santé à celuy qui suit, il mourut le 11 janvier 1665.

Mellon Soret neveu du susdit Mellon Soret dont il eût ladite cure par résignation, naquit à Pontoise le 22 octobre 1637, il se trouve être curé le 18 aoust 1664, il est encore titulaire de ladite cure ce jourd'huy 25 juillet 1716, tems auquel je transcris au présent registre le dénombrement des curés dudit Saint-Maclou. Il m'a dit depuis qu'il en avoit pris possession au mois de février 1664.

Je soussigné prêtre, bachelier en théologie de la faculté de Paris et chanoine de Saint-Mellon de Pontoise et sécrétaire du chapitre dudit Saint-Mellon, atteste et certifie que le dénombrement par moy cy dessus transcrit de plusieurs curés tant de Saint-André que de Saint-Pierre et de Saint-Maclou de Pontoise [1] a été tiré par moy de plusieurs registres, chartres, titres et mémoires originaux que j'ay vu et lu et que j'ay usé dans ce dénombrement de toute l'exactitude et fidélité possible. Fait à Pontoise ce vingt cinq juillet mil sept cens seize.

COSSART.

(Registre capitulaire de l'église royale et collégiale de Saint-Mellon de Pontoise, 1698-1717, fol. 100 [2].)

XXII

22 DÉCEMBRE 1728. — PONTOISE

Procès-verbal du baptême de trois cloches

Ce jourd'huy 22 décembre 1728, deux heures et demy de relevée la cérémonie de la bénédiction des cloches a esté faite par Messire Frédéric Jerosme de Roye de La Rochefoucault prestre docteur de Sorbonne, abbé commendataire de Notre-Dame de Beauport, vicaire général et official de Pontoise et du Vexin français, lesdites cloches tenues scavoir :

La quatrième des grosses par haut et puissant prince Monseigneur Emanuel Théodose de La Tour d'Auvergne, prince souverain de Bouillon cy devant grand chambellan de France, seigneur par engagement des ville et chastelnie de Pontoise représenté par Messire Jacques de Monthiers chevalier seigneur du Faye et autres lieux, conseiller du roy et son procureur au baillage et autres juridictions royales dudit Pontoise suivant la lettre de son altesse du neuf novembre dernier et par haute et puissante dame Dame Marie Charlotte Sobieski née princesse royale de Pologne, princesse de Bouillon représentée par damoiselle Louise Favée suivant sa lettre du 15 décembre dernier et ladite cloche nommée Marie Charlotte.

Et la seconde des petites tenues par mon dit sieur l'abbé de Roye de La Rochefoucault et par haute et puissante dame Dame Marguerite Elisabeth Huguet, veuve de haut et puissant seigneur Messire François de La Rochefoucaut, comte de Roye et brigadier des armée du roy et nommée Margueritte Elisabeth par Dame Madelaine Claude Perrette Besnard épouse de Messire Mellon Bonnaventure Seigneur escuyer conseiller du roy président en la prévosté en garde et élection de Pontoise représentant ladite Dame, comtesse de Roye.

Et la quatrième des petites tenue par Messire Martin Bonnaventure Seigneur escuyer conseiller du roy prévost vicomtat en garde des ville et chastelnie de Pontoise et par

---

[1] On trouve également dans le registre d'où cette pièce est extraite une liste des doyens de Saint-Mellon et des curés de Notre-Dame de Pontoise.

[2] Ce registre appartient à M. J. Depoin, à Pontoise.

dame Jeane Angélique Deslions, épouse dudit sieur De Monthiers, lesquels ont tous signé avec les sieurs curés les jour et an que dessus.

L'abbé de Roye, vicaire général.   J. B. Marie Lefébure.
Louise Favée.   Deslyons de Monthiers.   De Monthiers.

(Archives de Seine-et-Oise, registre des délibérations de la fabrique de Saint-Maclou, 1708-1750, cote G 9 a, fol. 132, v°.)

XXIII

19 juin 1735. — PONTOISE

Marché conclu par la fabrique de Saint-Maclou avec Claude Renauld, fondeur à Paris, pour la fonte de la grosse cloche.

L'an mil sept cent trente-cinq, le dimanche dix-neuf juin en l'assemblée convoquée à la manière accoutumée au bureau de la fabrique de Saint Maclou de Pontoise à la diligence de Messieurs les marguilliers en charge à l'issue de la messe paroissiale, sur ce qu'ils ont représenté que le sieur Claude Renauld, privilégié du roy, maitre fondeur à Paris y demeurant rue Saint-Victor, paroisse de Saint Estienne du Mont se présente pour fondre la grosse cloche de cette paroisse qu'il a veue et visitée sur quoy l'assemblée ayant mandé ledit sieur Renauld et aprets l'avoir entendu est convenue avec luy de ce qui suit, c'est à scavoir que le dit sieur Renauld s'oblige par ces présentes envers lesdits sieurs curés et marguilliers tant antiens qu'en charge de fondre la grosse cloche nomée Maclou qui se trouve cassée, de la rendre bonne, du même son qu'elle avoit cy devant et accordante avec la seconde et du même poids ou environ qu'elle est à présent, à l'effet de quoy il la prendra et la rendra au poids et ce qui s'en défaudra ou y aura de plus. Les parties s'en feront respectivement raison sur le pied de vingt cinq sol la livre et pour constater ce qu'elle pèse à présent, elle sera pesée aussytot qu'elle sera descendue du clocher en présence dudit sieur Regnault et des sieurs marguilliers en charge et sera fait mention du poids au bas du présent acte s'obligeant en outre ledit sieur Renauld de faire descendre et remettre en place dans son mouton et ferrure laditte cloche comme elle est et doit estre et de fournir à cet effet les ouvriers, cordages et autres choses nécessaire, le tout à ses frais et dépens et après qu'elle sera fondue de la mettre en estat d'être sonnée pour juger de son accord avec les autres en présence de telles personnes et experts musiciens et gens à ce conoissants dont sera convenu entre nous alors avant de la monter au clocher et aprets cette épreuve sera pesée en présence que dessus pour se faire raison du plus ou moins du poids comme dessus duquel ouvrage ledit sieur Regnault s'oblige d'estre garand pendant l'an et jour de la livraison au cas seulement qu'il arrive faute par le default de l'ouvrage à laditte cloche pendant laditte année, le tout moyennant la somme de seize cent livres que nous curés, marguilliers antiens et en charge promettons faire payer audit sieur Regnault des deniers provenants de la recette du temporel de laditte fabrique scavoir six cent livres incontinent apres que laditte cloche aura esté recue et qu'elle sera placée et le surplus en trois payements égaux d'année en année s'oblige en outre par le même présent marché ledit sieur Regnault de refondre la troisième des petites qui se trouve un peu trop faible et de la rendre aussy accordante avec les autres et la remettre en place comme elle y est actuellement sans que pour ce il luy soit payé autre somme que celle cy-dessus, le tout aux même charges, clause et conditions sans estre lesdits sieurs marguilliers tenus de faire aucunnes fournitures audit sieur Regnauld qui s'oblige en outre de faire inscrire les noms et qualités des parains et maraines, les noms des cloches, ceux des marguilliers et receveur en charge, la datte de l'année et les noms et qualités de celuy de Messieurs les curés qui bénira les dittes cloches en sorte que le tout soit fait, livré, pezé et jugé d'accord et remonté vers le quinze septembre prochain. Fait double entre nous au bureau de laditte fabrique les jours et an que dessus, celuy cy pour demeurer auxdits sieurs marguilliers et le double donné audit sieur Renauld qui a signé avec nous.

J. B. Marie. Lefébure. De Monthiers. De Mazière. Le Tellier. C. Renauld. Seigneur. Lefébure. Dardet. Mounier. Legros. Boudault. Villot. Chaulin. De Bois-Adam.

(Archives de Seine-et-Oise, registre des délibérations de la fabrique de Saint-Maclou, 1708-1750, coté G 9 a, fol. 174, v°.)

XXIV

2 OCTOBRE 1735. — PONTOISE

Procès-verbal du baptême de la grosse cloche

Aujourd'huy dimanche deuxième jour d'octobre mil sept cent trente cinq, trois heures de relevée, la cérémonie de la bénédiction de la grosse cloche de la paroisse de Saint Macloud de Pontoise cy devant nommée Macloud a esté faitte par Messire Jean Baptiste Marie, prêtre, docteur de Sorbonne, vicegérent du grand vicariat et officialité de Pontoise et l'un des deux curez de laditte parroisse et laditte cloche a esté tenue par tres haut, très puissant et très excellent prince, son altesse serenissime Monseigneur Louis Francois de Bourbon, prince de Conty, prince du sang, pair de France, chevalier des ordres du roy, lieutenant général de ses armées, gouverneur pour Sa Majesté des provinces du haut et bas Poitou, représenté par Messire Corneil de Ricard, seigneur de La Chevalleraye, capitaine des gardes de sa ditte altesse serenissime.

Et par très haute, très puissante et très excellente princesse son Altesse sérénissime Mademoiselle Louise-Adélaide de Bourbon Conty de La Roche sur Yon, princesse du sang, barone de Wauréal, dame de Lieux, Gency, Melandon, Lapierre-Dufour, Les Louchettes, Jouy la Fontaine et autres terres et seigneuries et laditte cloche nommée

Louise Adélaide. Son altesse serenissime Mademoiselle de La Roche sur Yon et mondit sieur de La Chevalleraye audit nom ont signé avec le dit sieur curé lesdits jour et an.

Corneil de Lachevalleraye. Louise Adélaide de Bourbon. J. B. Marie. De Monthiers. De Mazière. Seigneur. Lefébure. Le Tellier. Legros. Lefébure. De Bois-Adam. Pihan de la Forest.

(Archives de Seine-et-Oise, registre des délibérations de la fabrique de Saint-Maclou, 1708-1750, coté G 9 a, fol. 178, v°.)

XXV

2 MARS 1738. — PONTOISE

Consentement donné par les marguilliers de Saint-Maclou et les principaux habitants de la ville à la réunion des deux cures de l'église en une seule

Ce jourd'huy dimanche deuxième jour du mois de mars mil sept cent trente-huit, en l'assemblée générale convoquée au bureau de l'œuvre et fabrique de Saint Maclou de Pontoise, à l'issue de la messe paroissiale, à la diligence de Messieurs les marguilliers en charge en la manière accoutumée.

Lesdits sieurs marguilliers en charge ont dit qu'ils ont à rendre compte à la compagnie de touttes les démarches qu'ils ont faites pour parvenir à la réunion des deux portions de cure de cette paroisse en une depuis l'acte d'assemblée du dix-huit septembre 1735 qui les a autorisés à poursuivre cette importante affaire : qu'à cette fin, ils ont eu l'honneur de présenter requête à Monseigneur l'archevêque de Rouen, lequel après toutes les formalités requises a interposé le 15 may 1736 son décret d'union qui suprime et éteint l'une des deux portions de cure de cette paroisse, pour ladite extinction et supression avoir son effet au jour du décès du premier mourant des Messieurs Marie et Lefébure qui remplissent aujourd'hui si dignement lesdites deux portions de cure.

Qu'ainsi en exécution de cet arrêt ils prient la compagnie de déclarer ses sentiments sur la réunion des dites portions de cure et de signer l'acte qui sera rédigé après qu'elle aura délibéré.

Lecture faite du décret d'union de Monseigneur l'archevêque de Rouen en datte du 15 may 1736, des lettres patentes de Sa Majesté données à Compiègne au mois d'aoust suivant, ensemble de l'arrêt de la cour du Parlement de Paris du 21 janvier de cette année, l'assemblée après avoir murement délibéré, a été d'un commun avis que rien n'est plus utile pour le bien général et particulier de la paroisse que la réunion des deux portions de la cure de Saint-Maclou en une : que par la il sera plus facile d'entretenir la subordination dans le clergé, la paix et le respect parmi le peuple, et de fournir aux pauvres de la paroisse des secours plus abondants, qu'ainsi elle consent unanimement et même qu'elle souhaite ardement que le décret d'union des deux portions de cure de Saint-Maclou et les lettres patentes confirmatives d'icelui soient enregistrés pour avoir leur pleine et entière éxécution dans le cas marqué dans ledit decret et qu'elle prie Messieurs les marguilliers en charge de se donner sans délai tous les mouvements convenables pour amener cette affaire à sa perfection

J. B. MARIE. LEFÉBURE. TESTU DE MENOUVILLE. PIHAN DE LA FOREST. DE MONTHIERS. SEIGNEUR. LE TELLIER. LEFÉBURE. ASSELINE. CHARDIN. JOLLY. TRAVERS DE BAUVIN. VILLOT. BOUDAULT. DE BOIS-ADAM. DE L'ESPINAY. CAUVRY. DALLEMAGNE.

(Archives de Seine-et-Oise, registre des délibérations de la fabrique de Saint-Maclou, 1708-1750, coté G 9 a, fol. 191.)

XXVI

17 MAI 1739. — VERSAILLES

Collation faite par Louis XV à Albert de Cauvry de la chapelle de Notre-Dame de Pitié située dans l'église de Saint-Maclou

Louis par la grâce de Dieu roy de France et de Navarre au premier juge des lieux, notaire royal, apostolique ou autre qu'il appartiendra sur le requis : salut. Sur le bon et louable rapport qui nous a été fait des bonnes vies, moeurs, piété suffisante et capacité du sieur Robert Albert de Cauvry, prêtre du diocèse de Rouen, pour ces causes, nous luy [avons] donné et conféré, donnons et conférons par ces présentes signées de nostre main, la chapelle royale de Nostre-Dame de Pitié desservie dans l'église de Saint Maclou de Pontoise vacante par le decès du sieur Garnier dernier titulaire, dont la collation et disposition nous appartient de plein droit pour doresnavant par le dit sieur de Cauvry desservir ladite chapelle, en jouir et user aux honoraires, achats, autorité, frais, profits, revenus et esmoluments, titres et ainsy qu'en a joui ou dû jouir le dit sieur Garnier. Si vous mandons que le dit sieur de Cauvry ou procureur pour luy vous ayez à mettre et instaler en possession de la dite chapelle et à l'en faire jouir plennement et paisiblement, les solemnités en tel cas requises et gardées et observées, car tel est nostre plaisir. Donné à Versailles le dix-septième jour du mois de may, l'an de grâce mil sept cent trente-neuf de nostre règne le vingt-quatrième. Signé Louis. et plus bas par le roy. Philypeaux.

(Archives municipales de Pontoise. Actes constitutifs de la commune, carton AA[1], pièce n° 7).

XXVII

6 SEPTEMBRE 1739. — PONTOISE

La confrérie de la Passion autorise la destruction d'une descente de croix qui se trouvait dans la chapelle de la Passion et décide qu'il sera fait un tableau représentant le même sujet, un autre retable d'autel et de nouvelles boiseries.

L'an mil sept cent trente-neuf, le dimanche six septembre issue de la grande messe paroissiale de Saint-Maclou, en l'assemblée convoquée en la manière accoutumée au banc de l'œuvre de la chapelle de la Passion, sur ce qui a été représenté à l'assemblée que la descente de croix qui est au dessus de l'autel de ladite chapelle menace ruine depuis un tems considérable par son ancienneté, que la pluspart des personnages des échelles et autres ustenciles attributives du sujet sont non seulement entièrement dedorés et les couleurs passez, mais encor pourris dans beaucoup d'endroits de facon qu'il est à craindre qu'aucun de ces personnages et attributs viennent quelques jours à tomber, ce qui occasionneroit du désordre et pouroit même tuer quelqu'un, qu'il seroit donc nécessaire de faire rétablir cette descente de croix ou la faire retrancher ou détruire totalement si on estime que son rétablissement ne puisse se faire comme aucuns desdits sieurs prévots raportent avoir dez il y a quelques années fait la tentative, sans des dépenses considérables, que les revenus de ladite confrérie et chapelle sont hors d'état de soutenir et suporter, sur tout ce que dessus la matière mise en délibération. L'assemblée après avoir examiné et fait examiner l'état actuel de ladite descente de croix, fait réflexion aux dépenses considérables que son rétablissement entrainerait, ayant d'ailleurs reconnu malgré le respect de la sainteté du sujet qu'il se rencontre dans les attitudes des différents personnages qui le composent, beaucoup d'imperfection, même dans aucuns de l'indécence est demeurée d'acord et a areté ce qui suit et par son éxécution a autorisé et autorise les sieurs prévot, marguillier et receveur actuellement en charges.

1º De faire oter et détruire ladite descente de croix avec tous les personnages et attributs qui la composent.

2º De faire faire, placer et mettre en son lieu et place un tableau qui représentera une descente de croix garny d'une bordure dorée dans le goust autant qu'il sera possible de celuy qui est au dessus du maitre autel de l'église des religieux Jésuites de cette ville et d'accompagner les cotés et le haut de ce tableau d'ornemens convenables.

3º De faire faire le retable d'autel en menuiserie en forme de tombeau avec quelques attributs de la Passion de Notre-Seigneur sur iceluy en sculpture.

4º De faire lembrisser tout le contour de ladite chapelle depuis le bas jusqu'à la hauteur des croisées avec corniches convenables et ce en bon bois de chêne.

5º Et enfin pour parvenir à l'éxécution de tout ce que dessus, attendu qu'il n'y a quant à présent aucuns deniers oisifs au trésor de ladite chapelle pour subvenir aux dépenses et payement des susdits ouvrages, l'assemblée a authorisé lesdits sieurs prévot, marguilliers et receveur en charge à faire vendre au plus offrant et dernier enchérisseur et adjuger au banc de l'œuvre de laditte chapelle la balustrade de potain qui entoure l'autel de ladite chapelle, ensemble les tapisseries qui deviennent aujourdhuy inutiles au moyen de la grille de fer qui vient d'être faitte et du lembris qui sera fait pour les deniers qui en proviendront de laditte vente être employez jusqu'à deüe concurrence au payement de ce qu'il conviendra pour tous les susdits ouvrages faire et ont signé lesdits jour et an.

Lefébure. Deboisadam. J. B. Marie. Levasseub. Chaulin. Asseline. Fredin. Boudault. Boivin. Letellier. Metivier. Dallemagne.

(Archives de Seine-et-Oise, registre de la Confrérie de la Passion de l'église Saint-Maclou, coté G 9 a, p. 98).

XXVIII

24 FÉVRIER 1765. — PONTOISE

La confrérie de la Passion décide qu'elle fera l'acquisition de la Descente de Croix peinte par Jouvenet qui se trouvait dans l'église des Jésuites

L'an mil sept cent soixante-cinq, le premier dimanche de caresme vingt quatrième février après la messe paroissiale de Saint-Maclou de Pontoise, en l'assemblée génералle convoquée et tenue au banc de l'œuvre de la chapelle de la Passion..... a esté représenté par MM. les prévots en charge que le tableau du maitre autel de l'église des Jésuites de cette ville représentant une descente de croix très belle fait par Jouvenet, étoit dans le cas d'estre vendu qu'il conviendrait bien mieux à laditte chapelle de la Passion que celui qui y existe actuellement, que sy on vouloit les authoriser à faire un offre dudit tableau, on pouroit l'avoir à bon compte, que quoy que la chapelle ne soit pas actuellement en fonds suffisans, ils se voient des ressources suffisantes pour en acquitter le prix en très peu de tems, eu égard à la vente qu'on pouroit faire du tableau actuel de laditte chapelle et à la bonne volonté de MM. les anciens prévots qui voudroient bien ayder lesdits prévots en charge en cas de besoin urgent pour payer actuellement ledit tableau s'ils peuvent en obtenir l'acquisition.

La matière mise en délibération, l'assemblée a d'une voix unanime authorisé lesdits sieurs prévosts à faire un offre dudit tableau de la somme de cinq cens livres, mesme jusqu'à six cens livres y compris le cadre et de faire à ce sujet ce qu'il conviendra avoüant ce qui sera par eux fait pour y parvenir.

Le Vallois, curé. Fredin. Letellier. Cauvry, chapelain. Lesage. Legot. Charles. Langlois. Brasseur. Ducrolloy. Gruel. Auger.

(Archives de Seine-et-Oise, registre de la Confrérie de la Passion de l'église Saint-Maclou, coté G 9, a, p. 141).

XXIX

30 JUIN 1772. — PONTOISE

Marché conclu par la fabrique de Saint-Maclou avec Jean-Baptiste-Antoine Lefranc, marbrier à Paris, pour carreler le chœur de l'église

Je soussigné, Jean Baptiste Antoine Lefranc, demeurant à Paris, rue et faubourg Saint-Denis, m'oblige de bien faire et parfaire suivant l'art de mon métier....... tous les ouvrages cy-après expliqués.

1º De carler en beau et bon carreau de pierre de liais dur de la meilleure qualité ou de la meilleure qualité de la pierre de Bagneux le chœur et sanctuaire de laditte église, de mettre le carreau du chœur d'un pied carré et de remplir les angles en beau et bon marbre noir, de faire le sanctuaire de même pierre et marbre et de dix pouces carrés pour le prix de trente deux livres la toise posé en place à mes frais dans lequel prix est compris charger et décharger la pierre dans les voitures qui me seront fournies et la peine et journée d'un ouvrier pour conduire les matériaux si le juge nécessaire attendu que laditte fabrique n'est point garent des accidens qui pouroient arriver.

2º Plus de forefait et composition m'oblige de fournir et poser en place cinq marches de la même pierre dure la plus belle et de la meilleure qualité savoir celles montant à l'autel au nombre de trois dont chacune dans les parties droites seront d'une seulle pierre et deux pour monter au sanctuaire toute arrondie et cintrée suivant le plan qui m'a été remis et que je promets représenter avec la signature de mondit sieur Barenton, de donner aux quatre premières marches un pied de giron non compris la saillie du carderon et filet dont elles seront ornées et donner à la quatrième montant au marchepied quatorze pouces de large afin qu'elle ait quinze pouces compris, un pouce de carderon du marchepied en bois et m'oblige de donner une largeur suffisante à touttes lesdites marches afin qu'elles soient en recouvrement l'une sur l'autre et de leur donner à chacune six pouces de haut ou collet y ayant trente pouces pour monter lesditte cinq marches pour la somme de trois cent livres.

3º Plus m'oblige de fournir et poser en place dans la place du lutrain un bloc de marbre d'un beau bleu de Flandre de la hauteur de deux pieds en forme de triangle au prix de seize livres le pied, de tailler ledit bloc, le polir et orner suivant le plan qui m'a esté communiqué et qui sera représenté et y faire touttes les choses nécessaires pour recevoir un aigle conformément audit plan présenté par le sieur Guyart ciseleur et doreur et sera transporté audit Pontoise par lesdites voitures sauf à moy à veiller ou faire veiller à sa conservation pour le prix et somme de trois cens livres compris la valeur du marbre, je m'oblige de rendre faits et parfaits les trois articles cy dessus et en place pour le dernier du mois de juillet de la présente année mil sept cent soixante douze sous peine d'un sixième de diminution des prix cy dessus fixés. Fait à Pontoise, ce trente juin mil sept cent soixante douze.

(Archives de Seine-et-Oise, registre des délibérations de la fabrique de Saint-Maclou, 1750-1776, coté G 9 a, fol. 97, vº.)

XXX

30 JUIN 1772. — PONTOISE

Marché conclu par la fabrique de Saint-Maclou avec le sieur Guyart, ciseleur à Paris, pour faire exécuter un lutrin

Je soussigné Guyart, maître doreur, ciseleur et argenteur demeurant à Paris rue Basse Porte Saint Denis, chez Madame Robbin, m'oblige de bien faire et parfaire suivant les règles de mon art, un aigle de la hauteur de quatre pieds y compris son vase pour servir de lutrain à l'église paroissiale de Saint-Maclou de Pontoise, de fournir deux pupitres pour poser livres de chant, graduels et antifonaire du diocèse de Paris, de les placer à hauteur convenable au derrière dudit aigle sur et au dessous de ses ailles, le pupitre le plus haut sera fixe et à demeure et celuy du bas pourra se déposer quand on le jugera à propos, m'oblige de prendre les mesures desdits livres et faire lesdits pupitres de grandeur convenable pour que lesdits livres y soient comodément et solidement, de faire deux petits chandeliers pliants bien solides et avec bons rivets pour mettre deux fortes bougies, lesquels en se déployant viennent au devant desdits livres pour éclairer les chantres pendant les offices de la nuit, d'orner ledit aigle, son vase et sa tige de tous les ornements marqués sur le plan que j'ay présenté et que je promets raporter pour les vériffier, promets faire et poser sur la baze ou piedestal en marbre qui me sera préparée par le sieur Lefranc marbrier sculpteur tous les modillons, inscriptions, fillets, pattes et garnitures que je suis convenu poser sur les trois faces triangulaires dudit marbre et de donner audit aigle et à sa tige une solidité convenable eu égard à la charge et au poids de l'aigle qui sera sans mouvement.

M'oblige de faire ledit aigle, pupitre, chandeliers et ornemens, vases et tiges en beau cuivre jaune sans aucun mélange et de bien bronzer le tout suivant l'art sujet à visitte et réception pour le prix et somme de mille livres sans préjudice de la gratification qui pourra m'être accordée par Messieurs lesdits marguilliers, attendu que je me propose de leur faire du bon, beau et solide et m'oblige mettre ledit aigle en place pour le dernier jour de juillet prochain. A Pontoise, ce trente juin mil sept cent soixante douze.

(Archives de Seine-et-Oise, registre des délibérations de la fabrique de Saint-Maclou, 1750-1776, coté G 9 a, fol. 97.)

XXXI

13 MARS 1774. — PONTOISE

Autorisation donnée aux marguilliers de Saint-Maclou par les membres de la confrérie de la Passion pour faire restaurer les statues du sépulcre de leur chapelle au compte de la confrérie.

L'an mil sept cent soixante quatorze, le dimanche treize mars issue des vespres en l'assemblée convocquée et tenue en la manière ordinaire sur ce qui a été représenté par MM. les prévosts et marguilliers en charge que la pluspart des figures du sépulchre de la chapelle sont en mauvais état entr'autres celle de Joseph d'Arimathie qui est cassé, fendue en plusieurs endroits et en danger de tomber en morceaux et une autre ayant partie d'un bras cassé et tombé, que la beauté et le respect due à ce monument demande des soins essentiels et qu'il seroit bon d'y faire faire un prompt rétablissement......... L'assemblée a arrêté que les rétablissements nécessaires aux figures du sépulchre seront faites incessament par un habile sculpteur de Paris....................

Le Vallois, curé. Fredin. Jolly. Charles. Levasseur. Gossel. C. Driaucourt. Cauvry. Brasseur. Brechot. Gaudron. Desvignes. Guénotte. Depoin. Dumoutier. Ducrolloy.

(Archives de Seine-et-Oise, registre de la Confrérie de la Passion de l'église Saint-Maclou, coté G 9, a, p. 190).

XXXII

9 FÉVRIER 1777. — PONTOISE

Marché conclu par la fabrique de Saint-Maclou avec Michel-Philippe Desprez, fondeur à Paris, pour la fonte de deux cloches

L'an mil sept cent soixante et dix sept, le neuf février nous Paul Francois Pihan de la Forest et Antoine Chaulin premier et second marguilliers de l'œuvre et fabrique de Saint Maclou de Pontoise, en vertu de l'autorisation qui nous a été donné par acte d'assemblée de la dite fabrique cy dessus de ce jourd'huy sommes convenus de ce qui suit avec le sieur Michel Philippe Desprez maître fondeur du Roi, demeurant à Paris rue du fauxbourg et près la porte St Martin, paroisse de Saint-Laurent, étant ce jour en cette ville en présence de Me Pierre Martin Levasseur le receveur actuel de la dite fabrique de Saint Maclou, scavoir que le dit sieur Desprez s'oblige par ces présentes, tant envers les sieurs curé et marguilliers anciens qu'envers nous susdits et soussignés marguilliers en charge, de fondre la seconde des grosses cloches de cette église qui se trouve cassée et la troisième des dites grosses cloches qui est usée et qui n'est pas dans les proportions pour un accord majeur avec les deux autres cloches, de les rendre bonnes, loyales, de son convenable pour qu'elles s'accordent parfaitement avec la grosse cloche et la quatrième en accord majeur et du même poid au moins et du même métal qu'elles sont à présent, à l'effet de quoi il les prendra et les rendra au poid : dans le cas où il n'y aurait pas assez de matière et aussi pour remplir le déchet du vieux métal desdites cloches nous dits marguilliers nous nous engageons à fournir au dit sieur Desprez des petites cloches actuellement existantes et déposées dans le magasin de la fabrique pour parfaire la quantité de métal nécessaire afin de mettre lesdites deux grosses cloches en accord majeur avec les première et quatrième, lequel déchet du dit métal qui lui sera livré est évalué et convenu à cinq pour cent ; à l'effet de quoi et pour constater le poids actuel tant des dites seconde et troisième cloches à refondre que des petites cloches que nous dits marguilliers nous obligeons de fournir, toutes lesdites cloches seront pesées en présence dudit sieur Desprez et de nous dits marguilliers en charge avant d'être remises au dit sieur Desprez et sera fait mention du poid de chacune desdites grosses et petites cloches au bas du présent acte, s'engageant en outre le dit sieur Desprez de fournir et payer les voitures pour transporter à Paris lesdites cloches et les en raporter, d'acquitter les droits si aucuns sont dus et éxigés pour l'entrée et la sortie desdites cloches, soit à Paris, soit en cette ville le tout à ses frais et dépens, et pour juger de l'accord desdites cloches avec les première et quatrième, il sera choisi et nommé telles personnes et experts musiciens et gens à ce connoissant dont sera convenu entre nous dits marguilliers et ledit sieur Desprez, après toutesfois qu'au préalable les dites seconde et troisième cloches auront été pesées devant nous susdits et soussignés et dans le cas ou lesdites deux cloches nouvellement fondues pèseraient moins que poid total du métal qui sera livré au sieur Desprez, le déchet de cinq pour cent déduits, ledit sieur Desprez raportera le surplus dudit métal ou en tiendra compte à la fabrique sur le pied de vingt-cinq sols la livre au choix de nous dits marguilliers, comme aussy nous dits marguilliers tiendrons compte au dit sieur Desprez de l'excédent de métal si aucun y a, à raison de trente sols la livre la facon dudit excédent comprise : desquelles cloches ledit sieur Desprez sera garant pendant l'an et jour de leur livraison, au cas seulement ou il arriveroit accident aux dites cloches par défaut de l'ouvrage et fonte d'icelles pendant ladite année : le tout moyenant et à raison de vingt livres du cent pesant pour facon desdites deux cloches que nous dits marguilliers promettons de faire payer audit sieur Desprez des deniers provenans de la recette du temporel de la dite fabrique, scavoir six cent livres incontinent après que lesdites cloches auront été pesées et reçues et le surplus en trois payemens égaux dont le premier au premier janvier mil sept cent soixante et dix-huit, le second le premier juillet suivant et le troisième et dernier au premier janvier mil sept cent soixante et dix neuf : enfin ledit sieur Desprez s'oblige de faire inscrire sur lesdites cloches les noms et qualités des parains et maraines des dites cloches, ceux des curés, marguilliers et receveur en charge de ladite église et la datte de l'année qui lui seront fournis sous trois semaines d'hui, promettans de livrer lesdites cloches vers le vingt-cinq du mois de mars prochain.

PIHAN DE LA FOREST. Antoine CHAULIN. LEVASSEUR. DESPREZ.

(Archives de l'église, registre des délibérations de la fabrique, 1775-1786, fol. 8 v°).

XXXIII et XXXIV

2 AVRIL 1777. — PONTOISE

Délibération des membres de la confrérie de la Passion pour choisir un sculpteur capable de restaurer les statues du sépulcre

Cejourd'huy deux avril mil sept cent soixante dix sept, dix heures du matin en l'assemblée convoquée et tenue extraordinairement à l'effet de délibérer sur la conclusion du marché à faire pour la réparation des figures du sépulcre, a été représenté par

MM. les prévots que le sieur Suzanne, sculpteur de l'Académie s'est rendu ici exprès de Paris pour faire marché conformément à ce qui a été proposé dans la dernière assemblée et pour commencer lesdits ouvrages dont il a présenté le détail, qu'autans il est instant de travailler ausdits ouvrages, autans il est nécessaire d'assurer l'état dudit sieur Suzanne par un marché définitif attendu que c'est déjà le second voyage qu'il fait à cette occasion, c'est pourquoy l'assemblée est priée de prendre un parti sur ce qui a été proposé au dernier jour

. . . .

Cejourd'huy treize avril mil sept cent soixante dix sept, en l'assemblée convoquée en la manière ordinaire et tenue au banc de l'œuvre de la chapelle de la Passion, lecture faite de la lettre de M. l'abbé Gruel de Paris du huit du présent mois en réponse à celle que M. son frère luy avoit écrit au désir de la délibération précédente, de laquelle il résulte que M. Suzanne, sculpteur est très en état de faire la réparation dont il s'agit en la ditte délibération, l'assemblée, d'une voix unanime a autorisé définitivement MM. les prévots et marguilliers à faire travailler au rétablissement des figures du sépulcre et souscrire le marché qu'ils ont projetté avec ledit sieur Suzanne moyennant trois cent livres pour le tout dont acte.

Le Vallois. Cauvry. Levasseur. Brasseur. Depoin. Gruel. Brechot. Rauvin. Jolly. Lesage.

(Archives de Seine-et-Oise, registre de la Confrérie de la Passion de l'église Saint-Maclou, coté G 9 a, p. 168.)

XXXV

24 MAI 1777. — PONTOISE.

Procès-verbal de pesée des cloches fondues par le sieur Desprez pour l'église de Saint-Maclou

L'an mil sept cent soixante et dix sept, le vingt quatre may à quatre heures de relevé, nous marguilliers en exercice de la fabrique de Saint-Maclou, avons en présence du sieur Michel Philippe Desprez, fondeur du roy, fait peser les deux grosses cloches qu'il a refondue pour l'église de Saint-Maclou, l'une desquelles nommée *Marie Dominique* s'est trouvé du poid de quatre mille six cent quarante six livres et l'autre nommée *Antoinette* du poid de trois mille trois cent vingt cinq livres ainsi les susdites deux cloches pèsent ensemble sept mille neuf cent soixante et onze livres, de sorte qu'ayant été livré le 29 avril dernier audit sieur Desprez le poid total de sept mille neuf cent cinquante quatre livres, sur lequel il convient déduire conformément au marché fait double entre nous dits marguilliers et ledit sieur Desprez le neuf février dernier, la quantité de trois cent quatre vingt dix sept livres et demi pour le déchet des dites sept mille neuf cent cinquante quatre livres, le total du métal net livré audit sieur Desprez se réduit à sept mille cinq cent cinquante six livres et demi : or les deux grosses cloches livrées cejourd'hui par ledit sieur Desprez pesant ensemble sept mille neuf cent soixante et onze livres, il résulte que n'ayant eu que sept mille cinq cent cinquante six livres et demi de métal net, il a fourni en métal nouveau la quantité de quatre cent quinze livres ; partant il est du audit sieur Desprez la somme, scavoir pour la façon des sept mille cinq cent cinquante six livres de métal fourni, à raison de quatre sous par livre ainsi qu'il a été convenu par le sus dit marché du 9 février dernier, quinze cent onze livres six sols et pour la fourniture et façon des quatre cent quinze livres de nouveau métal à raison de trente sous par livre ainsi qu'il a été pareillement convenu par le susdit marché, six cent vingt deux livres dix sols, revenant les susdites deux sommes à celle de deux mille cent trente trois livres seize sols, laquelle sera payée audit sieur Desprez dans les termes et de la manière qu'il a été arrêté par le susdit marché fait double entre nous le 9 février dernier. Et a ledit Desprez signé avec nous lesdits jour et an à Pontoise.

DESPREZ. PIHAN DE LA FOREST. ANTOINE CHAULIN.

(Archives de l'église, registre des délibérations de la fabrique, 1775-1786, fol. 11.)

XXXVI

26 MAI 1777. — PONTOISE

Procès-verbal du baptême des deux cloches fondues par Michel-Philippe Desprez

Aujourd'hui vingt sixième jour du mois de may mil sept cent soixante et dix sept, quatre heures de relevée, la cérémonie de la bénédiction de deux grosses cloches de la paroisse de Saint Maclou, cy devant nommées *Marie* et *Gabriel* a été faite par Messire Dominique de Lastie, prieur commendataire du prieuré de Saint Saturnin du Pont Saint Esprit, ordre de Cluni, diocèze d'Uzès, vicaire général de Monseigneur l'archevêque de Rouen, son official à Pontoise et archidiacre du Vexin françois qui a nommé la première de ces cloches *Marie-Dominique* avec très haute et très puissante Dame Marie Catherine Coste de Champeron, marquise de Chateaumorand, veuve de très haut et très puissant seigneur Pierre Silvain Joubert de la Bastide, marquis de Chateaumorand seigneur de Coignac, Le Repaire, Verac, Marcouville et autres lieux.

Et la seconde de ces cloches a été nommée *Antoinette* par Monsieur Antoine Le Vallois, prêtre, docteur de la maison et société de Sorbonne, vicegérent de l'officialité de Pontoise et curé de cette paroisse et par Madame Marie-Louise-Amable Seigneur Vaucluse, veuve de Messire François Thomas Duval écuier, lieutenant général de police de cette ville. Et Monsieur de Lastie, Madame la marquise de Chateaumorand, Monsieur Le Vallois et Madame Duval ont signé avec les marguilliers tant anciens qu'en exercice.

CHAMPERON, marquise de CHATEAUMORAND. SEIGNEUR-DUVAL. DE LASTIE, vicaire général. LE VALLOIS. DE MONTHIERS. ROUSSEL DE ROANY. BRÉCHOT. ANTOINE CHAULIN. LEVASSEUR. PIHAN DE LA FOREST. CHARLES.

(Archives de l'église, registre des délibérations de la fabrique, 1775-1786, fol. 11 v°.)

XXXVII

24 DÉCEMBRE 1780. — PONTOISE

Renonciation faite par la corporation des bouchers à toute espèce de droits sur le cimetière dit des bouchers, situé autour de l'abside de l'église

L'an mil sept cent quatre vingt, le dimanche vingt quatre décembre, quatre heures de relevée, issue des vespres, sont comparus au bureau de l'œuvre et fabrique de Saint-Maclou les sieurs Pierre Barré, Claude Rousseau, Pierre Jacques Rousseau, Nicolas Philippe François et Jacques François Dabis, tous marchands bouchers établis en cette ville et demeurant sur ladite paroisse de Saint-Maclou, lesquels ont dit qu'étant informés du dessein dans lequel est la fabrique de disposer d'un terrain vulgairement appellé le cimetière des bouchers, tenant d'un côté au sieur Rossignol cordonnier, d'autre côté aux marches et degrés conduisant de la rue des Prêtres à celle du Pis de Vache et à la galerie qui conduit du presbytère à l'église de Saint-Maclou en passant sur le dit terrain, et d'autre bout par devant à la rue de la Pierre aux Poissons, dans lequel pas un d'eux ne se rappelle d'avoir jamais vu enterrer aucun boucher et qui d'ailleurs deviendrait inutile aujourd'hui attendu la prohibition des cimetières dans l'intérieur des villes, ils ont fait touttes les recherches pour découvrir les titres de propriété du dit terrain, si jamais leur communauté en a eu, qu'ils n'en ont trouvé aucun, ni même aucun renseignement à ce sujet ; que cependant afin d'éviter à l'avenir toute difficulté dans le cas ou quelque titre en leur faveur viendrait à se découvrir, ils déclarent qu'ils renoncent formellement à tout droit de propriété et de jouissance du dit terrain et de partie d'icelui, quand même il serait prouvé qu'il leur appartient sans pouvoir jamais y rentrer sous quelque prétexte que ce soit et qu'ils consentent volontiers que la fabrique de Saint-Maclou en use en toutte propriété comme de chose à elle appartenante et en dispose comme bon lui semblera et ont signé.

PIERRE BARRÉ. JACQUES ROUSSEAU. C. ROUSSEAU. JACQUES FRANÇOIS DABIS. CHOUQUET, curé. DE MONTHIERS.

(Archives de l'église, registre des délibérations de la fabrique, 1775-1786, fol. 26.)

XXXVIII

12 FÉVRIER 1781. — PONTOISE

Autorisation donnée par le vicaire général de l'archevêque de Rouen à la fabrique de Saint-Maclou pour supprimer le cimetière des bouchers

Charles Constance César Loup Joseph Matthieu d'Agoult prêtre etc., vu la requête à nous présentée par les sieurs curé et marguilliers de la paroisse de Saint Maclou de Pontoise, diocèse de Rouen, expositive que le cimetière vulgairement appellé le cimetière des bouchers attenant au presbitère de ladite paroisse, etant et devenant inutile au moyen de la prohibition des cimetières dans l'intérieur des villes, il nous plut l'interdire et le prophaner.

Notre ordonnance etant au bas de ladite requete portant soit communiqué au promoteur du 19 janvier 1781.

Les conclusions du promoteur étant ensuite portant qu'avant faire droit, la requete, l'ordonnance, ensemble ses conclusions seront publiées au prosne de la messe paroissiale de Saint Maclou, qu'il sera nommé un commissaire pour informer de l'utilité ou inutilité de l'existence dudit cimetière du 19 audit mois et an.

Notre ordonnance de soit fait ainsi qu'il est requis et à cette fin commission adressée au sieur le curé de la paroisse de Saint Pierre dudit Pontoise pour proceder à la dite information du 19 audit mois et an.

Le certificat du sieur Chouquet, curé de Saint Maclou par lequel il constate que la publication a été faite le dimanche 21 audit mois au désir de notre ordonnance et sans qu'il se soit trouvé aucune opposition du 22 audit mois et an.

Le procès verbal de l'utilité ou inutilité dudit cimetière dressé par ledit sieur curé de Saint-Pierre, par lequel il demeure constant que le dit cimetière est sans aucune utilité du 31 audit mois et an.

Les conclusions du promoteur portant qu'il n'empesche pour l'église que ledit cimetière ne soit interdit et profané.

Tout vu et considéré, murement examiné et délibéré nous avons interdit et profané, interdisons et profanons par ces présentes le cimetière vulgairement appelé cimetière des bouchers attenant au presbitère de la paroisse Saint Maclou de Pontoise. . . . . . .

Donné à Pontoise sous notre seing, le contre seing de notre sécrétaire et le sceau des armes de mondit seigneur l'archevèque le douze février mil sept cent quatre vingt un.

D'AGOULT, vicaire général.

(Archives de Seine-et-Oise, L. 74.)

XXXIX

11 AOUT 1782. — PONTOISE

Marché conclu par la fabrique de Saint-Maclou avec François-Henry Cliquot, facteur d'orgues à Paris, pour réparer l'orgue de l'église, moyennant la somme de six mille livres.

Nous Jacques de Monthiers et Hiacinthe Langlois, premier et second marguilliers de l'œuvre et fabrique de Saint-Maclou de Pontoise duement autorisés par l'acte d'assemblée de ce jourd'hui d'une part.

Et Francois Henry Cliquot, facteur d'orgues demeurant à Paris, rue des Enfants-Rouges, étant ce jourd'hui à Pontoise d'autre part.

Sommes convenus de ce qui suit, scavoir que moi Cliquot m'engage et m'oblige par ces présentes

A démonter de leurs places tous les jeux qui composent le grand orgue de Saint

Maclou, positif, pédales, cornet de récit et cornet d'écho, à les netoyer, redresser, ressouder touttes les cassures et en fournir une quantité à neuf, surtout dans les pleins jeux qui sont usés de vétusté, à regarnir en cuir neuf les tampons des tuyaux de bois qui sont éventés, à démonter les deux montres de leurs places pour pouvoir les netoyer et les remettre en bon état.

. . . .

Tous lesquels ouvrages moi Cliquot m'engage et m'oblige de faire suivant les règles de l'art et sujets à visite de gens experts à ce connaissans au choix de MM. les curé et marguillers, même à poser les montre en place, à égaliser de force et d'harmonie tous les tuyaux anciens et neufs par besoin et ceux d'augmentation tant en général qu'en particulier et repasser généralement l'orgue en accord dans le terme de deux ans à compter du premier septembre prochain, moyennant le prix et somme de six mil livres, et nous Jacques de Monthiers et Hiacinthe Langlois au dit nom nous engageons et promettons payer au dit sieur Cliquot la dite somme de six mil· livres en cinq années à raison de douze cent livres par an aussi à commencer du premier septembre prochain.

Fait double à Pontoise ce onze aoust mil sept cent quatre vingt deux, celui cy pour demeurer à la fabrique et le double sur le champ remis au sieur Cliquot qui a signé avec nous.

De Monthiers.   Cliquot.   Langlois.

(Archives de l'église, registre des délibérations de la fabrique, 1775-1786, fol. 47, v°.)

XL

21 JUILLET 1783. — PONTOISE

Marché conclu par la fabrique de Saint-Maclou avec Pierre Borrani, peintre à Paris, qui s'engage à badigeonner l'église moyennant la somme de neuf cents livres.

Nous Jacques de Monthiers, chevalier, seigneur du Fay, Mardalin et autres lieux, maire royal de la ville et commune de Pontoise, premier conseiller aux bailliage royal, ville, prévoté et vicomté du dit Pontoise, y demeurant place de la Belle-Croix, et Hiacinthe Langlois, marchand orfèvre au dit Pontoise, y demeurant place du Grand-Martroy, premier et second marguilliers en exercice de l'œuvre et fabrique de Saint-Maclou de cette ville, duement authorisés à l'effet du présent par l'acte de délibération de l'assemblée générale du seize du présent mois de juillet d'une part,

Et Pierre Borrany, peintre italien, reçu à l'Académie de Saint-Luc, demeurant à Paris rue Saint-André des Arts, à l'ancien Collège d'Autun, d'autre part,

Sommes convenus de ce qui suit scavoir :

Que moi Pierre Borrany promet et m'oblige de balayer et netoyer à fond tout le dedans de l'église de Saint-Maclou, de gratter touttes les moisissures, les noirs et tous les endroits ou la peinture ne tiendrait pas, de boucher tous les trous et fentes et ragréer tous les joints tant aux murs qu'aux piliers et voûtes de la nef, bas-côtés et chœur, pourtour d'icelui et chapelles, de blanchir ensuite la totalité de l'intérieur de la dite église d'un badigeon dont la couleur soit un peu plus claire qu'à celui que j'ai mis à Saint-Eustache de Paris, qui ne puisse pas tacher les habits, ni s'enlever en touchant, frottant et balayant, tous lesquels ouvrages moi Pierre Borrany m'engage à faire et parfaire suivant les règles de l'art, et sujets à visite de gens à ce connaissant, d'ici au quinze septembre prochain, de façon à rendre au dit jour 15 septembre prochain toutte la dite église libre, propre, et bien reblanchie depuis le sol jusques et compris les voutes, piliers, sculptures, murs, croisées, tant dans la nef que dans les 3 bas-côtés, les chapelles du pourtour de l'église et du chœur, le chœur et sanctuaire, les deux entrées collatérales et l'entrée du grand portail, même la boiserie de clôture du sanctuaire et garantir le tout pour vingt ans, et ce moyennant le prix et somme de neuf cent livres.

Et nous Jacques de Monthiers et Hiacinthe Langlois au dit nom, nous engageons et promettons faire payer au dit sieur Pierre Borrany, aussitot que les ouvrages cy dessus spécifiés, seront achevés, finis, visités et reçus, la dite somme de neuf cent livres par le receveur de cette fabrique.

Fait double au bureau de l'œuvre et fabrique de Saint-Maclou, celui cy pour demeurer à la fabrique, et l'autre à l'instant remis au dit sieur Borrany, le lundi vingt et un juillet mil sept cent quatre vingt trois.

De Monthiers.   Langlois.   Borrani.

(Archives de l'église, registre des délibérations de la fabrique, 1775-1786, fol. 55.)

XLI

10 AOUT 1783. — PONTOISE

Autorisation donnée à la fabrique de Saint-Maclou par l'assemblée des paroissiens pour faire retailler les piliers de la nef de l'église

L'an mil sept cent quatre vingt trois, le dimanche dix aoust, onze heures du matin, issue de la messe paroissiale, en l'assemblée convoquée en la manière ordinaire et tenue au bureau de l'œuvre et fabrique de Saint-Maclou.

MM. les marguilliers en exercice ont dit :

Que depuis qu'ils ont commencé à faire blanchir l'église, ils se sont apperçus que la difformité des piliers de la nef, leur peu de ressemblance entr'eux, leur gout gothique et surtout leur mauvaise architecture deviennent beaucoup plus frappans et insupportables ; que curieux de voir s'il n'y aurait pas quelque moyen d'y remédier, ils se sont adressés à différentes personnes ayant des connaissances en architecture, qu'on leur a conseillé de faire faire un ouvrage peu couteux, qui fera disparaître tous ces défauts, allégera les piliers, dégagera la nef et élevera la voûte, que cet ouvrage consiste à abattre les grosses corniches chargées d'ornements qui coupent les piliers par la moitié, à creuser du côté de la chaire les pilastres tant au-dessus qu'au dessous desdites corniches afin de les avoir renfoncés comme ceux du côté de l'œuvre et à faire filer lesdits pilastres des deux cotés depuis la base des piliers jusqu'à l'entablement qui se trouve tout en haut à la naissance des voûtes.

Que le sieur Belargent se charge de faire cet ouvrage moyennant la somme de trois cent livres et qu'avant de rien décider, ils ont voulu consulter l'assemblée pour avoir son authorisation ; qu'il serait bon aussi de retirer les épitaphes qui gatent les piliers et colonnes sauf à les replacer touttes ensemble dans un endroit vuide.

L'assemblée authorise MM. les marguilliers en charge à faire faire par le sieur Belargent les ouvrages cy dessus détaillés moyennant la somme de trois cent livres, même à déposer les épitaphes des places où elles sont pour les replacer ailleurs et à faire clore l'ouverture qui est au dessus de la porte qui donne dans le dessous du clocher en dedans de l'église.

DE MONTHIERS. PIHAN DE LA FOREST. LEVASSEUR. JOLLY. LANGLOIS CHARLES.

(Archives de l'église, registre des délibérations de la fabrique, 1775-1786, fol. 57.)

XLII

4 SEPTEMBRE 1783. — PONTOISE

Marché conclu par la fabrique de Saint-Maclou avec Louis-François Leprince, marbrier à Paris, pour le carrelage de la nef de l'église

Nous Jacques de Monthiers et Hiacinthe Langlois, tous deux marguilliers en exercice de l'œuvre et fabrique de Saint-Maclou duement authorisés à l'effet du présent par l'acte de délibération du 24 aoust dernier d'une part, et Louis François Leprince, marbrier du Roi, demeurant à Paris rue Poissonnière, paroisse de Saint Laurent, étant ce jour en la ville de Pontoise d'autre part.

Sommes convenus de ce qui suit, scavoir :

Que moi Leprince promets et m'engage de carreler la totalité de la grande nef de l'église paroissiale de Saint-Maclou en carreaux de vingt pouces pris dans les pierres formant le pavé actuel de ladite église, lesquelles seront sciées et écarries ; la dite nef sera séparée en sept parties lesquelles seront indiquées par des lignes qui seront faites avec des demi carreaux de marbre noir sur la proportion de 20 pouces quarrés les dits sept parties carrelées avec les carreaux provenants des dites pierres et encadrées en marbre noir ainsi qu'il est cy dessus expliqué pour livrer la dite nef entierement carrelée et libre au plus tard pour le dernier dimanche d'octobre prochain, le tout fait suivant les règles de l'art et sujet à visite moyennant le prix et somme de vingt livres la toise quarrée et en outre deux mille livres pour la fourniture du carreau de marbre noir.

Et nous Jacques de Monthiers et Hiacinthe Langlois au dit nom, nous engageons et promettons de faire payer par le receveur de cette fabrique au sieur Leprince aussitot la confection du dit ouvrage la somme de deux mil livres et en outre ce à quoi se trouveront monter les dites toises a raison de vingt livres la toise en carreaux blancs.

DE MONTHIERS.   LANGLOIS.   LEPRINCE.

(Archives de l'église, registre des délibérations de la fabrique 1775-1786, fol. 62.)

XLIII

15 AOUT 1784. — PONTOISE

Marché conclu par la fabrique de Saint-Maclou avec le peintre Pierre Borrani pour l'entretien annuel du badigeon de l'église

Nous Jacques de Monthiers, chevalier seigneur du Fay, Mardalin et autres lieux, maire royal de la ville, fauxbourgs et commune de Pontoise, président lieutenant général civil, criminel et de police aux baillage, ville, prévôté et vicomté de Pontoise, premier marguillier de l'œuvre et fabrique de l'église paroissiale de Saint-Maclou et Pierre Jacques Desvignes, doyen des notaires royaux de la dite ville et second marguillier d'une part.

Et Pierre Borany, peintre italien, demeurant à Paris rue Saint André des Arcs à l'ancien collége d'Autun d'autre part.

Sommes convenus de ce qui suit.

Scavoir que moi Pierre Borrany m'engage et promets de venir ou envoyer tous les ans dans le courant du Carême les ouvriers nécessaires pour balayer, brosser et epousseter les piliers, murs, voutes et arcades de l'église de Saint Maclou de cette ville depuis le sol jusqu'en haut dans sa largeur, longueur, hauteur et profondeur sans en rien obmettre et réparer touttes les taches qui pourraient survenir au blanc qui y est actuellement par la pluie ou autrement, lesquelles je me charge de faire netoyer, regrater et repeindre de la même couleur et nuance que le surplus de ladite église en fournissant par moi tout ce qui sera nécessaire.

Et nous Jacques de Monthiers et Jacques Desvignes audit nom nous engageons en vertu du pouvoir à nous donné par l'acte de ce jourd'hui tant pour nous que pour nos successeurs, de faire payer par les receveurs de cette fabrique au dit sieur Borany ou à son ordre la somme de trente six livres par chacun an dans le courant du Carême, ce quinze aout mil sept cent quatre vingt quatre.

DE MONTHIERS.   DESVIGNES.   BORRANI.

(Archives de l'église, registre des délibérations de la fabrique, 1775-1786, fol. 81.)

XLIV

10 OCTOBRE 1784. — PONTOISE

Autorisation donnée à la fabrique de St-Maclou par l'assemblée des paroissiens pour supprimer le trumeau du grand portail de l'église

L'an mil sept cent quatre vingt quatre, le dimanche dix octobre, onze heures du matin, issue de la messe paroissiale, en l'assemblée convoquée en la manière ordinaire et tenue au bureau de l'œuvre et fabrique de Saint-Maclou.

MM. les marguilliers en exercice ont dit :

Que les ouvrages de la nef et du parvis étant sur le point d'être finis et se trouvant obligés de faire démonter les portes du grand portail pour les diminuer de trois pouces à cause du rehaussement du carreau du tambour, ils croient qu'il serait à propos de profiter de cette circonstance pour supprimer le pilier qui coupe en deux la principale entrée de l'église, que dans cette vue, ils ont fait examiner ledit pilier par les gens de l'art; qu'il a été constaté qu'il ne soutient absolument rien puisqu'il est surmonté d'une petite rose, qu'il n'est d'aucune utilité, ne sert à rien qu'à masquer en entrant dans le parvis le coup d'œil de l'église et à couper en deux les processions, régimens et autres corps entrant dans l'église, que la destruction n'est d'aucune conséquence et d'une modique dépense, que quelque désir qu'ils aient eu d'exécuter tout de suite ce projet qui contribuera infiniment à la décoration de l'église, ils ont cru cependant, attendu que c'est une innovation devoir en référer à l'assemblée, qu'en conséquence ils prient l'assemblée de les autoriser a supprimer ledit pilier et pour éviter quant actuellement la dépense de portes neuves, à faire élargir de sept pouces chacun des deux battans qui existent et qui sont fort bons.

La matière mise en délibération, l'assemblée authorise MM. les marguilliers en exercice à faire supprimer le pilier du milieu du grand portail, à rélargir les portes, faire un dormant en menuiserie pour couvrir la rose, faire mettre les portes sur des pivots, les fermer avec une bascule, relever le tambour et repeindre le tout, élargir et hausser la petite porte servant de guichet, même faire plaquer la porte en dehors seulement pour éviter la dépense d'une porte neuve de longtems et empecher que la forme ne jure trop avec le dormant neuf ou supprimer le tambour et le guichet.

De Monthiers.   Pihan de la Forest.   Charles.   Lesage.   Levasseur.
Langlois.   Desvignes.

(Archives de l'église, registre des délibérations de la fabrique, 1775-1786, fol. 82.)

XLV

21 NOVEMBRE 1784. — PONTOISE

Approbation donnée par l'assemblée des paroissiens à la suppression de deux sculptures sur bois représentant des scènes de la vie de saint Eustache

L'an mil sept cent quatre vingt quatre, le dimanche vingt et un novembre, onze heures et demie de relevée, issue de la grande messe paroissiale en l'assemblée convoquée en la manière ordinaire au bureau de l'œuvre et fabrique de Saint-Maclou.
. . . .
Le dit jour sur ce que MM. les marguilliers en exercice ont dit que vendredi 19 de ce mois dans la soirée pour se conformer au vœu de tous les gens de gout et retirer de l'église tout ce qui peut en gâter l'ensemble et la majesté, ils ont fait supprimer et enlever les deux représentations adossées aux deux piliers à l'entrée du sanctuaire, dont l'une à gauche représentait saint Eustache à genoux et son cheval et l'autre à droite un cerf avec un Christ dans les bois et trois chiens, le tout en bois donné et posé en 1630 par les marchands merciers.

L'assemblée a approuvé ladite suppression comme contribuant à la décoration de l'église et a arrêté que quoique le chœur ne soit pas à la charge de la fabrique, cependant comme la dépense à faire pour réparer les colonnes sur lesquelles étaient posées les deux représentations est modique et purement de décoration, elle sera faite par la fabrique sans tirer à conséquence.

PIHAN DE LA FOREST. LEVASSEUR. DE MONTHIERS. LESAGE.

(Archives de l'église, registre des délibérations de la fabrique, 1775-1786, fol. 85.)

XLVI

23 JANVIER 1785. — PONTOISE

Délibération des paroissiens de Saint Maclou au sujet de la conservation ou de la démolition du clocher bâti sur le transept de l'église

L'an mil sept cent quatre vingt cinq le dimanche vingt trois janvier onze heures du matin, issue de la grande messe de paroisse, en l'assemblée générale des habitants et paroissiens tenue au banc de l'œuvre de cette église . . . .

MM. les marguilliers en exercice, M. de Monthiers premier marguillier portant la parole ont dit :

Que par les rapports d'experts qu'à nécessités la demande en réparation du chœur intentée contre le sieur curé actuel de cette paroisse comme gros décimateur et par lui dénoncée au sieur Le Vallois comme héritier de son prédécesseur, il a été constaté entr'autres choses, qu'il serait de la plus urgente nécessité de réparer à neuf la vieille tour étant sur le chœur, laquelle tombe de vétusté ou de supprimer et détruire la dite tour, qu'il en couterait près du double pour la réparer que pour la détruire et que sa suppression diminuerait de beaucoup par la suite les charges du gros décimateur, c'est à dire du curé ; que d'après la différence considérable qui existe pour la dépense entre la réparation ou la destruction le sieur curé ou le sieur Le Vallois son garant ne balanceront surement pas sur le choix d'une de ces deux opérations, qu'en conséquence il est à présumer qu'ils opteront de la détruire, que dans ces circonstances et attendu que les gros décimateurs ne peuvent pas supprimer les tours ou clochers étans sur les chœurs sans le consentement et l'agrément des paroissiens, il est intervenu le quatorze de ce mois une sentence du baillage de cette ville qui a mis en délibéré l'affaire des dites réparations et a ordonné provisoirement que le sieur Le Valois serait tenu de se retirer par devant la fabrique à l'effet d'obtenir la convocation d'une assemblée des habitans et paroissiens de cette église, pour donner leur avis sur la réparation ou destruction de la dite tour. . . . .

Pourquoi ils prient l'assemblée de délibérer et de donner son avis pour ou contre la destruction de la dite tour.

Lui observant cependant qu'elle est depuis longtemps absolument inutile, qu'elle ne sert qu'à faire pour le chœur une surcharge sans objet, que le coup d'œil extérieur de l'église ne peut même que gagner à la suppression de cette masse informe, qui la raccourcit et la gâte à la vue, et que pourvu qu'en la supprimant et recouvrant le chœur en ardoises au niveau de la couverture de la nef et de celle du sanctuaire, le gros décimateur fasse poser sur le milieu de la nouvelle couverture quelque chose d'apparent qui marque et distingue le chœur, telle qu'un obélisque en plomb surmonté d'une croix de fer double et dorée, il est à désirer, même pour la décoration, que cette tour n'existe plus.

L'assemblée, considérant que la tour est absolument inutile, que sa conservation ne pourrait qu'augmenter à perpétuité les charges des curés de cette église qui, comme gros décimateurs, en seraient toujours chargés et qu'il est intéressant que les revenus des dits sieurs curés, naturellement destinés au soulagement des pauvres, ne soient pas grevés de charges inutiles et sans objet, le surplus des batimens à sa charge étant assez considérable a, d'une voix unanime, consenti à la suppression et destruction de la tour étant sur le chœur à la charge que le chœur sera recouvert en ardoises au niveau du sanctuaire et de la nef, que tout ce qui pourrait être endommagé par la dite destruction sera rétabli ; qu'il sera posé et mis sur le milieu de la couverture du chœur une boule dorée ou obélisque surmontée d'une croix double de fer dorée, sur laquelle boule ou obélisque sera mise une inscription portant la date de la destruction et mention du présent consentement et arrêté, que copie collationnée du présent acte sera délivrée par les notaires du roi en cette ville, tant au sieur Le Valois qu'au sieur curé actuel et tous autres qu'il appartiendra, à leur frais et dépens, et que les dites boule, obélisque et croix seront mis aux frais du gros décimateur et par eux entretenus à perpétuité ainsi que les couvertures, la boule de trois pieds au moins de diamètre et la croix au moins de sept pieds et proportionnée pour les branches à la dite hauteur de sept pieds.

  De Monthiers. Desvignes. Brissonnet. Thomas. Pihan de la Forest. Gossel. Charles. Levasseur. Lesage.

  (Archives de l'église, registre des délibérations de la fabrique, 1775-1786, fol. 88, v°.)

XLVII

5 AVRIL 1785. — PONTOISE

Note concernant la démolition et les dimensions du clocher bâti sur le transept de l'église

  La démolition de la vieille tour et les réparations ont été commencées le 5 avril 1785 par le sieur Belargent, architecte auquel le fondé de pouvoir du sieur Le Vallois avait adjugé cet ouvrage comme moins disant pour la somme de six mil huit cent cinquante livres y compris la boule et la croix demandées par l'acte du 23 janvier dernier.

  La tour sur le chœur avait trente pieds de hauteur au dessus de la voûte du chœur jusqu'à l'entablement et le comble au dessus couvert en ardoises en forme de pavillon avec deux croupes était élevé à 25 pieds de hauteur, la tour avait 20 pieds sur 19 dans œuvre et les murs 3 à 4 pieds d'épaisseur.

  (Archives de l'église, registre des délibérations de la fabrique, 1775-1786, fol. 92, v°.)

XLVIII

28 SEPTEMBRE 1788. — PONTOISE

Adjudication faite au sieur Leconte, vitrier à Pontoise, des réparations à faire aux vitraux de l'église, endommagés par la grêle du 13 juillet 1788

  Le dimanche vingt huit septembre mil sept cent quatre vingt huit, issue de la messe paroissiale . . . . . . nous marguilliers en exercice soussignés nous sommes transportés au bureau de l'œuvre et fabrique de Saint-Maclou ou se sont présentés les sieurs Jean Charles Francois Lecompte l'ainé et Nicolas Michel Lecompte le jeune, marchands

vitriers à Pontoise qui nous ont déclaré qu'ils étoient dans l'intention de mettre au rabais pour se rendre adjudicataires : en conséquence avons fait faire lecture et donné communication des devis, cahier des charges et clauses de l'adjudication............
le total des pieds de verre montant à six cent trente trois pieds huit pouces et les pièces à remettre en place montant à cent cinquante le tout estimé ensemble à huit cent quatre vingt six livres.

. . . .

Lecture faite, avons fait crier lesdits ouvrages et réparations à faire à la somme de sept cent quatre vingt dix livres, ils ont été mis au rabais par le sieur Lecompte l'ainé à sept cent quatre vingt livres et attendu qu'il ne se trouve personne qui ait voulu mettre davantage au rabais, nous les avons adjugé au dit sieur Jean Charles Francois Lecompte l'ainé pour le dit prix de sept cent quatre vingt livres lequel dit sieur Lecompte a ce present et acceptant a promis et s'est obligé de se conformer en tous points audit devis et cahier des charges et de remplir toutes les clauses et conditions y portées......

LECONTE. BRASSEUR. SAUVAL.

(Archives de l'église, registre des délibérations de la fabrique, 1786-1793, fol. 38.)

XLIX

22 MARS 1789. — PONTOISE

Adjudication faite à Denis Belargent, entrepreneur à Pontoise, de la réparation des couvertures de l'église, endommagées par la grêle du 13 juillet 1788

Le vingt deux mars mil sept cent quatre vingt neuf, issue de la grand'messe de paroisse, nous marguilliers en exercice soussignés....... avons fait crier les ouvrages de couvertures à faire au rabais par Lesage bedeau au prix qu'ils avoient été mis à prix le huit du présent mois par le sieur Belargent à la somme de sept mil huit cent livres lequel sieur Belargent a persisté dans son offre et par le sieur Postolle a été mis au rabais à sept mil sept cent livres,............... et à sept mil cinquante cinq livres par le dit sieur Belargent et attendu qu'il ne s'est trouvé autres personnes qui aient voulu moins dire, nous avons adjugé lesdits ouvrages audit sieur Denis Belargent pour ledit prix de sept mil cinquante cinq livres..........

SAUVAL. N. D. BELARGENT. M. P. POSTOLLE. DELACOUR.

(Archives de l'église, registre des délibérations de la fabrique, 1786-1793, fol. 38.)

L

5 NOVEMBRE 1789. — PONTOISE

Inventaire des objets du Trésor de l'église envoyés à la Monnaie de Paris pour y être fondus

L'an mil sept cent quatre vingt neuf, le cinq novembre, neuf heures du matin, nous Eustache Chouquet curé, François Mellon Sauval ci devant premier marguillier, Jean Nicolas Brasseur, ancien marguillier et Jean Baptiste Depoin marguillier, receveur actuel de la fabrique de Saint Maclou, commissaires nommés par l'acte d'assemblée de dimanche dernier de l'autre part écrit, nous sommes en conséquence et pour exécuter ledit acte d'assemblée transporté avec ledit Dardet, marchand orphèvre, en la sacristie, ou nous avons trouvé M. Viel sacristain lequel nous a fait ouverture du trésor et nous a représenté :

1º Quatre chandeliers faisant partie des huit mentionnés en l'article 1 de l'inventaire des ornements, vases sacrés et effets de ladite fabrique du 30 septembre 1786 lesquels démontés et pesés par ledit sieur Dardet se sont trouvés du poid de vingt un marcs, quatre gros, scavoir deux grands dix huit marcs quatre gros et les deux petits trois marcs ;

2º La lampe, chaine et anneau d'argent faisant l'article 2 dudit inventaire s'est trouvé du poid de neuf marcs trois onces ;

3º Les trois bassins faisant partie de l'article huit dudit inventaire se sont trouvés du poid de deux marcs, cinq onces, quatre gros ;

4º Saint Maclou sur pied d'ébène, article neuf dudit inventaire, lequel démonté et pesé s'est trouvé du poid de vingt marcs deux onces ;

5º Saint Sébastien, article dix dudit inventaire, s'est trouvé du poid de trois marcs six onces ;

6º Saint Roch article onze dudit inventaire sept marcs sept onces ;

7º Saint Antoine article douze dudit inventaire trois marcs, deux onces, trois gros ;

8º Une vierge et deux anges de vermeil, article treize dudit inventaire démontés et pesés se sont trouvés du poid de sept marcs, sept onces, deux gros qui ne sont comptés que pour sept marcs, cinq onces, deux gros à cause du plomb et cuivre qui y reste et qui a été évalué à deux onces ;

9º Saint Maclou de vermeil article quatorze dudit inventaire, lequel démonté s'est trouvé du poid de six marcs, six onces, deux gros ;

10º Une petite croix de vermeil, article dix-sept dudit inventaire, du poid de deux marcs, sept onces, six gros ;

11º Une des deux croix des processions faisant partie de l'article dix-huit dudit inventaire, du poid de neuf marcs quatre onces ;

12º Un bassin et deux burettes, article vingt-deux dudit inventaire, du poid de trois marcs quatre gros ;

13º Un saint ciboire et une sonnette cassée article vingt quatre et au premier article du tabernacle à gauche, du poid de trois marcs, quatre onces, sept gros ;

Total cent un marcs, sept onces.

Et à l'instant avons remis audit sieur Viel : 1º La machoir de saint Maclou enchassée dans un étui d'argent en forme de fer à cheval ;

2º Un reliquaire de cuivre doré qui faisoit le marchepied de saint Sébastien et qui porte *S. Constantis. M.* ;

3º Un reliquaire d'un morceau de l'épine du dos de saint Maclou enchassé en vermeil ;

4º Un reliquaire de la Sainte-Vierge en argent vermeil monté sur cuivre dans lequel est une inscription en papier qui annonce que ce sont des cheveux de Notre-Dame ;

TABLE

	Pages
INTRODUCTION.	1
CHAPITRE I. — *Histoire de l'église*	11
CHAPITRE II. — *Description de l'église*	77
CHAPITRE III. — *Inscriptions.*	109
APPENDICE.	135
PIÈCES JUSTIFICATIVES	141
ERRATA.	189
TABLE.	191

ERRATA

Page 24, ligne 8, et page 30, ligne 9 : au lieu de 31 mai 1570, lisez 21 mai 1570.

Page 110, ligne 23 : au lieu de maire de Pontoise, lisez élu en l'élection de Pontoise.

Page 112, lignes 18 et 23 : au lieu de Guillaume Pollion, lisez Guillaume Deslion.

Page 112, ligne 19 : au lieu de Isabelle Letellier, lisez Isabelle Le Tellier.

Page 150, lignes 20 et 21 : au lieu de Lesellier, lisez Letellier.

Page 153, ligne 12 : au lieu de Jean Robequier, lisez Jean Robequien.

Page 153, ligne 14 : au lieu d'Anne Gobert, lisez David Gobert.

Page 157, ligne 6 : au lieu de Nicolas Dubroi, lisez Nicolas Dubrai.

Page 169, ligne 8 : au lieu de LEVASSEUB, lisez LEVASSEUR.

Page 178, ligne 27, et p. 181, ligne 10, au lieu de seigneur du Fay, Mardalin, lisez seigneur du Fay-Mardalin.

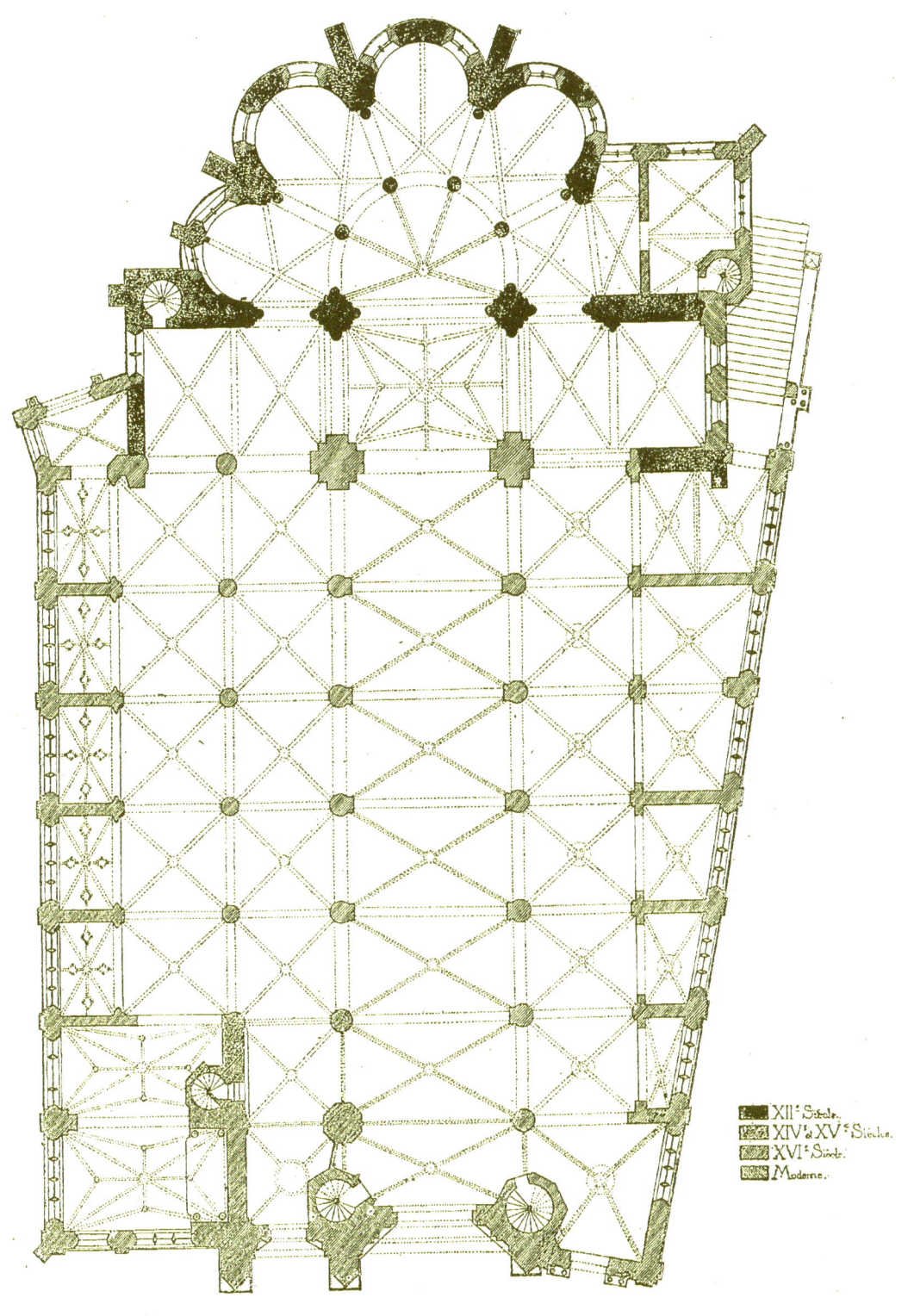

ÉGLISE SAINT-MACLOU DE PONTOISE

PLAN ACTUEL

Pl. I. E. LEFÈVRE-PONTALIS, del.

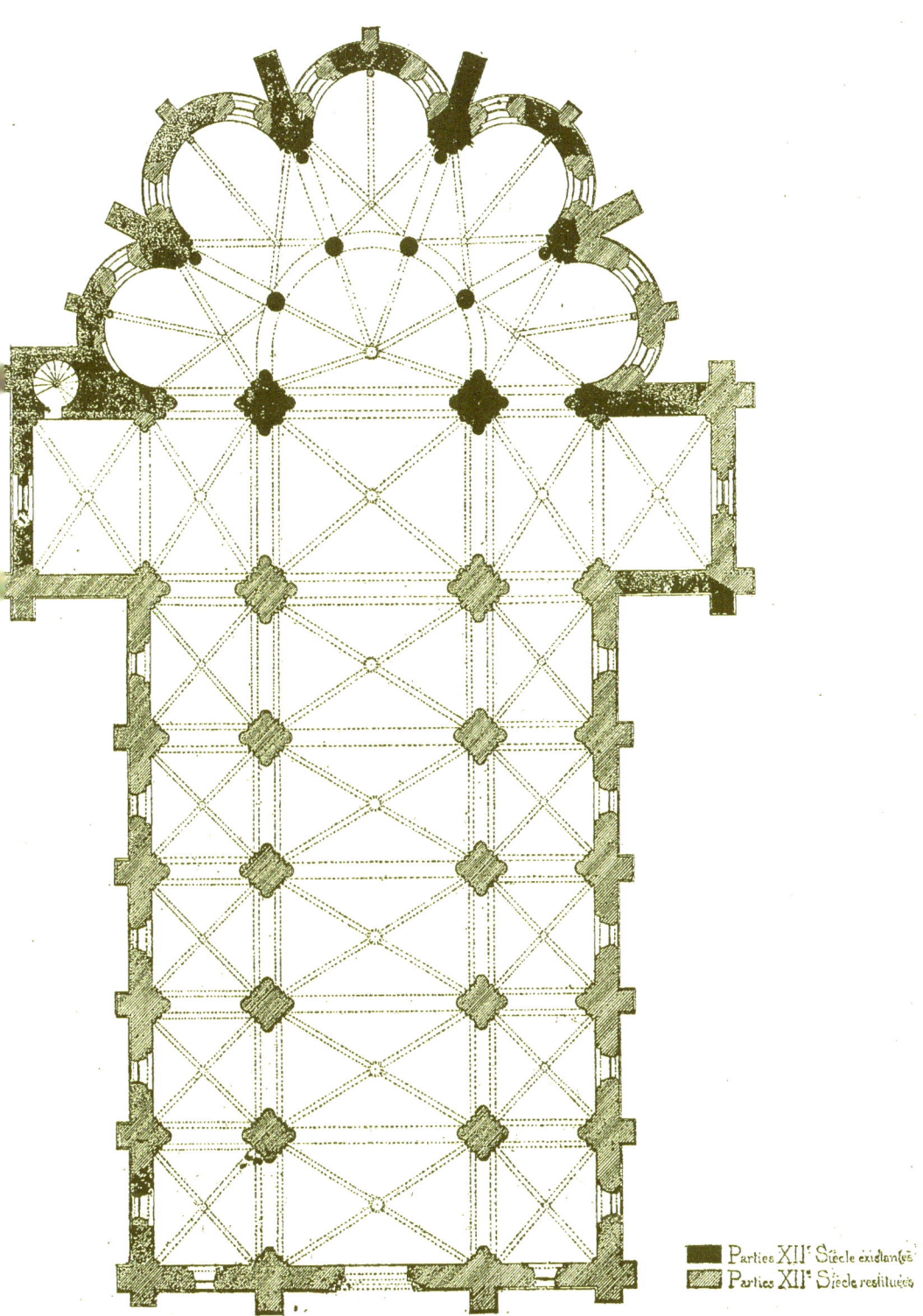

ÉGLISE SAINT-MACLOU DE PONTOISE

RESTITUTION DU PLAN AU XIIᵉ SIÈCLE

Pl. II. E. LEFÈVRE-PONTALIS, del.

EGLISE ST MACLOU
À PONTOISE

Bas-Côté Nord. Perspective.

Pl. III

A. Labelle sculp. L. Guellier del.

ÉGLISE ST MACLOU DE PONTOISE
Sépulcre de la Chapelle de la Passion

ÉGLISE ST MACLOU
À PONTOISE

Chapiteaux du Bas-Côté Nord.

EGLISE St MACLOU
A PONTOISE

Chapiteaux du Bas-Côté Nord

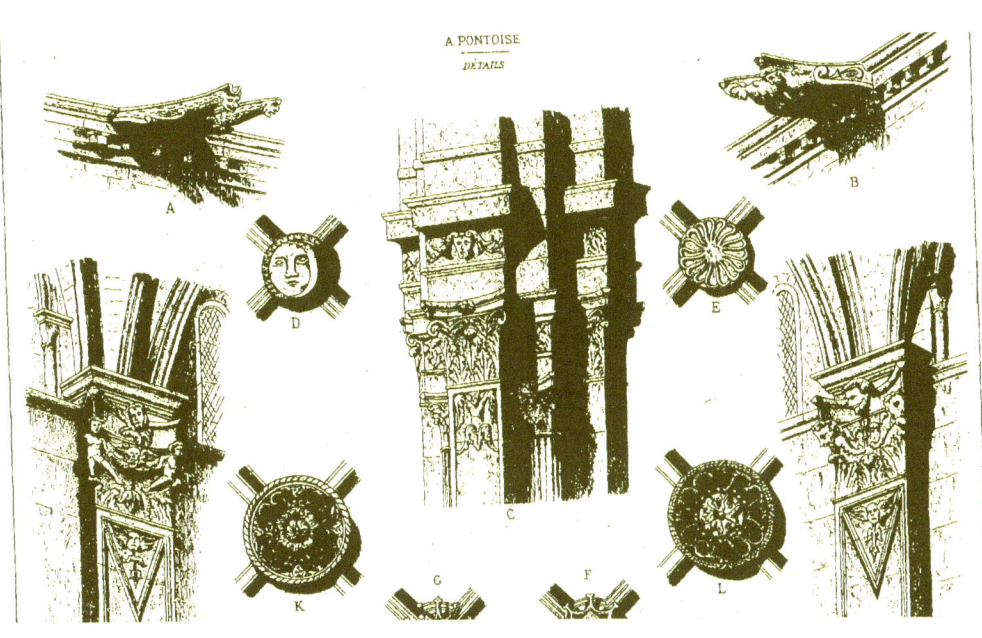

www.ingramcontent.com/pod-product-compliance
Lightning Source LLC
Chambersburg PA
CBHW051914160426
43198CB00012B/1893